Hans Jürgen Schultz (Hrsg.) · Kinder haben?

Hans Jürgen Schultz (Hrsg.)

Kinder haben?

Eine Entscheidung für die Zukunft

Kreuz Verlag

CIP-Kurztitelaufnahme der Deutschen Bibliothek

Kinder haben?: Eine Entscheidung für d. Zukunft /
Hans Jürgen Schultz (Hrsg.). – 1. Aufl., (1.–8. Tsd.). –
Stuttgart: Kreuz-Verlag, 1986.
ISBN 3-7831-0836-5
NE: Schultz, Hans Jürgen [Hrsg.]

1. Auflage (1.–8. Tausend)

Umschlaggestaltung: HF Ottmann
unter Verwendung einer Grafik von Juan Carlos Gomez
Fotos der Autoren:
S. 8: Copyright by Süddeutscher Rundfunk Stuttgart, Aufnahme Hugo Jehle;
S. 26: Manfred Grohe; S. 52: B. A. Dermona;
S. 66: Studio Tresch + Wenger, Zürich; S. 92: fotoatelier Berlin;
S. 106: Foto-Rimbach, Wiesbaden; S. 174: Copyright by Ruedi Staub, Egg;
S. 228: H. Erckenbrecht/W. Jacobs, Frankfurt/M.; S. 242: Hugo Jehle
Gesamtherstellung: Ebner Ulm
ISBN 3 7831 0836 5

Inhalt

Wir geben Euch nur eines:
Sehnsucht nach einem besseren Leben,
das es nicht gibt, aber einmal geben wird,
ein Leben der Wahrheit und Gerechtigkeit.

Janusz Korczak

*in seinem Abschiedsbrief an die Zöglinge,
die sein Waisenhaus verlassen.*

Hans Jürgen Schultz

Vorwort

Hans Jürgen Schultz, geboren 1928 in Hamburg, lebt seit 1955 in Stuttgart. Chefredakteur Kultur beim Süddeutschen Rundfunk. Mitglied des P. E. N.-Clubs. Herausgeber zahlreicher Sammelwerke, zum Beispiel: Psychologie für Nichtpsychologen, 1974; Was der Mensch braucht, 1977; Mein Judentum, 1978; Einsamkeit, 1980; Frauen, 1981; Liebhaber des Friedens, 1982; Vatersein, 1982; Luther kontrovers, 1983; Trennung, 1984; Die neuen Alten, 1985 (ausgezeichnet mit dem Wilhelmine-Lübke-Preis); Autor der Bücher: Liebhaber des Lebens, 1975; Es gibt was Bessres in der Welt, 1983; Partisanen der Humanität, 1984.

Kinder haben? Das ist eine moderne Frage. Früher *hatte* man Kinder. Sie kamen, gleich einem Naturereignis, gegen das man sich nicht zu schützen wußte und das sich der Steuerung, dem Kalkül, der Planung entzog. Und wie die Kinder kamen, so gingen viele auch wieder. Die Gefahr der Säuglingssterblichkeit beschattete die Geburt. Wir kennen ungezählte traurige Zeugnisse dieser dunklen Erfahrung.

Die Mütter waren gleichfalls bedroht. Mit der Heirat ließen sie sich gewissermaßen auf ein Berufsrisiko ein. In Grabreden des 17. Jahrhunderts wird der Tod der Mutter im Kindbett oft verglichen mit dem Tod des Soldaten im Krieg. Beide gaben eigenes für anderes Leben her. »Und wie das Kind geboren ward, starb die Königin.« Diesem Satz im Märchen von Schneewittchen entsprach bis vor hundert Jahren eine harte alltägliche Wirklichkeit.

Heute haben wir Mühe, das zu verstehen. Die Situation hat sich völlig verändert. Obwohl zu keinem Augenblick vergessen werden kann, daß in den armen Ländern unserer Erde ungefähr vierzigtausend Kinder pro Tag verhungern müssen, gilt für die Industrienationen, daß der Kindertod als Massenerscheinung durch die Leistungen unseres Gesundheitswesens abgeschafft worden ist.

Gleichzeitig hat die Einführung von Methoden der Empfängnisverhütung die Zwangsläufigkeit des Zusammenhangs von sexueller Begegnung und Schwangerschaft aufgehoben. Ob und wieviel Kinder sie haben wollen, bestimmen die Eltern selbst. Und bleibt die natürliche Befruchtung aus, so bieten sich zunehmend Ersatzmöglichkeiten an. Technische Mittel zur Erfüllung des Kinderwunschs sind keine Utopie mehr.

Bisher gehörten Geburt und Tod zu den nicht disponiblen Tatbeständen unserer Existenz. Die Menschen treten in eine ganz und gar neuartige Phase ihrer Geschichte ein, wenn es ihnen gelingt, Leben so zu manipulieren, daß sein Anfang und sein Ende der eigenen Entscheidung überantwortet wird. Was einmal Fügung war, ist Sache unserer Verfügung geworden.

Für wie wünschenswert man diese Errungenschaften halten soll, ist strittig. Finden die einen sie horribel und inhuman, so sehen die andern in ihr eine Chance des zur Mündigkeit, zur Unabhängigkeit, zur Selbstverantwortung herangereiften

Menschen. Die unterschiedliche Einschätzung differenziert zwar das Problem, verringert es aber nicht. Es wird uns noch zu schaffen machen.

In jedem Fall: Geburtenregelung ist mittlerweile ein Faktum. Ihre Auswirkungen sind in vollem Gang. Die familialen Gruppierungen haben sich gewandelt, verkleinert. Das Einzelkind dürfte die Regel werden. Die Eineltern-Erziehung ist keine Seltenheit mehr. Das Kind ist von ehemaligen Rollenerwartungen (zum Beispiel ökonomischen) entlastet, sieht sich jedoch neuen (zum Beispiel Wunschvorstellungen) ausgesetzt. Sein Dasein ist viel weniger selbstverständlich als früher. Es ist Gegenstand und Ergebnis von Berechnungen. Das »Jahrhundert des Kindes«, 1901 von Ellen Key proklamiert, geht unweigerlich zu Ende. Denn das damals geforderte »Recht des Kindes, seine Eltern zu wählen«, damit es nicht als Opfer »disharmonischer Ehen« verkrüppeln muß, ist umgeschlagen in das Recht der Eltern auf das gewollte Kind. Das ungewollte Kind, ein Trauma dereinst, wird die Ausnahme.

Aus dem Jahrhundert des Kindes wird ein Jahrhundert der Alten. Während die Geburten- und Sterberaten merklich zurückgehen, wächst die Lebenserwartung rascher als angenommen. Geburtenrückgang auf der einen und Lebensverlängerung auf der andern Seite bewirken eine Ergrauung, eine Alterung der Gesellschaft. Sie wird kinderarm. Bisher ungeduldig auf Veränderung, auf Neuerung, auf Wachstum und Fortschritt bedacht, ja erpicht, werden ihre Züge nun greisenhaft. Sie stagniert, tritt in den Ruhestand, erleidet ein Defizit an Nachgeborenen. Eine Disproportion hat sich eingestellt. Die Tragweite dieser Umschichtung, die Folgen für die innere wie für die äußere Verfassung der Gesellschaft sind nicht abzusehen. Die »neuen Alten«, die bald ein Drittel unserer Bevölkerung ausmachen werden, bilden ein großes, zur Stunde noch kaum wahrgenommenes Potential. Doch zugleich muß erkannt werden, daß es nicht ohne Bedeutung sein kann, wenn Puerilität schwindet und Senilität an Boden gewinnt. Erinnerung wird stärker als Erneuerung. Es wird mehr zurück- als vorausgeschaut. Ein Verlust an Verjüngung ist immer auch ein Verlust an Verheißung.

Ein Klimawechsel kündigt sich an, ein Mangel an Zufuhr von

Frischluft. Die Entscheidung für Kinder erfolgt sehr vorsichtig. Die Gründe dafür sind nicht nur zahlreich, sondern komplex und überpersönlich. Die Lebensräume, die wir den Kindern in Aussicht stellen, bieten Komfort statt Vitalität, Perfektion statt Emotion. Es mehren sich die Skrupel, Kinder in unsere unwirtliche Gegenwart und in eine makabre Zukunft zu schikken. Die Parole »Kinderlos aus Verantwortung« mag zwar zu Nachfragen Anlaß geben und soll nicht das letzte Wort sein; aber als ein Ausdruck unserer Zeit erscheint sie allemal plausibler als die scheinoptimistischen Beschwichtigungs- und Verharmlosungsversuche.

Carl Friedrich von Weizsäcker sagt, daß er Tränen unterdrücken muß, wenn er in ein Kindergesicht sieht. Er weiß, wovon er redet. Und wovon die Politiker schweigen. Die Gesundheit der Erde steht auf dem Spiel. Alles, was Odem hat, alle Lebewesen sind, schon im Keim, von todbringenden Strahlungen bedroht. Niemand weiß, was sie bei Kindern und Kindeskindern noch anrichten werden. Die Menschheit ist ihr eigener Feind geworden, ihr selbstgemachtes Schicksal. Die Kernschmelzunfälle, die in Harrisburg und Tschernobyl bekannt geworden sind und andernorts ungenannt geblieben sind, verursachen eine so in früheren Zeiten nicht vorstellbare Situation von Kriegsschäden in Friedenszeit über die nationalen Grenzen hinweg: eine weltweite Verseuchung. Der Hinweis auf diesen Sachverhalt bezweckt nicht Einschüchterung, sondern Ernüchterung. Man muß mit Gefahr umgehen, statt sie zu umgehen. Die Angst vor einer immer wahrscheinlicher werdenden globalen Katastrophe verschwindet nicht durch Verdrängung. Unterdrückt wirkt sie irrational weiter, und durch Verhinderung unwillkommener Aufklärung oder die Verweigerung ihrer Annahme nehmen diffuse Phantasien ihren Lauf.

Es wird die Geschichte von einer amerikanischen Lehrerin erzählt, die ihre siebenjährigen Schülerinnen und Schüler gefragt hat, ob sie von der Möglichkeit des Atomtodes gehört hätten und was sie davon dächten. Alle antworteten mit Ja und erklärten, sie hätten Angst. Nur ein Mädchen bekundete, keine Angst zu haben: ihr Daddy helfe bei einer Bürgerinitiative, bei einer Kampagne zum Schutz der Umwelt und zur Förderung des Friedens mit. Die Eltern dieses Kindes hatten die Dinge beim Namen genannt. Die Verunsicherungen und Bedrohungen, die uns mehr oder minder deutlich bewußt sind, wurden nicht fürsorglich verheimlicht, sondern freimütig besprochen, vergegenwärtigt und, nach Kräften, bekämpft. Nur Offenheit kann Sicherheit, nur Tun kann Hoffnung vermitteln.

Paare, die gezögert hatten, Eltern zu werden, berichten, daß sie mit Beginn der Schwangerschaft von einer Umstimmung, von einer *Zustimmung* überrascht wurden, die beides erfaßte: das Denken wie das Fühlen. Das Ungeborene, gerade erst wahrgenommen, hat bereits die Macht, eine Frau zur Mutter, einen Mann zum Vater zu ernennen. Das *Erlebnis des Anfangs,* die Teilnahme an dem erstaunlichen Prozeß einer Menschwerdung, kann den Ansporn mit sich bringen, dafür einzutreten, daß das neue kleine Leben, das sich hier regt, auch blühen und gedeihen kann. Aus Entmutigung wird Erwartung. Die Erfahrung von Ohnmacht verwandelt sich in einen Pro-Test für eine dem Kind zu wünschende Zukunft. Was *ist,* also all das Gewordene, büßt sein lähmendes Gewicht ein durch das, was *kommt* und *wird.*

»Deine Kinder sind nicht dein Besitz, sie sind Söhne und Töchter der Sehnsucht des Lebens nach sich selbst«, ermahnt Khalil Gibran. »Ihre Seele wohnt im Haus des Morgen, wo du sie nicht besuchen kannst.« Statt Kinder »haben« zu wollen, müßten wir lernen, sie Kinder »sein« zu lassen. Ihr Leben schonen, ihr Eigensein achten, ihre Talente hegen, ihren Willen festigen, ihren Weg freihalten – kurzum: sie ohne Gewalt wachsen zu lassen und im Umgang mit ihnen *Liebe zum Leben* zu entfachen, das könnte eine Antwort sein, mit der wir den todbringenden Tendenzen, die die heutige Welt durchziehen, entgegentreten.

Gerold Becker

Vision einer kindergerechten Gesellschaft

Gerold Becker, geboren 1936 in Stettin, nach dem Abitur einjähriges Sozialpraktikum, anschließend Studium der evangelischen Theologie in Göttingen, Mainz und Berlin, unterbrochen von praktischer Arbeit im Bergbau und in der Elektroindustrie. Nach zwei Jahren im Kirchendienst von 1964 bis 1969 Assistent von Heinrich Roth am Pädagogischen Seminar der Universität Göttingen. Seit 1969 Pädagogischer Mitarbeiter an der Odenwaldschule, von 1972 bis 1985 deren Leiter. Veröffentlichungen vor allem zu Fragen des Schulbaus, zum »Sozialen Lernen« und zur Pädagogik der Landerziehungsheime.

Zuerst muß wohl von dem anderen die Rede sein: von der nicht-kindergerechten Gesellschaft, von der kinderunfreundlichen, manche sagen sogar kinderfeindlichen Gesellschaft, in der wir leben. Und es müssen auch Vermutungen geäußert werden, was denn wohl die Ursachen seien, daß wir *so* leben und daß wir *so* mit Kindern umgehen.

Doch vielleicht muß man noch elementarer beginnen. In Bertolt Brechts »Herrnburger Bericht«, einer Chorkantate aus dem Jahr 1951, gibt es ein Gedicht:

Bitten der Kinder

Die Häuser sollen nicht brennen.
Bomber soll man nicht kennen.
Die Nacht soll für den Schlaf sein.
Leben soll keine Straf sein.
Die Mütter sollen nicht weinen.
Keiner sollt töten einen.
Alle sollen was bauen.
Da kann man allen trauen.
Die Jungen sollen's erreichen.
Die Alten desgleichen.

Also: Friede und die Freiheit von Angst vor Krieg und Zerstörung als die Voraussetzung einer Welt, in der ein Kind unverletzt aufwachsen kann. Und wenn damals die Bilder der verhungernden und kranken Kinder in der Dritten Welt, die Zahlen über die täglichen, lautlosen Kinderopfer schon so allgegenwärtig gewesen wären wie heute, hätte Brecht diesem Gedicht sicher noch einige Zeilen über das Sattsein und die Gesundheit angefügt.

Daß an jedem Tag auf der Welt mehr als anderthalb Milliarden Dollar für Waffen und Militär ausgegeben werden und daß am gleichen Tag, auf der gleichen Welt Abertausende von Kindern verhungern, während wir doch, im Unterschied zu vergangenen Generationen, die Mittel und Kenntnisse haben, um sie zu retten, das bürdet uns eine moralische Schuld auf, die wir ständig verdrängen müssen, wenn wir mit einigermaßen klarem Kopf unserem Tagewerk nachgehen wollen.

Ist es denn nicht fast ein natürlicher »Instinkt«, jedenfalls eine ganz selbstverständliche, ursprüngliche Regung, daß man auf Kinder, die man in Not sieht, mit dem Bedürfnis reagiert, sie zu beschützen, sie vor Unheil und Gefahr zu bewahren? Die Verhaltensforscher haben diese Regung als eine Art angeborenen Reflex sogar bei bestimmten Tierarten gefunden, ausgelöst offenbar durch die Körper- und Gesichtsformen des noch unfertigen kleinen Lebewesens. Was ist bei uns Menschen, deren angeborenen Reflexen doch die Moral zu Hilfe kommen müßte, die gebietet, den Schwachen und Hilflosen zu schützen, denn so in Unordnung geraten, daß wir viel zu oft ganz anders reagieren, gleichgültig oder stumpf oder gar feindselig? Nicht nur gegenüber dem Elend der Kinder in fernen Ländern, sondern auch gegenüber dem Elend der Kinder in unserer Umgebung und Nachbarschaft?

Mindestens 30000 Kinder, so schätzt man, werden jährlich in der Bundesrepublik schwer mißhandelt – meist von ihren Eltern, bei fast hundert im Jahr endet das tödlich, und mehr als hundert begehen in jedem Jahr Selbstmord, weil sie keinen anderen Ausweg aus ihrem Elend wissen. Sind das nur tiefbedauerliche Ausnahmefälle? Oder zeigt sich hier etwa, am Extremfall, eine Einstellung zu Kindern, die viel verbreiteter ist: Gleichgültigkeit gegenüber dem Kind und seinen Bedürfnissen und Nöten, Unwilligkeit, sich von ihm stören oder gar in den eigenen Bestrebungen einschränken zu lassen, Bereitschaft, im Zweifelsfall auf seine Kosten zu leben?

In der Tat: Kinder können stören. Sie können unsere mühselig aufrechterhaltene Ordnung durcheinanderbringen. Sie sind anspruchsvoll. Sie verlangen, solange sie noch nicht resigniert haben, daß die Erwachsenen, von denen sie abhängig sind, sich ihnen unverstellt zuwenden, Zeit für sie haben, geduldig sind, ihnen mit Respekt und Takt begegnen.

Warum mißlingt uns das so oft? Macht uns vielleicht die Art und Weise, wie wir Erwachsenen selbst leben, unfähig, den Kindern unbefangen zu begegnen und im Umgang mit ihnen vor allem Freude und eigene Beglückung zu erfahren? Sind es unsere eigenen Ängste um beruflichen und privaten »Erfolg« (was immer das ist), unsere Fixierung auf das Erbringen von »Leistungen« (für die andere, nicht wir selbst, die Maßstäbe setzen), die uns durch die Lebensäußerungen des Kindes und seine Ansprüche plötzlich schmerzlich bewußt werden? Ist es übertrieben, zu sagen, daß wir deshalb durch unser individuelles Verhalten, aber auch durch die gesellschaftlichen Erziehungseinrichtungen gleichsam unbewußt vieles unternehmen, um die Kinder so rasch wie möglich uns anzuverwandeln, ihre Lebendigkeit zu kanalisieren, ihre Phantasie zu zähmen und mit von uns hervorgebrachten Bildern zu füllen, sie auch auf »Erfolg« und »Leistung« festzulegen – und dabei in Kauf nehmen, daß dies nur um den Preis der gleichen Ängste, des gleichen Unbehagens gehen wird, mit denen wir leben müssen?

Eine »kindergerechte Gesellschaft«, das wäre wohl zuerst einmal eine, die den Erwachsenen dabei hilft, so zu leben, daß sie dann auch mit Freude und Ernsthaftigkeit für Kinder dasein können und dabei nicht eine Einschränkung, sondern eine Bereicherung ihrer eigenen Existenz erfahren.

Aber ist das nicht ein unhistorischer, romantisch-idealistischer Traum? Sind Kinder nicht zu allen Zeiten mißhandelt, unterdrückt, vernachlässigt, ausgebeutet worden? »Hört ihr nicht die Kinder weinen?« heißt der Titel der deutschen Übersetzung eines wichtigen Buches mit Studien zur Erforschung der Geschichte der Kindheit, und die Bilanz ist erschreckend. Dennoch: Es gibt auch in dieser Beziehung Fortschritte des Bewußtseins, dann auch Fortschritte der Gesetzgebung und schließlich wohl auch Veränderungen der Einstellung von vielen Menschen. Unsere Erziehungspraxis hat sich gewandelt. Es erscheint vielen Erwachsenen (leider noch nicht allen) nicht mehr selbstverständlich, daß Eltern oder Nachbarn oder Lehrer ein »unartiges« Kind schlagen dürfen, daß jede Äußerung kindlicher Sexualität eine »Sünde« oder eine »widerliche Schweinerei« sei, die hart bestraft werden müsse. Vor allem aber: Es gab und gibt große individuelle Unterschiede; es gab und gibt glückliche Kindheiten, den freien und achtungsvollen Umgang zwischen Erwachsenen und Kindern in der gleichen Epoche, unter den gleichen sozialen Randbedingungen wie unglückliche Kindheiten, Unterdrückung, Mißachtung, Ausbeutung, Gewalt. Es gibt keinen Grund, daß wir nicht all unsere Kräfte und Kenntnisse dafür einsetzen sollten, um, wie es in einem anderen Gedicht von Brecht heißt: ». . . die

Leidensstifter kräftig abzuwehren, und die Welt uns endlich häuslich einzurichten« – auch und gerade für die Kinder.

Was sind es denn für neue, alte Einsichten, die so sehr Teil des Bewußtseins der Erwachsenen werden müßten, daß daraus ganz selbstverständlich ein veränderter Umgang mit Kindern und eine liebevolle Vorsorge für ihre Lebensbedingungen werden würde? Ich nenne fünf.

Erstens: »Etwas Lebendiges ist mir lieber als alle Schätze der Erde!« sagt das kluge Rumpelstilzchen, als es das ihm versprochene Kind der Königin einfordert. Das wäre die erste Einsicht, die uns nottäte, daß die lebendigen Kinder für uns wichtiger sind und uns schließlich mehr und tiefer beglücken werden als aller materielle Fortschritt, den wir, nur zu oft auf Kosten dieser Kinder, erreichen. Das gilt für den einzelnen im Umgang mit den eigenen Kindern oder denen aus der Nachbarschaft oder denen, die ihm vielleicht als Lehrer anvertraut sind. Das gilt aber auch für ganze Gesellschaften. Eine Gesellschaft, die sich nicht darauf verständigen kann, daß ihr »etwas Lebendiges lieber ist als alle Schätze der Erde«, wird wohl auch sonst nicht gerade glücklich sein, sondern von inneren Spannungen und Aggressionen zerrissen, von Mißtrauen und Mißgunst vergiftet, von Ängsten und ihren Verdrängungen heimgesucht.

Zweitens: Das Grundgesetz beginnt mit der Feststellung: »Die Würde des Menschen ist unantastbar.« Es sagt nicht: »Die Würde des Erwachsenen ...« Das ist ein folgenreicher Tatbestand, wenn wir ihn zu Ende denken. Ein Kind besitzt, wie jeder erwachsene Mensch, alle Grundrechte. Sie sind ihm gleichsam unveräußerlich angeboren, werden ihm nicht erst nach und nach von uns Erwachsenen verliehen oder eingeräumt, wie wir gern meinen. Wenn wir diese Rechte beschränken, zum Teil auf Zeit den Eltern übertragen, dann ist das nur zu rechtfertigen, wenn es wirklich und nachweisbar dem Schutz des Kindes dient – und nicht einfach der Bequemlichkeit der Erwachsenen oder der Befriedigung ihrer Machtbedürfnisse. Mit der »Würde des Menschen« ist es nach unserem Verständnis unvereinbar, daß ein Mensch zu einem anderen Menschen in einem solchen Verhältnis steht, daß der über ihn wie über ein

Eigentum verfügen kann. Das gilt auch für das Verhältnis zwischen Erwachsenen und Kindern. Sie sind weder Eigentum ihrer Eltern noch des Staates – vertreten etwa durch die Schulen. Sie gehören sich selbst und niemand als sich selbst.

Auch ihre Würde verlangt unbedingte Achtung. Ja, weil sie klein und oft ungeschickt sind und es deshalb schwerer haben, sich gegen Angriffe auf ihre Menschenwürde zur Wehr zu setzen, ist im Umgang mit ihnen noch mehr Takt und Rücksichtnahme und Respekt vor der Einmaligkeit ihrer Person geboten als gemeinhin im Umgang mit Erwachsenen.

Kinder sind auch kein *Mittel,* durch das andere, seien es die Eltern oder die Gesellschaft, ihre *Zwecke* verwirklichen dürften. Auch dieser Satz, der vielleicht eher abstrakt und philosophisch klingt (er knüpft in der Tat unmittelbar an Gedanken aus Kants »Kritik der praktischen Vernunft« an), hat seine sehr handgreiflichen Entsprechungen im Alltag – von dem Kind als »Sündenbock« oder als erhoffter »Klebstoff« für eine bröckelige Ehebeziehung bis zu jenen scheinbar überlegen-sachlichen Planspielen, wie man die Geburtenziffer erhöhen könne, um die Rentenversicherung zu sanieren.

Drittens: Kinder haben besondere Bedürfnisse, die sich zum Teil von denen der Erwachsenen, die sich aber auch nach ihrer jeweiligen Wichtigkeit in den verschiedenen Abschnitten der Kindheit unterscheiden. Sie haben das Bedürfnis nach Schutz, nach Versorgt-Werden, nach liebevoller, geduldiger Zuwendung, nach unbedingter Verläßlichkeit. Sie haben das Bedürfnis zu spielen, sich selbst zu erproben, die Menschen und die Dinge zu erforschen. Sie »brauchen« in einem bestimmten Alter »Märchen«, wie Bruno Bettelheim gesagt hat, also Erwachsene (und nicht eine Kinderstunde im Fernsehen oder eine Tonbandkassette), die ihnen bedeutungsvolle Geschichten erzählen, mit deren Bildern ihre Phantasie dann weiterarbeiten kann. Sie brauchen unsere ehrliche Bereitschaft, sie verstehen zu wollen, auf ihre Ängste und Hoffnungen, auf ihre Phantasien und Erklärungsversuche einzugehen. Sie brauchen uns, damit wir ihnen die Welt erklären und ihnen helfen, sich in ihr zurechtzufinden und dabei den Mut nicht zu verlieren. Sie brauchen unseren Widerstand, das heißt den Widerstand von

Menschen, die sie lieb haben, damit sie an diesem Widerstand stärker und entschlossener werden können und hoffentlich weniger leicht am Widerstand derer zerbrechen, die ihnen als Feinde oder mit kalter Gleichgültigkeit begegnen werden.

Und sie brauchen in all dem das Kostbarste, was wir Erwachsenen besitzen, das einzige, was niemals ersetzt werden kann, wenn es »vorbei« ist: unsere Zeit.

Es kann sehr wohl sein, daß die Bedürfnisse der Kinder mit den Bedürfnissen der Erwachsenen in Konflikt geraten. Es gibt keine Lösung für diesen Konflikt, die ein für allemal und unter allen Umständen gelten würde. Aber es lohnt sich, zu bedenken, daß die Kinder die Schwächeren sind: Erwachsene entscheiden, Kinder müssen sich, vielleicht protestierend, vielleicht nur resignierend, fügen. Wer dem Schwächeren recht gibt, merkt oft, daß er dabei mehr gewinnt, als er durch den Verzicht auf die Verwirklichung eigener Bedürfnisse »zahlt«. Das gilt erst recht im Verhältnis zwischen Erwachsenen und Kindern.

Auch, ja gerade wenn sie es gut mit Kindern meinen, müssen Erwachsene etwas sehr Schwieriges lernen, nämlich eine empfindliche Balance zu halten zwischen Aufmerksamkeit, Geduld, Zeithaben und Zuwendung einerseits und andererseits der Fähigkeit, die Kinder in Ruhe zu lassen, sich nicht ständig einzumischen, sie nicht mit Fürsorge zu erdrücken, sie zu »wagen«, wie Herbart gesagt hat.

Viertens: Kinder brauchen eine Umwelt, die ihrem Aufwachsen nützt. Das ist eine Umwelt, in der sie ohne Angst Kinder sein können, in der ihr Lebendigsein nicht als Störung, sondern als Bereicherung empfunden wird, die ihre Abenteuerlust, ihre Neugier, ihre Initiative und ihre Einbildungskraft anregt, in der sie ihre wachsenden körperlichen, geistigen und seelischen Kräfte erproben können, in der sie Zutrauen zu sich selbst und ihren Fähigkeiten und damit Vertrauen in das eigene Ich gewinnen können. Nur daraus kann schließlich für sie eine schwer erschütterbare Zuversicht wachsen, daß die Schwierigkeiten, die die Zukunft gerade für die Kinder von heute bereithalten wird, trotz allem zu meistern sein werden, ohne sich als Person aufzugeben.

Gemessen an solchen Erwartungen, waren die Kleinstadt oder das Dorf, ja selbst viele Bezirke der Großstadt noch vor einer Generation vermutlich eine nützlichere Umwelt für heranwachsende Kinder, als es die Schlafstädte oder die innerstädtischen Hochhausquartiere von heute oder die sterilen Kunstwelten unserer Schulen und Freizeiteinrichtungen sind.

Fünftens: Kinder brauchen sinnvolle Arbeit. Sie müssen immer wieder die Erfahrung machen können, daß sie nützlich sind, daß ihr Tun wichtig ist, daß sie nicht nur ein Rohstoff sind, der erst bearbeitet werden muß, um wertvoll zu sein. Natürlich war die Abschaffung der ausbeuterischen Kinderarbeit vergangener Zeiten ein Fortschritt. Aber ist denn ausgemacht, daß dieser Fortschritt nur um den Preis zu haben ist, Kindern und Jugendlichen (und zunehmend auch jungen Erwachsenen) die Erfahrung zu vermitteln, daß sie eigentlich überflüssig sind, Almosenempfänger, die keinerlei wichtige und verantwortliche gesellschaftliche Aufgabe übernehmen können, nicht wirklich gebraucht, sondern im besten Fall als Praktikanten »aus pädagogischen Gründen« beschäftigt werden? Wenn dieser unselige Zustand beendet werden soll, wird das wohl nicht ohne einschneidende Änderungen unserer Produktions-, Konsum- und Arbeitsgewohnheiten gehen. Die Frage ist, ob die uns wichtiger sind als das Selbstvertrauen der nachwachsenden Generation.

Ob eine Gesellschaft »kindergerecht« ist, wird sich auch daran erweisen, wie ihre Schulen sind, und was sie von ihnen erwartet. Wenn der »Lebenskampf« im Bewußtsein von vielen Lehrern und Eltern inzwischen offenbar schon im Grundschulalter beginnt, dann wundert es nicht, wenn Kinder in der Schule eigentlich nicht als Personen respektiert, sondern nur als gute oder schlechte, langsame oder schnelle Lerner von diesem oder jenem »Lehr-Stoff« (wie es so entlarvend heißt) gesehen werden können. Dann ist die Verordnung von »Niveaugruppen« (auch wenn deren Wirkungen selbst für das rein schulische Lernen mehr als zweifelhaft sind) wichtiger als verläßliche menschliche Beziehungen, als Freundschaften, als die Chance, auch mit denen zusammenzuleben und hilfsbereit zusammenzuarbeiten, die anders sind als ich. Eine »kindergerechte« Schule und ihre Lehrer haben dagegen verstanden, daß es halt nicht drei Sorten von Kindern gibt (Hauptschüler, Realschüler, Gymnasiasten), sondern in einer Klasse von 25 Kindern 25 höchst verschiedene – und je für sich einmalige, unverwechselbare – Jungen und Mädchen mit unterschiedlichen Interessen und Talenten, unterschiedlichem Temperament und Tempo, unterschiedlichen und individuellen Verletzbarkeiten und Verletztheiten, unterschiedlichem »Charakter« und Verhalten, unterschiedlichem Abstraktions- und Konkretionsvermögen, unterschiedlichen Vorlieben und Abneigungen und (meinetwegen auch) unterschiedlichem »Lerntempo« und unterschiedlichen Begabungen – vor allem aber mit einer unterschiedlichen »Lebensgeschichte«, aus der sie morgens um acht in die Schule kommen und in die sie mittags um eins wieder zurückkehren werden.

In den letzten zehn oder fünfzehn Jahren haben wir begonnen, ein zunehmendes »Umweltbewußtsein« zu entwickeln. Wir haben gelernt, daß die Spätfolgen und Fernwirkungen von technischen und wirtschaftlichen Entscheidungen, die vor ein oder zwei Generationen getroffen worden sind, heute viel kostspieliger zu werden drohen (wenn denn ein Wieder-in-Ordnung-Bringen überhaupt noch möglich ist), als es eine vielleicht umständlichere und aufwendigere technische oder wirtschaftliche Lösung am Anfang gewesen wäre. Immer mehr Menschen (wenn auch immer noch nicht genug) erscheint es selbstverständlich, daß bei jeder neuen technischen oder wirtschaftlichen Entscheidung vorher die »Umweltverträglichkeit« mit größter Sorgfalt überprüft werden muß. Dabei haben sich Beiräte, Kommissionen und Gremien als besonders wirksam erwiesen, in denen engagierte Bürger und ausgewiesene, unabhängige Fachleute zusammenarbeiten.

Zu meiner »Vision einer kindergerechten Gesellschaft« gehört die Vorstellung von »Kinderbeiräten«, auch sie zusammengesetzt aus engagierten Bürgern und ausgewiesenen, unabhängigen Fachleuten, Gremien, die auf allen Ebenen, auf denen Entscheidungen fallen, jeweils die Kinderfreundlichkeit und Kindergerechtheit aller Planungen und Maßnahmen überprüfen und die ein Vetorecht haben, wenn Schäden oder

Gefährdungen für das menschenwürdige Aufwachsen von Kindern wahrscheinlich sind. Sie müßten zum Beispiel bei Fragen des Verkehrs, der Stadtplanung, des Wohnungs- und Schulbaus ebenso unterrichtet werden und mitentscheiden wie bei der Gestaltung der Arbeitsverhältnisse der Erwachsenen, bei Fragen nach Struktur und Inhalt von Massenmedien oder bei der Zulassung neuer Produkte.

Es könnte sein, daß sich die »Kinderbeiräte« um manche Gebiete gar nicht kümmern müßten, wenn die Eltern mehr Zeit, Bereitschaft und Phantasie hätten, mit ihren Kindern gemeinsam etwas Nützliches zu tun oder etwas Lustiges zu unternehmen. Aber das setzt bei vielen Eltern bereits ein verändertes Bewußtsein und nicht selten ganz einfach auch andere Arbeitsverhältnisse voraus. Die Frage ist, ob man sich damit trösten kann, daß es beides vielleicht irgendwann einmal geben wird. Im übrigen ist nicht einzusehen, weshalb zum Beispiel im Fernsehen das Angebot an verblödender Unterhaltung nun auch noch vervielfacht werden muß, nur damit einige Interessengruppen ihren Teil von den Werbegeldern des Handels und der Industrie abbekommen. Wer einmal in einer amerikanischen Großstadt die Vielzahl der Fernsehprogramme über sich ergehen lassen und zugleich einen klaren Kopf bewahrt hat, wird ohne Zögern zugeben, daß 90 Prozent von ihnen unter jedem denkbaren Gesichtspunkt entbehrlich sind, weil sie sich sowieso nicht unterscheiden und die X-Show ohne Verlust durch die Y-Show ersetzbar ist. Die Auswirkungen dieser Fernseh-»Kultur« auf das öffentliche und politische Bewußtsein und die Folgen für das Aufwachsen von Kindern sind bekannt und kürzlich von Neil Postman noch einmal eindringlich dargestellt worden. Entsprechende Voraussagen gab es übrigens schon vor mehr als zwanzig Jahren, beispielsweise in Amerika von Marshall McLuhan, im deutschen Sprachraum von Günter Anders. Wenn man sie überhaupt zur Kenntnis nahm, wurden sie als reaktionäre Spinnereien romantischer Kulturkritiker abgetan.

Aber würden solche »Kinderbeiräte« mit Vetorecht (auch gegenüber einem verkabelungssüchtigen Bundespostminister) nicht auf eine Erziehungsdiktatur, auf Zensur, auf die Bevormundung entscheidungsfähiger Bürger hinauslaufen? Diesen

Einwand kann man sicherlich nicht leichthin abtun. Doch muß man sich zugleich fragen, welche Folgen wir eigentlich offenen Auges in Kauf nehmen wollen, wenn wir das Wohl der nachwachsenden Generation in entscheidenden Bereichen dem freien Spiel der Kräfte von einflußreichen und finanzmächtigen Interessengruppen überlassen. Das Fernsehen, argumentiert Neil Postman, wird Kindheit in der uns vertrauten Form zum Verschwinden bringen; schon jetzt ist es zumindest dabei, ihre Veränderung unerhört zu beschleunigen: immer weniger selbst erleben, immer weniger Erfahrungen aus erster Hand machen können – und zugleich über alles und jedes ins Bild gesetzt werden: ein Weltbild aus Abermillionen flüchtiger, oft zusammenhangloser Bilder, die nur künstliche Beziehungen zum eigenen Erleben und Alltag haben. Ist eine solche Veränderung der Kindheit etwas, was eine Gesellschaft einfach wie ein unabwendbares Schicksal hinzunehmen hat? Jedes neue Elektrogerät muß gründliche Sicherheitsprüfungen durchlaufen, bevor es in Deutschland verkauft werden darf. Bei Medikamenten haben wir aus entsetzlichen Contergan-Erfahrungen gelernt, den genauen Nachweis zu verlangen, daß sie keine schädlichen Nebenwirkungen haben. Wann werden wir beginnen zu begreifen, daß auch ein Walkman oder ein Videorecorder kein für Kinder unbedenkliches Gerät ist, daß bestimmte Formen von Architektur, in denen wir wohnen, zur Schule gehen, arbeiten oder einkaufen müssen, daß die wöchentlichen Gewaltorgien in deutschen Fußballstadien wahrscheinlich mindestens ebenso bedenkliche Wirkungen auf Kinder und Jugendliche haben wie die traditionellen Anlässe für Jugendschutz?

Eine »kindergerechte Gesellschaft« wäre letztlich wohl zugleich eine Gesellschaft, in der die Erwachsenen aus Einsicht darauf verzichten, alles zu machen, was machbar ist, alles zu verkaufen, was verkaufbar ist, weil sie erfahren haben, daß auch ihnen »etwas Lebendiges lieber ist als alle Schätze der Erde«. Eine solche Gesellschaft würde dann auch den schreienden Widerspruch zwischen aberwitzigen Rüstungsausgaben auf der Erde und im Weltall und den gleichzeitig verhungernden Kindern nicht länger ertragen.

Reinhart Lempp

Das programmierte Kind

Reinhart Lempp, geboren 1923 in Esslingen/Neckar. Seit 1971 Professor an der Universität Tübingen. Abitur 1942 in Stuttgart, Kriegsdienst von 1942 bis 1945; Medizinstudium von 1945 bis 1951 in Tübingen und Freiburg. Nach verschiedenen ärztlichen Tätigkeiten in Stuttgart und Ludwigsburg seit 1953 an der Universitäts-Nervenklinik Tübingen unter Ernst Kretschmer und Walter Schulte. 1963 Habilitation für Neurologie und Psychiatrie. 1967 Leiter der selbständigen wissenschaftlichen Abteilung für Kinder- und Jugendpsychiatrie. Verheiratet seit 1950, sechs Kinder.

Kinder zu haben war wohl bis vor einem halben Jahrhundert zumindest etwas Selbstverständliches, ja in weiten Kreisen auch etwas ausdrücklich Erwünschtes, und das ist es in der Dritten Welt weitgehend auch heute noch – zum Kummer aller derjenigen, die sich den Kampf gegen Hunger zur Aufgabe gemacht haben. Bei uns ließ sich schon lange erkennen, daß es zunächst die wohlhabenden, sozial gesicherten Kreise waren, die ihre Kinderzahl in der Familie zu beschränken suchten. Allmählich, auch parallel mit dem allgemeinen Wohlstand, folgten die übrigen Schichten diesem Beispiel, und heute ist nicht mehr, wie in der ersten Hälfte unseres Jahrhunderts, eine kinderreiche Familie ein Hinweis auf Armut (Was kommt von was?), auf soziale Unterschicht oder auf religiöse Gebundenheit.

Ein Blick auf die Geburtenstatistik zeigt, daß in der ganzen Welt ein eindeutiger Zusammenhang zwischen Wohlstand und sozialer Sicherheit auf der einen Seite und Rückgang der Geburtenhäufigkeit auf der anderen Seite zu erkennen ist. Dazu haben die Kenntnisse über die Möglichkeiten der Geburtenverhütung beigetragen, sie wurden angewandt, aber die Pille hat dies sicher nicht bewirkt. Diese Steuerung, diese Programmierung der Kinderzahl ist um so beachtlicher, als sie mit der Verminderung der Neugeborenen- und Kindersterblichkeit parallel läuft, die eigentlich gerade das Gegenteil bewirken müßte.

Um die Jahrhundertwende starb noch beinahe jedes vierte Kind, das auf die Welt kam, im Laufe des ersten Lebensjahres, heute in Baden-Württemberg noch etwa jedes fünfzigste. Etwa in derselben Zeit sank bei uns die Zahl der lebend geborenen Kinder pro Familie von 4,1 auf etwa 1,5 ab. (Dabei muß man mit der Statistik vorsichtig umgehen, weil sie auch kinderlose Ehepaare als Familien bezeichnet, so daß deren Zunahme das Bild etwas beeinflußt.) Aber es kann kein Zweifel sein: Seit Beginn dieses Jahrhunderts geht bei uns die Zahl der Kinder pro Familie kontinuierlich zurück, und ähnlich ist es in allen Industrienationen der Welt. Warum?

Offenbar hat das etwas mit der sozialen Absicherung der Eltern zu tun. Früher – im letzten Jahrhundert –, vor allem in der damals noch zahlreicheren bäuerlichen Bevölkerung, aber auch bei den Arbeitern, waren Kinder eine Art Alterssicherung. Das alte biblische Gebot: »Du sollst Vater und Mutter ehren« besagt, so behaupten Theologen, nicht mehr und nicht weniger als die Verpflichtung der Kinder, für ihre Eltern im Alter zu sorgen. Auf dieses uralte Gesetz stützt sich auch heute noch unsere Sozialgesetzgebung, wonach Sozialhilfe für mittellose Eltern erst eintreten muß, wenn die Kinder dies nicht allein leisten können. Aber eben nur, wenn. Kinder sind dazu nicht mehr notwendig, denn wenn keine da sind, muß die Gemeinschaft helfen.

Und wenn heute die Renten nicht mehr gesichert erscheinen, weil die kleiner werdende Zahl der nachwachsenden Kinder sie nicht mehr aufbringen und der sogenannte »Generationenvertrag« nicht mehr eingehalten werden kann, so ist das eine Folge der in einem sozialen Rechtsstaat notwendigen Abkoppelung der Altersversorgung von den zufällig vorhandenen oder nicht vorhandenen eigenen Kindern, ganz abgesehen davon, daß die Kinder nie gefragt wurden, ob sie einen solchen Generationenvertrag eingehen wollen oder nicht.

»Kinder haben«, das wird deutlich, ist nicht mehr notwendig und wird zum privaten Hobby der Eltern. Man leistet sich Kinder oder verzichtet darauf. Kinder werden damit disponibel, und ihre Existenz liegt ganz in der Verantwortung der Eltern. Kinder können programmiert werden und werden immer häufiger, ja fast regelmäßig, programmiert – in vielerlei Hinsicht: zunächst in ihrer Existenz, dann hinsichtlich ihres Geburtstermins, ja Geburtstages, vielleicht bald hinsichtlich ihres Geschlechts – und daß sie einmal in ihren Anlagen, ihren Genen programmiert werden, das ist gar nicht mehr so utopisch, wie es jetzt noch klingt. Sie werden, wenn sie auf der Welt sind, auch weiterhin programmiert und nicht mehr erzogen. Doch davon später.

Was aber bedeutet dies alles für die Kinder und für das Verhältnis zwischen Eltern und ihren Kindern?

Man hat die geplante Elternschaft gerühmt, weil es dann nur noch erwünschte Kinder gebe. Abgesehen davon, daß man ja nicht so sicher sein kann, daß sich der Plan auch so realisieren läßt, wie er gedacht ist, und ob es immer dann auch zur Schwangerschaft kommt, wenn sie geplant wird, und abgesehen davon, daß man auch nicht sicher sein kann, ob der Plan sich nach neun Monaten oder später immer noch als richtig erweist, ergibt sich nämlich, daß damit, daß das Kind von seinen Eltern geplant und erwünscht ist, eine Abhängigkeit entstanden ist. Das Kind verdankt seine Existenz hier und jetzt seinen Eltern, und diese verbinden mit der Existenz dieses Kindes bestimmte Erwartungen. Warum setzen sie denn gerade jetzt ein Kind in die Welt und nicht früher oder später? Doch wohl, weil es für die *Eltern* eben günstig erscheint. Aber nicht nur das: Wenn Eltern es bewußt unterlassen, Kinder zu zeugen, und dann ebenso bewußt Kinder in die Welt setzen, haben sie dafür in der Regel auch einen Grund, eine Erwartung, einen Zweck. Das Kind wird so leicht zum »Zweck-Kind«. Es soll etwa die Potenz der Eltern bestätigen, es soll ihrem Stolze dienen, es soll die Frau als Mutter und den Mann als Vater bestätigen, es soll vielleicht eine zerbrechende Ehe kitten und anderes mehr. Alles Gründe, die natürlich, verständlich, nicht vorwerfbar sind – gewiß nicht! –, aber eben Gründe, die dem Kinde eine Aufgabe von seiten seiner Eltern zuweisen, die in den Eltern und deren Problemen begründet ist und nicht im Kind. Das Kind ist abhängig von seinen Eltern, nicht nur in seinem Dasein, sondern auch in seinem Sosein. Alles ist gut, solange das Kind seine Aufgabe erfüllen kann, wenn es »zum Vorzeigen« ist, wenn es die Ehe kittet und der Stolz der Eltern ist. Was aber, wenn es sein Soll nicht erfüllt, wenn es krank, behindert, mißgebildet oder auch nur später sozial nicht so erfolgreich ist, wie die Eltern hoffen?

War das aber nicht immer so, daß die Eltern ihre Hoffnungen auf ihre Kinder setzen, ja soll das nicht so sein? Zweifellos, aber wenn die Kinder als geplante, programmierte Kinder von ihrer Eltern Gnaden auf der Welt sind, dann kann der Entschluß zum Kind auch wieder bereut werden, wenn das Kind nicht so wird, wie die Eltern sich das erhofft haben. Es gibt aber kein Kind, über das sich Vater und Mutter nicht einmal ärgern, das niemals lästig wird, die Eltern hindert, etwas zu tun oder zu lassen, was sie möchten, und dann kann seine Existenz – wenn auch nur in Gedanken, aber dennoch – wieder in Zweifel gezogen werden. Haben wir das nötig gehabt, dieses Ärgernis, diese Enttäuschung, diese kleine oder große Last uns zuzumuten? Dieser Gedanke kann, wenn auch nur vorübergehend, auftauchen und zeigt die Abhängigkeit des Kindes, das gewissermaßen nicht nur aus eigenem Recht auf der Welt ist und lebt, sondern unter Bedingungen, nicht bedingungslos. Ein solcher Gedanke kann aber auch bei den Eltern ein schlechtes Gewissen bewirken gegenüber dem Kind, weil man ja so nicht denken soll und darf.

So kann eine gegenseitige Abhängigkeit des schlechten Gewissens entstehen, der Kinder gegenüber den Eltern, weil sie deren Erwartungen nicht erfüllen, und der Eltern gegenüber ihrem Kind, weil sie, wenn auch nur für Augenblicke, bereuen, es gezeugt zu haben. Natürlich bleibt solches meist unbewußt. Das Kind spürt nur den unausgesprochenen Vorwurf seiner Eltern, und die Eltern fühlen sich ihrem Kind gegenüber befangen.

Aber war das früher anders? Gewiß gab es immer unerwünschte Kinder, das uneheliche Kind etwa, das die Mutter zur sozialen Außenseiterin machte – vor allem in der bürgerlichen Gesellschaft des 19. und der ersten Hälfte des 20. Jahrhunderts. Oder das fünfte oder sechste Kind des Taglöhners, das er kaum zu ernähren wußte und das die Not nur vergrößerte. Waren beim unehelichen Kind noch Vorwürfe möglich – gegen den ungetreuen Vater, gegen sich selbst –, so war sonst des Kindes Existenz nicht zu bereuen, niemandem vorzuwerfen, sowenig wie das Wetter, das für die Ernte günstig oder widrig war. Das Kind lebte aus eigenem Recht, war Schicksal oder Gottes Gabe, willkommen oder nicht, aber in seiner Existenz von niemandem abhängig, und die Eltern waren ihm nichts schuldig, außer es aufzuziehen, so gut sie konnten, als selbstverständlich akzeptierte Pflicht, freudig oder seufzend, jedenfalls aber auch in Gedanken nicht widerrufbar. Aus der Verbindung von Mann und Frau ging selbstverständlich das Kind hervor – und es war höchstens ein Unglück, wenn man kinderlos blieb, wie dies heute noch in vielen Völkern dieser Erde ein Unglück ist; aber es war kein beeinflußbares Unglück, ebensowenig wie andererseits die Geburt eines Kindes ein beeinflußbares Unglück sein konnte. Das Kind lebte aus eigenem Recht neben den Eltern und nicht aus der Verantwortung und aus dem Recht der Eltern.

Junge Menschen fragen sich heute oft mit großem Ernst, ob es denn unter den jetzigen Lebensbedingungen in dieser Welt verantwortbar sei, ein Kind in diese Welt zu setzen. Ich denke, daß die Eltern weder heute noch früher jemals die Verantwortung für das Leben und die Existenz ihres Kindes übernehmen können und konnten. Wer will für die kommenden siebzig Jahre für einen andern Menschen die Verantwortung übernehmen? Ich denke aber auch, weil Eltern das nicht können und nie gekonnt haben, darum brauchen sie diese auch nicht zu übernehmen. Verantwortung für etwas oder jemanden übernehmen, das würde wiederum eine existentielle Abhängigkeit schaffen, die es nicht geben darf. Das Kind lebt in eigenem Recht und nicht aus der Verantwortung seiner Eltern. Verantwortung haben zu gegebener Zeit der Mann gegenüber der Frau und wohl auch die Frau gegenüber dem Mann, beide aber dem Kind gegenüber nur für sein Lebenkönnen in den ersten Lebensjahren – wie das Tier für die Pflege und Aufzucht seiner Brut, nicht jedoch für deren Leben und Existenz als solcher.

Es kann aber nicht darum gehen, die gute alte Zeit zu verherrlichen, schon gar nicht dorthin zu versuchen zurückzukehren. Man lese die Bücher von *Oskar Maria Graf* oder auch von *Gavino Ledda,* um zu sehen, daß das Leben für die Kinder früher, vor geplanter Elternschaft und vor programmierter Kindheit, nicht besser, schöner, leichter war, im Gegenteil, oft rücksichtslos, brutal und hart, für unsere heutigen Vorstellungen oft unzumutbar und unmenschlich. Dennoch wird gerade in diesen Autobiographien deutlich, daß hinter all dieser Not und Härte das Kind als Person aus eigener Existenzberechtigung anerkannt war. Es wurde, von der ersten Kindheit abgesehen, zu ernsthafter, für die Familie notwendiger Arbeit mit herangezogen, oft überfordert, aber gleichzeitig damit anerkannt, und es wurde auch dem Kind frühzeitig deutlich, daß es etwas wert war, nötig und nützlich in der kleinen Gemeinschaft der Familie und nicht nur Spielzeug und Demonstrationsobjekt von der Eltern Gnaden.

Wir können also feststellen: Das programmierte Kind verdankt seine Existenz einem Plan seiner Eltern, es kann darum auch fehlgeplant sein, bereut werden, es lebt bei aller äußerlichen Freiheit in Abhängigkeit von seinen Eltern, wie auch die

Eltern sich in eine Abhängigkeit von ihrem »Produkt« begeben, die für alle verhängnisvoll sein kann. Das noch ungeplante, unprogrammierte Kind als das natürliche Ergebnis sexueller Beziehung von Mann und Frau war bei aller äußerlichen Unfreiheit unabhängiger, aus eigenem Recht mit und neben seinen Eltern, denen es nicht zu danken hat und denen gegenüber es – zunächst – auch zu nichts verpflichtet ist.

Um es noch einmal ganz deutlich zu sagen: Es kann hier nicht darum gehen, die Entwicklung zu beklagen und den Verlust des Paradieses der früheren Zeiten – das gar kein Paradies war – zu beweinen. Es geht aber darum, die Veränderungen und ihre Folgen zu erkennen, sie zu akzeptieren und mit ihnen umzugehen. Wenn das Kind von uns, den Erwachsenen, in einer subtileren Weise abhängig geworden ist, nicht nur in Essen, Trinken, Kleidung, Pflege und Erziehung, sondern in seiner vorgedachten und von uns ausdrücklich – zumindest zunächst – gebilligten, ja geforderten Existenz, dann müssen wir auch den folgerichtig nächsten Schritt tun und uns ausdrücklich auch die Rechte und Interessen des Kindes bewußtmachen. Das Kind aus eigenem Recht, das nicht von der Disposition seiner Eltern abhängige Kind, behielt dieses eigene Recht auch und gerade, wenn es der elterlichen, speziell der väterlichen Gewalt ausgeliefert war. Die Eltern waren ebenso wie das Kind einem übergreifenden Recht von Sitte und Tradition unterworfen, das auch das Recht des Kindes in dieser Tradition und Sitte gewahrt und geschützt hat. Kindheit, Reifung und Ablösung, soziale Abhängigkeit und Selbständigkeit waren durch Regeln und Riten der Gemeinschaft vorgegeben, die sicherstellten, daß jedes Kind – weitgehend unabhängig vom Verhalten seiner Eltern, die in diese Regeln eingebunden waren – sich zu sozialer und psychischer Reife innerhalb dieser Gemeinschaft entwickeln konnte.

Mit der Möglichkeit zur Familienplanung, Geburtenregelung und Programmierung der Kinder sind aber diese gesellschaftlichen Regeln und Riten unverbindlich geworden, und die Eltern haben – nicht nur beim Kinderhaben – mehr Freiheit gewonnen. Die Freiheit der Eltern aber bedroht das Recht und die Entwicklung ihrer Kinder. Das Fehlen der Regeln zur Sozialisation der Kinder, zur Selbständigkeit in der Gemeinschaft und die verhängnisvolle gegenseitige Abhängigkeit sieht der Kinder- und Jugendpsychiater regelmäßig bei den immer häufiger werdenden Reifungskrisen, bei der Pubertätsmagersucht, der Schulphobie, bei vielen Neurosen und Psychosen des Jugendalters. Es ist keineswegs zufällig, daß etwa zur gleichen Zeit, in der die Kinderzahl pro Familie zurückgeht, Institutionen wie Jugendamt und Kinderschutz ins Leben gerufen und das Jugendrecht geschaffen wurde. Es war dies nötig geworden!

Das müssen wir uns bewußtmachen und unser Handeln auch vom wohlverstandenen Interesse und Recht der Kinder abhängig machen. Dies kann an einer andern Form von Programmierung der Kinder deutlich gemacht werden. Die Fertilisation, die Herbeiführung einer Schwangerschaft und das »Kinderhaben« mit medizinischer Hilfe bei Eltern, die aus irgendeinem Grund ohne diese Hilfe oder auf natürlichem Wege dazu nicht fähig sind, ist durch medizinisch-technischen Fortschritt zunehmend möglich geworden und spielt eine immer größere Rolle, sei es durch Hormonbehandlung, sei es durch künstliche Befruchtung, als Retortenbaby.

Sprechen wir zunächst von der auch ethisch kaum anfechtbaren homologen Insemination, das heißt von der künstlichen Befruchtung der Eier der Frau mit dem Samen ihres Mannes oder Lebenspartners. Es ist schon bemerkenswert, daß es offenbar unerträglicher als früher geworden ist, keine leiblichen Kinder haben zu können, also unfruchtbar zu sein. Oder macht das nur die gebotene technische Möglichkeit? Immerhin, es geschieht dies kaum der Kinder wegen; denn Kinder zur Adoption gab es schon immer. Da die auf diese Weise gezeugten Kinder auch ihre biologische Mutter und ihren biologischen Vater haben werden, spielt diese Art der Fertilisation für die Kinder selbst zunächst keine besondere Rolle. Es entstehen aber auf diese Weise überzufällig häufig Mehrlinge, Vierlinge und Fünflinge. Seit vielen Jahrzehnten ist die Zahl der Zwillings- und auch der Drillingsgeburten zumindest bis 1982 nicht angestiegen. 1980 bis 1982 hat sich die Zahl der Vierlinge etwa verdreifacht, und Fünflinge, früher ein Jahrhundertereignis, wurden vom Statistischen Bundesamt zwischen 1980 und 1982 bereits fünf registriert. Eine solche Geburt bedeutet nun nicht nur für die Familie eine große finanzielle Belastung – die anteilnehmende Hilfsbereitschaft der ersten Tage und Wochen läßt erfahrungsgemäß bald rasch nach –, und die bereits erwähnten Zweifel, ob der Entschluß dazu auch gut gewesen ist, werden gerade in diesen Fällen kaum ausbleiben. Darüber hinaus ist aber eine Mehrlingsgeburt auch für die Kinder mit einem erhöhten Risiko belastet, und es ist auch für ein Kind nicht ganz gleichgültig, ob es als Einzelkind oder als Kind unter verschieden alten Geschwistern aufwächst oder aber mit zwei oder drei gleichaltrigen Geschwistern. Wir haben zwar keine Hinweise dafür, daß Mehrlingskinder häufiger psychisch erkranken werden und gestört seien als die übrigen Kinder; es kann aber kein Zweifel sein, daß für Mehrlinge die Identitätsfindung, die Entdeckung der eigenen Persönlichkeit, schwieriger ist und daß sie auf manches verzichten müssen, was für andere selbstverständlich ist. Auch daran sollte man denken.

Bei der heterologen Insemination, wenn also eine Frau sich vom Samen eines ihr unbekannten, anonymen Spenders befruchten läßt, wird das noch deutlicher. In den USA sollen bei Samenbanken Samen von Nobelpreisträgern zur Verfügung stehen. Sehen wir einmal davon ab, was für Nobelpreisträger sich dazu hergeben, ihr Erbgut Unbekannten zum gefälligen Gebrauch zur Verfügung zu stellen, so beruht der dahinterstehende Gedanke auf einer kaum überbietbaren genetischen Naivität, da die erwartete hohe Intelligenz des Spenders nicht in jeder Samenzelle vorhanden sein muß und die Intelligenz in jedem Falle zahlloser zufälliger und glücklich konvergierender Umstände bedarf, um positiv zur Entfaltung zu kommen. Aber davon ganz abgesehen, stiehlt man dem Kind seinen Vater. Das kommt zwar bei manchen Zufallskindern, unehelichen Kindern, Scheidungs- und anderen Waisen auch vor; aber ihnen wurde das nicht ausdrücklich und bewußt in vorgefaßter Absicht angetan oder in Kauf genommen. Natürlich kann ein solches Kind sein Vaterbild und seine Vaterbeziehung auch von einer anderen väterlichen Bezugsperson erhalten; es bleibt aber immer eine psychische Belastung – spätestens in der Pubertät –, nicht zu wissen, »woher man kommt«. Jedenfalls wird dabei nicht an das Kind und sein eigenes

Recht gedacht, sondern nur an die – vielleicht verständlichen, vielleicht berechtigten – Wünsche der Mutter oder der sozialen Eltern.

Ich glaube, daß die Programmierbarkeit kindlicher Existenz gar keine andere Entwicklung zuläßt und zulassen darf als die zunehmende soziale und auch gesetzliche Selbständigkeit der Kinder. Die Partnerschaft, die die Eltern noch bis ins 20. Jahrhundert hinein durch frühzeitige konkrete Mitarbeit der Kinder bei notwendiger produktiver Arbeit in Beruf und Haushalt – beim Kühehüten, bei der Feldarbeit, in der Werkstatt daheim, im Stall oder in der Versorgung der kleinen Geschwister – vorgelebt haben, diese damals selbstverständliche Partnerschaft mit den Kindern müssen wir erst wieder ganz bewußt wollen, herbeiführen und praktizieren, wenn wir uns und unsere Kinder aus der geschilderten und oft verhängnisvollen Abhängigkeit lösen wollen.

In unserem Familienrecht hat übrigens dieser Gedanke seit einiger Zeit eine gewisse Berücksichtigung gefunden. So steht das »Wohl des Kindes« im Falle einer Regelung des Sorgerechts in Scheidungsfällen und bei der Regelung der Umgangsbefugnis mit dem nichtsorgeberechtigten Elternteil mehr im Vordergrund als früher, und die Kinder müssen auch im Regelfall selbst angehört werden, wenn es um ihre eigenen Belange geht.

Diese Einstellung muß sich auch in der Erziehung unserer Kinder ausdrücken. Erziehung kann und darf nicht gewollte Prägung oder gar Dressur sein. Sonst ist auch Erziehung Programmierung und Manipulation. Gerade in einer Zeit, in der auch wir Erwachsenen ständig durch Werbung und vielgestaltige Informationen, durch Mode und Konformitätszwang programmiert und gesteuert werden, ist es besonders notwendig, die Kinder als selbständige Lebenspartner aus eigenem Recht anzuerkennen.

Hier stellt sich die grundsätzliche Frage nach dem Unterschied zwischen Erziehung und Programmierung. Kinder wachsen stets unter dem mehr oder weniger prägenden Einfluß ihrer Umwelt, im allgemeinen an erster Stelle dem ihrer Eltern, heran. In einer Welt, die in ihren kulturellen Bedingungen relativ einheitlich ist und in der diese Bedingungen aus einer langen, von Generation zu Generation weitergegebenen Tradition heraus entstanden sind, ist auch die mögliche Prägung, die dem Kinde die Werte für sein Leben vermittelt, relativ gleichförmig und von klaren Grenzen bestimmt. In einer Welt, in der, wie in der unsrigen heutzutage, das Kind über die verschiedensten Medien nicht nur schon von früher Kindheit an auch an fremden Sitten und Kulturen teilnehmen kann, sondern auch innerhalb des nächsten Umkreises seiner Familie, des Dorfes oder des Stadtteils mit unterschiedlichen Lebensformen und Werten konfrontiert wird, in der aber vor allem nicht nur Eltern, Erzieher und Lehrer solche Werte vermitteln, sondern in viel stärkerem Maße die Werbung in Zeitschrift und Fernsehen, in dieser Welt kann die Prägung des Kindes durch seine Umgebung nicht mehr mit dem Begriff *Erziehung* hinreichend beschrieben werden – das Kind wird *programmiert.* Denn es werden ja dem Kind nicht mehr vorwiegend Werte vermittelt, ja suggeriert, damit es eine bestimmte Lebenshaltung, ein bestimmtes soziales Verhalten zu seinen Mitmenschen und eine bestimmte Voraussetzung für seine Fähigkeit, erwachsen zu werden, erwirbt, sondern Werte, die nur dazu dienen, beim Kind Wünsche zu wecken, die zur Befriedigung drängen, einer Befriedigung, die nicht mehr dem Kind dient, sondern dem Konsum und dem Umsatz bestimmter Güter. Das gilt natürlich nicht nur für die Kinder, sondern genauso für die Erwachsenen. Aber es beginnt bei den Kindern. Die *Erziehung* dient letztlich dem Kinde und seiner Persönlichkeit; die *Programmierung* dient anderen, die mit Hilfe des programmierten Kindes oder des programmierten Erwachsenen nicht nur leben, sondern vor allem gut leben wollen.

Erziehung, also die Prägung zur Stärke der Persönlichkeit des Kindes, ist ein gewisser Schutz gegenüber der Programmierung und kann sie in Grenzen halten. Eine Erziehung, die dies leisten soll und die die Kinder als selbständige Lebenspartner aus eigenem Recht anerkennt, ist kein bewußtes Tun, sondern ein Sein. Erziehung ist nicht »erziehen wollen«, sondern sich als Eltern als ein identifikationsfähiges Vorbild anbieten.

Auch hier erlebt der Kinder- und Jugendpsychiater in der täglichen Sprechstunde, welche Beziehungsstörungen und psychischen Beeinträchtigungen und Krankheiten allein daraus entstehen, daß Eltern in der besten Absicht ihr Kind in der psychischen Entwicklung, in der Schullaufbahn und Berufswahl nicht seinen eigenen Weg gehen lassen, sondern sich selbst und das Kind damit quälen, es in bestimmte Laufbahnen zu pressen, es zu programmieren. Dabei scheint es viel notwendiger und auch für das Kind und seine spätere Entwicklung hilfreicher zu sein, wenn wir als Eltern uns und den Kindern den Blick dafür schärfen, wie wir selbst durch Werbung und Reklame und durch den oft unmerkbaren Zwang zum Konformismus in Verhalten, Kleidung und Konsum manipuliert und programmiert werden.

Das unvermeidlich programmierte Kind in einer unaufhaltsamen Entwicklung, in der »Kinder haben« nicht mehr selbstverständlich ist und sein kann, verlangt ein bewußtes Verhältnis zwischen Eltern und Kind, und das ist nur möglich, wenn wir anerkennen, daß auch das von uns programmierte Kind nicht unser Eigentum, sondern ein Mensch aus eigenem Recht ist.

Walter Fuhrmann

Gefährdungen des Ungeborenen

Walter Fuhrmann, geboren 1924 in Berlin. Seit 1967 ordentlicher Professor und Leiter des Instituts für Humangenetik der Universität Gießen.

Nach Schule und Kriegsdienst Studium der Medizin in Berlin. Dort Staatsexamen und Promotion 1951. Nach Ausbildung in den USA und Berlin 1961 Venia legendi für Kinderheilkunde an der Freien Universität Berlin und nach weiterer Ausbildung in den USA 1964 Venia legendi für Kinderheilkunde und Humangenetik an der Universität Heidelberg. Verheiratet, drei Kinder.

Etwas überspitzt kann man sagen, die Zeit von der Zeugung bis zur Geburt sei die wahrscheinlich gefährlichste Periode des menschlichen Lebens; denn noch nicht einmal jede zweite befruchtete Eizelle kann sich bis zur Geburt eines Kindes weiterentwickeln. Viele kommen wegen fehlerhafter Anlagen nicht über die ersten Schritte der Entwicklung hinaus, es kommt gar nicht zur Feststellung einer Schwangerschaft. Auch danach noch gehen zehn bis fünfzehn Prozent oder mehr aller Früchte durch eine spontane Fehlgeburt verloren. Meist tritt dieses Ereignis schon in den ersten Monaten der Schwangerschaft ein. Die Ursache liegt auch hier überwiegend in einer anlagebedingten Entwicklungsstörung der Frucht, in der Mehrzahl der Fälle in einer Fehlverteilung der Erbträger, der sogenannten Chromosomen. Man kann darin ein Regulativ der Natur sehen, eine natürliche und frühe Auslese, die unserem Einfluß entzogen ist. Nur ein kleiner Teil aller frühen Fehlgeburten hat bei normaler Entwicklung des Kindes seine Ursache in mütterlichen Faktoren und kann deshalb vielleicht durch ärztliche Maßnahmen verhindert werden. Schließlich enden heute erschreckend viele Schwangerschaften durch einen künstlichen Abbruch, meist mit der Begründung einer sozialen Notlage der Mutter.

Eine große Belastung für das Kind und für die Familie aber sind Entwicklungsstörungen aller Art, die mit dem Weiterleben vereinbar sind. Die auffälligsten und eindrucksvollsten davon sind die groben, äußerlich erkennbaren Fehlbildungen. Solche Kinder sind früher häufig zugrunde gegangen, ausgesetzt oder getötet worden. Heute sind viele dieser Fehlbildungen chirurgisch korrigierbar oder wenigstens durch eine Behandlung zu bessern. Behinderte werden angenommen und finden Zuwendung und Hilfe.

Seit Urzeiten haben sich die Menschen Gedanken über die Ursachen solcher Fehlbildungen gemacht und die abenteuerlichsten Theorien entwickelt. Von der Zeugung durch böse Geister, der Strafe der Götter bis zum sogenannten Versehen der Mutter reicht die Skala der Erklärungsversuche. Uralt ist der Glaube, daß erworbene Eigenschaften auf Nachkommen vererbt werden können, und schon im Alten Testament findet sich ein Beispiel für die Vorstellung, daß ein Gesichtseindruck zum Zeitpunkt der Zeugung sich auf die Nachkommen auswirken könne: So wird erzählt, daß Jakob die Schafe des Laban vor streifig geschälten Hölzern decken ließ, damit unter den Lämmern viele gestreifte Tiere waren.

Wenn eine Frau in der Schwangerschaft einen Brand sah, so sollte nach dem Volksglauben das Kind ein Feuermal tragen, und das Erschrecken über Krüppel und Fehlgebildete sollte Fehlbildungen beim Kind auslösen können. Selbst in der modernen Literatur finden sich mitunter Gedanken, die genau besehen nur ein Aufguß solcher alten Ammenmärchen sind. Sie zeigen nur das Erklärungsbedürfnis für unverstandene und erschreckende Ereignisse, mit biologischen Vorstellungen sind sie nicht in Einklang zu bringen. Schon eher könnte man sich eine indirekte Wirkung schwerer Belastungen oder psychischer Erschütterungen einer Schwangeren auf die Blutversorgung der Gebärmutter und damit die Ernährungsverhältnisse des Kindes etwa auf dem Wege über hormonelle Steuerungsmechanismen vorstellen. Häufig wird eine solche seelische Belastung als Ursache einer Fehlgeburt angegeben; aber auch hier fehlen Beweise. Speziell im Hinblick auf Fehlbildungen spricht aber das bemerkenswerte Fehlen einer Häufigkeitszunahme etwa in Kriegszeiten oder in der Zeit der Bombardierung deutscher Großstädte geradezu gegen eine solche Erklärung. Natürlich muß man hier einschränken, daß es damals wie heute keine zuverlässige Fehlbildungsstatistik gab und gibt. Der Beweis, daß etwas sicher *keinen* Einfluß hat, ist auch naturgemäß sehr schwer zu führen; doch es fehlt eben auch jeder positive Beleg.

Heute wissen wir, daß es nicht nötig ist, übernatürliche, magische Einflüsse für die Entstehung von Fehlbildungen verantwortlich zu machen. Die Entwicklung eines Kindes aus Ei- und Samenzelle ist ein so komplizierter biologischer Vorgang und erfordert ein so fein abgestimmtes Ineinandergreifen biochemischer und mechanischer Abläufe, daß es eher erstaunen muß, daß wir nicht noch öfter Störungen zu sehen bekommen. Offenbar besteht hier eine außerordentlich feine, genetisch festgelegte Koordination in Zeit und Raum. Störungen können einmal auf Fehlern der Erbinformation beruhen, oder sie werden durch Einflüsse von außen hervorgerufen. Fragen wir uns, welche einzelnen Störfaktoren wir kennen, welche schädlichen Einflüsse wir identifizieren und was wir zur Verhütung von Fehlbildungen und Krankheiten tun können:

Erbanlagen sind unser Schicksal. Jeder von uns hat neben unauffälligen, normalen Anlagen auch einzelne gestörte, veränderte Erbinformationen, die meist von normalen Anlagen überdeckt werden. Nur ausnahmsweise können wir einzelne bestimmte Erbfaktoren feststellen, die für sich allein eine schwere Störung bedingen. Häufiger ist es das Zusammentreffen, die Kombination ungünstiger Anlagen aus den Keimzellen beider Eltern, die erst eine mehr oder weniger schwere Beeinträchtigung verursacht. Niemand kennt alle seine Erbanlagen, und keine Untersuchung kann uns einen vollständigen Aufschluß darüber verschaffen. Hier liegen Risiken, die jeder akzeptieren muß, der Kinder will. Mitunter geben uns aber Erkrankungen in der Familie oder Besonderheiten anderer Art in der Familienvorgeschichte Hinweise auf eine besondere Gefährdung. Dies zu analysieren und eine bewußte und verantwortungsvolle Entscheidung zu ermöglichen, ist Aufgabe der genetischen Beratung, wie sie heute an humangenetischen Instituten der Universitäten angeboten wird. Sie sollte viel öfter wahrgenommen werden, vor allem wenn einmal Zweifel aufkommen.

In besonderen, Gott sei Dank seltenen Fällen wird eine allzu große Gefahr den Verzicht auf erhoffte Kinder als einzigen Ausweg erscheinen lassen. Meist wird sich das tatsächliche Risiko aber als kleiner, als kalkulierbar herausstellen. Eine besondere Gruppe der Entwicklungsstörungen beruht auf einer Fehlverteilung von Chromosomen bei der Bildung der Keimzellen. In der Mehrzahl solcher Ereignisse ist, wie wir schon hörten, die Entwicklungsstörung dann so schwer, daß ein früher Entwicklungsstopp und eine Fehlgeburt resultieren. Ein kleiner Teil solcher Kinder kann aber das Neugeborenenalter erreichen und sogar erwachsen werden. Der sogenannte Mongolismus, richtiger das Down-Syndrom, ist die bekannteste und häufigste derartige Störung.

Solche Fehlverteilungen der Chromosomen werden bei Kindern älterer Mütter, etwa ab dem 35. Lebensjahr, etwas häufiger beobachtet. Zwei Methoden gestatten es nun, Chromosomenveränderungen des Kindes schon im Mutterleib zu erkennen: Die eine ist die seit fast zwanzig Jahren entwickelte Untersuchung der kindlichen Zellen des Fruchtwassers, das meist in der 16. oder 17. Schwangerschaftswoche mit einer durch die Bauchdecke geführten dünnen Nadel gewonnen werden kann. Die andere, neue Methode, die Chorionzottenbiopsie, gestattet schon in der 9. bis 11. Schwangerschaftswoche die Untersuchung von Gewebe des sich bildenden Mutterkuchens. Hier benutzt man den Zugang über Scheide und Muttermund und braucht die Fruchthöhle selbst nicht zu eröffnen. Beide Methoden erlauben auch zusätzliche Untersuchungen für andere Störungen oder Krankheiten des Feten. Die neuere Methode bedeutet wegen früherer Anwendung eine geringere Belastung der Mutter. Ihre Sicherheit wird zur Zeit klinisch geprüft.

Die frühe Erkennung so schwerwiegender Entwicklungsstörungen hat die Möglichkeit eines Schwangerschaftsabbruchs zu einem Zeitpunkt eröffnet, zu dem das sich entwickelnde Kind noch nicht allein lebensfähig ist. In dieser Zeit ist ein solcher Eingriff durch das Gesetz sanktioniert. Er bleibt natürlich kontrovers beurteilt; aber die Mehrheit in der Bevölkerung sieht beim Nachweis einer so schweren Entwicklungsstörung den Abbruch der Schwangerschaft als einen ethisch vertretbaren Weg aus einer Notlage. Die Erfahrung hat uns gezeigt, daß sich die meisten Menschen, die zu einer solchen Untersuchung kommen, diesen Entschluß nicht leichtmachen, sondern von einer hohen Verantwortung gegenüber ihren Kindern und ihrer Familie geprägt sind. Wenn man über die ethische Berechtigung solcher Untersuchungen diskutiert, sollte man auch nicht vergessen, daß nicht wenige Schwangerschaften, die sonst aus Sorge vor einem kranken Kind heute abgebrochen würden, jetzt nach einer pränatalen Diagnostik mit positivem Ergebnis erhalten bleiben. Der Konflikt der Abwägung der Interessen der Mutter, der Familie und des Kindes muß in jedem einzelnen Fall bedacht werden.

Fehlerhafte Erbanlagen sind schicksalsbedingt, wir können hier vorher beraten und Risiken abschätzen, wir können vielleicht in der Schwangerschaft eine vorgeburtliche Erkennung von Entwicklungsstörungen anbieten; aber wir können an den Gegebenheiten und Anlagen nichts ändern. Fragen wir deshalb nach den *äußeren* Einflüssen, den Gefahren, die wir vielleicht abwenden oder abschwächen können.

Die erste sichere Feststellung des Zusammenhanges von angeborenen Fehlbildungen des Kindes mit einer von außen kommenden Schädigung der Mutter in der Schwangerschaft verdanken wir dem australischen Arzt Gregg. Gregg beschrieb 1941 seine Beobachtung von Linsentrübungen und anderen Störungen bei Neugeborenen nach einer ausgedehnten Rötelnepidemie in Australien. Seine weiteren Untersuchungen und zahlreiche Studien anderer Forscher zeigten dann eindeutig, daß eine Rötelnerkrankung der Mutter in den ersten acht bis zwölf Schwangerschaftswochen zu schweren Störungen und Fehlbildungen an den verschiedensten Organen des Kindes führen kann. Solche Störungen sind besonders häufig und schwer, wenn sie das Ungeborene in den ersten Schwangerschaftswochen treffen, sie werden begrenzter und seltener, je weiter die Organentwicklung des Kindes zum Zeitpunkt der mütterlichen Erkrankung schon fortgeschritten ist. Heute wissen wir aber leider, daß auch eine spätere Röteln-Erkrankung noch zu folgenschweren Störungen, vor allem zum Beispiel der Gehörfunktion, führen kann.

Greggs Entdeckung ist nicht nur deshalb so wichtig, weil sie eine Erklärung für manche Entwicklungsstörungen brachte und die Furcht vor einer anlagebedingten, ererbten Fehlbildung in diesen Fällen entkräftete, das heißt für weitere Kinder der gleichen Eltern eine günstige Voraussage gestattete. Ihre größte Bedeutung besteht darin, daß sie den Weg zur Verhütung solcher Störungen wies. Als erstes gilt es für ungeschützte Schwangere, den Kontakt zu Rötelnkranken zu meiden. Darüber hinaus aber hat man heute die Möglichkeit, durch eine Impfung die Gefahr zu bannen. Eine Frau, die selbst sicher Röteln gehabt hat, erkrankt nicht zum zweiten Mal an dieser Krankheit, sie hat lebenslange Immunität. Man sollte deshalb jedes junge Mädchen durch eine Impfung schützen, die mit abgeschwächten Erregern im Körper die gleiche Abwehrlage erreicht wie eine durchgemachte Erkrankung. Ob der Körper solche Abwehrstoffe besitzt, ist durch eine einfache Untersuchung feststellbar. Hat eine Schwangere, die nicht geschützt ist, Röteln-Kontakt, so sollte sie sofort ihren Arzt konsultieren, der dann gegebenenfalls eine Behandlung mit einem speziellen Immunserum veranlassen kann.

Neben den Röteln fiel der Verdacht auch auf andere Viruskrankheiten; aber trotz intensiver Forschung konnte nur für einige wenige Krankheiten wahrscheinlich gemacht werden, daß sie die Kindesentwicklung stören können. Keine bietet die gleiche Gefahr wie die Röteln.

Noch ist allen Älteren unter uns die Thalidomidkatastrophe sehr deutlich in Erinnerung, und manche ihrer Opfer sind heute junge Erwachsene. Erinnern wir uns: Dieses in Deutschland unter dem Namen Contergan verbreitete Medikament erfreute sich sehr bald nach seiner Einführung großer Beliebtheit als scheinbar harmloses Schlaf- und Beruhigungsmittel, das auch in höchsten Dosen nicht lebensgefährlich, also etwa nicht zur Selbsttötung benutzbar war. Erst das zeitlich und räumlich mit dem Gebrauch des Mittels koordinierte Auftreten sehr typischer und sonst seltener Fehlbildungen führte zur Aufdeckung des Zusammenhanges. Alle vorausgehenden Tierversuche und klinischen Erprobungen waren günstig verlaufen. Erst im praktischen Einsatz beim Menschen zeigte sich drastisch und tragisch, daß die Wirkung eines Medikaments auf die Entwicklung des Ungeborenen oft nicht mit dessen Wirkung auf den ausgewachsenen Organismus vergleichbar ist. Wären die Schäden bei den Kindern seltener und weniger auffällig gewesen, wäre der Zusammenhang sicher erst viel später oder gar nicht aufgefallen.

Das Thalidomid schädigt ein Kind in der Entwicklung, es verursacht Fehlbildungen, aber es führt nicht zu einer Änderung der Erbanlagen. Daher brauchen auch Menschen, die selbst in ihrer Entwicklung durch Contergan geschädigt wurden, keine Schäden für ihre eigenen Kinder zu befürchten, und manche haben inzwischen gesunde Kinder.

Wir sind uns seither der von Medikamenten ausgehenden Gefahr für das ungeborene Kind sehr bewußt; aber selbst die Prüfung eines Medikaments an trächtigen Versuchstieren kann keine Sicherheit geben, da zwischen den Arten große Unterschiede in der Reaktion bestehen. Gegenüber dem Thalidomid zum Beispiel zeigte sich nur die Entwicklung des Affenfeten ähnlich empfindlich wie die des Menschen, aber bei anderen Stoffen könnte dies wieder ganz anders sein. Leider haben auch die Erfahrungen der Thalidomid-Katastrophe nicht dazu geführt, daß wir in Deutschland eine sorgfältige Registrierung aller beobachteten Fehlbildungen haben. Wegen allgemeiner Vorbehalte und eines mitunter übertriebenen Datenschutzes besitzen wir *keine gute* Statistik der Mißbildungen, die als eine Frühwarneinrichtung dienen könnte.

Die durch die Thalidomid-Katastrophe hervorgerufene Beunruhigung drückt sich auch in den zahlreichen Warnhinweisen auf Beipackzetteln aller möglichen Medikamente aus, über deren Wirkung auf das Ungeborene nichts ausgesagt werden kann. Dies ist eine verständliche Vorsichtsmaßnahme und auch juristisch begründet, hat aber große Verunsicherung in der Bevölkerung hervorgerufen. Sicher gibt es heute eine Anzahl von Medikamenten, deren Einnahme in der Schwangerschaft eine Gefahr für das Kind bedeuten kann, von sehr wenigen wissen wir das sicher, und von sehr wenigen haben wir exakte Informationen über Gefährdungszeitpunkt, Dosis und eventuelle Wechselwirkungen. Es gibt aber ebenso sicher Situationen, in denen es für das Ungeborene sehr gefährlich ist, wenn die Mutter *notwendige* Medikamente *nicht* einnimmt. Hier kann es zu ernsten Konflikten kommen, wie zum Beispiel bei der Behandlung von Schwangeren mit einem Krampfleiden. Zwar besteht der begründete Verdacht, daß einige der Mittel, die die Krampfneigung unterdrücken, das ungeborene Kind schädigen können; andererseits aber gefährden Krampfanfälle in der Schwangerschaft Mutter und Kind. Ein plötzliches Absetzen der Mittel kann deshalb für beide äußerst gefährlich sein. Der Arzt steht hier vor der schwierigen Aufgabe, für jede einzelne Patientin die für ihre spezielle Situation günstigste Behandlung zu finden und sorgfältig zu überwachen.

Generell richtig ist der Rat, daß eine Schwangere jede nicht unbedingt notwendige Medikamenteneinnahme und jede Selbstbehandlung vermeiden sollte. Medikamente sollten in der Schwangerschaft nur nach Anweisung des Arztes genommen werden. Eine besondere Schwierigkeit liegt natürlich darin, daß oft eine Schwangerschaft erst festgestellt wird, wenn ein großer Teil der kritischen Zeit der Organentwicklung des

Kindes schon verstrichen ist. Der Warnhinweis gilt also eigentlich für jede Frau, die mit einer Schwangerschaft rechnen muß, und vor allem dann, wenn eine erwartete Regelblutung nicht eingetreten ist. Noch immer werden *auch von Frauen,* die mit einer Schwangerschaft rechnen müssen, zu viele Medikamente eingenommen.

Dabei spricht einiges dafür, daß in den ersten Tagen der Entwicklung, etwa von der Befruchtung bis zur Einnistung des Eies, also etwa bis zum Ausbleiben der ersten Regel, eine Frucht entweder gar nicht oder so schwer geschädigt wird, daß sie sich überhaupt nicht weiterentwickelt. Diese »Alles-oder-nichts-Regel« gilt aber nicht ausnahmslos.

Der Ernährung der Schwangeren wird mit Recht viel Aufmerksamkeit gewidmet. Eine nachweisliche Schädigung des ungeborenen Kindes tritt aber offenbar erst ein, wenn eine so erhebliche Unterernährung der Mutter besteht, wie sie unter normalen Verhältnissen nie auftritt. Ein Mangel an Vitaminen, Kalzium, Eisen und Spurenelementen kann jedoch bei falscher Ernährung die Widerstandskraft von Mutter und Kind beeinträchtigen und könnte die Entwicklung eines vielleicht aus anderen Gründen besonders empfindlichen Keimes gefährden. Beobachtungen in England haben gezeigt, daß bei ungünstigen Ernährungsverhältnissen Fehlbildungen vom Typ der Spina bifida, die landläufig unter der Bezeichnung offener Rücken bekannt sind, häufiger auftreten. Das Risiko des Wiederauftretens solcher Fehlbildungen bei Geschwistern von Kranken konnte durch vorsorgliche Gabe von Vitaminen und vor allem Folsäure gesenkt werden. Da solche Fehlbildungen schon vor der dritten Woche der Keimentwicklung festgelegt werden, kann nur eine zusätzliche Versorgung wirksam werden, die bereits vor der Empfängnis des Kindes einsetzt. Diese Ergebnisse werden zur Zeit im größeren Maßstab überprüft und können nicht verallgemeinert werden, vor allem gelten sie nur für diese bestimmte Gruppe von Fehlbildungen.

Viel bedeutender als vermeintliche falsche Ernährung ist die Einnahme von Genußgiften wie Alkohol und Nikotin. Die Schädigung des ungeborenen Kindes durch Alkohol wurde schon in alter Zeit behauptet. Hinweise finden sich in der griechisch-römischen Mythologie und im Verbot des Weingenusses in der Brautnacht in Karthago.

Eine recht zutreffende Beschreibung gibt ein Bericht eines Komitees des britischen Unterhauses, das 1834 über die Kinder von Trinkerinnen berichtete. Diese Berichte gerieten ebenso wie gelegentliche spätere wissenschaftliche Veröffentlichungen in Vergessenheit. Auch Warnungen aufgrund von Tierversuchen aus den Jahren 1968 und 1971 fanden noch wenig Beachtung, bis amerikanische Autoren 1973 an einer Zahl von Beobachtungen das Fehlbildungsmuster, das der Alkohol hervorruft, genauer charakterisierten. Zwanzig bis vierzig Prozent aller Kinder von Trinkerinnen zeigen deutliche Schäden durch Alkohol; aber es ist nicht notwendig, daß eine Frau trunksüchtig ist. Auch wenn mäßige Mengen Alkohol durchaus kontrolliert, aber regelmäßig in der Schwangerschaft getrunken werden, sind Schäden nicht so sicher auszuschließen. Man muß befürchten, daß zumindest in den Industrieländern Entwicklungsschäden durch Alkohol zu den wohl häufigsten angeborenen Störungen überhaupt gehören.

Bisher wissen wir noch nicht sicher, von welcher Menge Alkohol an eine ernstere Gefahr besteht, welche Mengen vielleicht ungefährlich sind und warum andererseits doch ein erheblicher Teil der Kinder von Trinkerinnen keinen nachweislichen Schaden aufweist. Hier spielen möglicherweise ererbte Stoffwechselbesonderheiten der einzelnen Frau oder des Kindes eine Rolle. Daß trotz der weiten Verbreitung des Alkohols das Schädigungsmuster so spät erkannt wurde, hat seinen Grund darin, daß, anders als beim Thalidomid, der Alkohol eine weitverbreitete Schädlichkeit ist, die nicht zu einem bestimmten Zeitpunkt neu eingeführt wurde und die Schäden hervorruft, die, einzeln betrachtet, wenig charakteristisch sind und auch aus anderen Gründen vorkommen.

Vom Nikotin sind zwar keine bestimmten Mißbildungen bekannt; doch Kinder von starken Raucherinnen weisen ein deutlich geringeres Geburtsgewicht auf als Kinder von Nichtraucherinnen und sterben häufiger in der ersten Säuglingszeit durch verschiedene Ursachen.

Weit verbreitet ist die Furcht vor Röntgenstrahlen, und es gibt gesicherte Beobachtungen am Tier, die zeigen, daß Röntgenstrahlen in der frühen Schwangerschaft die Entwicklung stören können. Theoretisch kann jede Bestrahlung schaden, praktisch zeigt sich aber, daß eine nachweisbare Gefahr für das Ungeborene, die Anlaß zur Sorge gibt, erst von Strahlenmengen und -intensitäten ausgeht, wie sie bei medizinischen Untersuchungen nur äußerst selten erreicht werden. Da Röntgenaufnahmen nie ohne guten Grund erfolgen sollten, gilt es natürlich immer, abzuwägen zwischen der Notwendigkeit der Untersuchung einerseits und der möglichen Gefahr andererseits. Vor nicht dringend notwendigen Röntgenuntersuchungen soll eine Schwangerschaft ausgeschlossen werden.

Auch schon vor der Empfängnis können Röntgenstrahlen, wie vielleicht auch einige Medikamente, an einer Ei- oder Samenzelle Störungen im Sinne einer Erbänderung, einer Mutation, auslösen. Diese könnten nach der Befruchtung einer betroffenen Keimzelle beim Kind als Erbdefekt in Erscheinung treten. Wieder ließ sich zeigen, daß diese Gefahr zwar tatsächlich besteht und deshalb überflüssige Röntgenuntersuchungen zu vermeiden sind, vor allem wenn sie die Keimzellen miteinbeziehen, daß aber dennoch für die Einzelperson das Risiko sehr gering bleibt. Körperzellen, aber auch noch wenig differenzierte Ei- und Samenzellen besitzen die Fähigkeit, Schäden am Erbmaterial zu reparieren. Daraus resultiert der Rat, zwischen einer Belastung der Keimzellen mit Röntgenstrahlen oder einigen bestimmten Medikamenten und der Zeugung oder Empfängnis eines Kindes eine Karenzzeit von etwa drei Monaten verstreichen zu lassen.

Alle älteren Untersuchungen konzentrieren sich auf die grob sichtbaren Fehlbildungen des Kindes. Da die einzelnen Organe und die äußere Körperform ihre Hauptentwicklungsphase bereits sehr früh, grob gesagt in den ersten zwei bis drei Schwangerschaftsmonaten, abschließen, entstand der Eindruck, daß nur diese Periode der Kindesentwicklung einer größeren Gefahr der Störung durch äußere Faktoren unterliegt. Eine Rötelninfektion der Mutter jenseits der zwölften Schwangerschaftswoche oder eine Thalidomid-Einnahme jenseits des fünfzigsten Schwangerschaftstages führten nicht mehr zu erkennbaren Fehlbildungen. Inzwischen haben sorgfältige Untersuchungen mit verfeinerten Methoden gezeigt, was uns gar nicht überraschen sollte, daß durchaus auch in späterer Zeit noch wesentliche Störungen ausgelöst werden können; nur handelt es sich meist nicht um Störungen der Form, sondern eher um solche der Funktion. Vor allem das Gehirn ist in den späteren Schwangerschaftswochen noch in voller Entwicklung, und man konnte zeigen, daß Einwirkungen, die in frühen Phasen der Entwicklung Mißbildungen verursachen, in späteren Schwangerschaftswochen und -monaten zu Defekten der Intelligenz oder zu Verhaltensstörungen führen können. Solche Zusammenhänge sind sehr viel schwerer zu untersuchen und zu beweisen, deshalb gibt es hier bisher nur sehr begrenzte Einsichten und wenige gesicherte Resultate.

Wieder sind die Genußgifte, Medikamente, vor allem Betäubungsmittel und Hormone an erster Stelle zu nennen. Wie schwierig es ist, solche Zusammenhänge aufzudecken, wird klar, wenn man sich überlegt, daß zum Beispiel Mütter, die in der Schwangerschaft Rauschgift nahmen, ja meist auch einer großen Zahl anderer Schädlichkeiten ausgesetzt waren, andere Medikamente nahmen und vielleicht schon selbst verhaltensgestört waren, so daß auch Erbfaktoren berücksichtigt werden müssen.

Zusammenfassend muß man sagen, daß das Ungeborene sich im Schutz des mütterlichen Organismus in einem bemerkenswert konstanten Milieu, geschützt vor vielen Umweltschäden, entwickelt. Wir haben heute aber eine ganze Reihe von schädlichen Faktoren erkannt, die diesen Schutz durchbrechen können. Bei einigen, wie den Genußgiften, kann man fordern, sie zumindest in der Schwangerschaft strikt zu meiden. Bei anderen, etwa manchen Viruskrankheiten, gibt es außer der vorsorglichen Impfung nur unsichere Schutzmöglichkeiten. Bei Medikamenten wird man die Notwendigkeit der Behandlung für Mutter und Kind gegenüber den Risiken abwägen müssen, wenn man nicht auf ungefährlichere Behandlungsverfahren ausweichen kann.

Und zum Schluß noch ein Wort der Warnung vor einem Mißverständnis: Wenn ein Medikament (oder ein anderer Faktor) im Verdacht steht, etwa die Häufigkeit einer bestimmten Mißbildung zu verdoppeln, so kann das ein schwerwiegender Grund sein, generell vor seiner Verwendung in der

Schwangerschaft zu warnen. Wenn diese Mißbildung aber unter Neugeborenen ganz allgemein mit einer Häufigkeit von nur 1 unter 1000 gefunden wird, so hieße das für die einzelne konkrete Schwangerschaft, die einzelne Frau, die dieses Medikament in der Schwangerschaft genommen hat, daß jetzt statt eines Risikos von 1 zu 1000 ein solches von 2 zu 1000 anzunehmen wäre. Anders ausgedrückt, bestünde immer noch die Chance von 998 zu 2, daß die befürchtete Schädigung nicht eingetreten ist. Da für jedes Neugeborene eine allgemeine Wahrscheinlichkeit von mindestens zwei Prozent besteht, irgendeine bedeutende Fehlbildung aufzuweisen, wäre der Unterschied sicher nicht gravierend. Was begründeter Anlaß zu einer allgemeinen Warnung sein kann, muß deshalb durchaus nicht auch für jede einzelne Schwangere, die nun doch diesem Faktor, diesem Medikament ausgesetzt war, ein Grund zur Beunruhigung sein. In jedem Zweifelsfall aber sollte sie ihren Arzt um Rat fragen.

Unsere besseren Kenntnisse der möglichen Ursachen von Entwicklungsstörungen können der werdenden Mutter und ihrem Arzt helfen, mögliche Gefahren zu vermeiden oder zu verringern; sie sollten aber nicht zu übertriebener Ängstlichkeit führen. Der Entschluß zur Familiengründung und zum Kind erforderte zu allen Zeiten auch ein wenig Mut zum Risiko. Mutter und Kind sind von der Natur mit Schutzmechanismen ausgestattet, deren Vielfalt uns das gelegentliche Versagen erst ahnen läßt.

Ingrid Riedel

Die menschliche Geburt

Ingrid Riedel, geboren 1935. Psychotherapeutin in eigener Praxis in Konstanz. Lehraufträge an der Universität Zürich, am C. G. Jung-Institut Zürich und an der Gesamthochschule Kassel.

Das einzige religiöse Erlebnis, das zählt in meinem Leben, ist die Geburt meiner Tochter«, so berichtet mir eine auf den ersten Blick recht herbe junge Frau, Ende Zwanzig, Naturwissenschaftlerin: »Als ich sie auf meinem Bauch liegen fühlte, mit ihrem warmen Körper, ihrem winzigen Köpfchen mit dem schwarzen Haarschopf, da habe ich einfach geweint vor Freude.«

Sie hatte zuvor zwei Abgänge gehabt, weil das Gewebe der entsprechenden Organe noch nicht kräftig genug war, ein Kind zu halten. Sie war während der beiden ersten Schwangerschaften lange Wochen im Bett gelegen, weil immer wieder Blutungen aufgekommen waren. Trotz aller Vorsicht und Vorsorge hatte sie beide Male das Kind in den ersten Monaten der Schwangerschaft wieder verloren und hatte sehr unter dem Verlust gelitten. Doch bei der dritten Schwangerschaft war alles normal verlaufen. Ihre Freude war groß: »Jetzt ist wirklich alles bereit für das Kind«, sagte sie, »erst jetzt bin ich wohl ganz reif dafür.« Wenn sie es recht überlege, fügte sie hinzu, dann habe sie die ersten beiden Male doch auch noch Angst vor der Verantwortung für das Kind gehabt. Auch sei die Beziehung zu ihrem Mann noch gar nicht tragfähig gewesen, sie hätten noch viel mit sich selber zu tun gehabt.

So ist es öfter zu beobachten – auch wenn wir diese Vorgänge nicht verallgemeinern dürfen –, daß Abgänge und Fehlgeburten nicht nur auf physiologische Ursachen zurückgehen, sondern auch auf psychologische: daß irgend etwas wirklich noch nicht reif ist für die Geburt des Kindes, sei es in der Einstellung der Frau, sei es in der Situation, in die das Kind hineingeboren werden soll. Dann ist es, als verweigere sich die Natur. Oft ist die Einstellung der Frau zu ihrer Weiblichkeit, zum Mutterwerden noch gar nicht klar, wenn die Frau schwanger wird: Manchmal liegt ein Problem mit der eigenen Mutter zugrunde, die keine überzeugende Anschauung für das Muttersein bot. Vielleicht besteht auch ein Konflikt zwischen der vertrauten und geliebten Berufsrolle, die das Leben der jungen Frau bisher ausfüllte – samt den Hoffnungen auf weitere Entfaltung im Beruf –, und der nun noch so fremden und irgendwie altmodischen Mutterrolle, die alle Zeit und Kraft auf sich zu ziehen droht.

Auch kann in der Beziehung zum Partner, zum künftigen Vater des Kindes, noch vieles ungeklärt und unsicher sein, vielleicht lehnt er es im Grunde noch ab, Kinder zu haben oder die Beziehung so verbindlich werden zu lassen, daß Kinder in ihr geborgen wären. Viele junge oder gerade auch ältere Frauen stehen dann vor der schwierigen Frage, ob sie es sich selbst – und auch dem Kind – zutrauen, zumuten wollen, für dieses Kind eventuell allein einstehen zu müssen. Es kommt heute auch nicht so selten vor, daß beide Eltern zögern, ein Kind in diese Welt zu setzen, die sie von schleichenden Umweltschäden und potentieller Kriegsgefahr so sehr bedroht sehen, daß sie es fast unverantwortlich finden, Kindern eine solche Welt zuzumuten.

Wenn unter solchen inneren Zweifeln doch eine Schwangerschaft entsteht, kann es gut sein, daß die Natur dieses im Grunde ungewollte Kind wieder abstößt; erst nach Behebung der Zweifel würde sie es halten. Es ist aber heute, ebenfalls aus Zukunftsangst heraus, eine Gegenbewegung im Gange: Kinder werden von vielen Paaren, auch von alleinstehenden Frauen leidenschaftlich gewünscht, ja dem Leben abgerungen. Wenn es also ernstzunehmende seelische Gründe dafür gibt, daß Schwangerschaften nicht gleich wunschgemäß verlaufen, dann gilt es doppelt skeptisch zu sein, wenn Eltern mit ihrem Kinderwunsch die Natur gleichsam zu erpressen versuchen; wenn sie ein möglicherweise psychisches Problem durch physische Manipulation lösen wollen und so erzwingen möchten, was noch nicht reif ist. Es gibt da in den letzten Jahren verschiedene diskutable Operationen an der Mutter, darüber hinaus aber gibt es auch Erwägungen zur extracorporalen Befruchtung, wenn es einer Frau aus gesundheitlichen oder anatomischen Gründen ganz unmöglich erscheint, selbst ein Kind auszutragen. Am schwierigsten kommt mir dabei die Vorstellung vor, das Kind gleichsam durch eine Leihmutter austragen zu lassen.

Ist es vorstellbar, daß eine Leihmutter nach den erlebnisreichen und auch entbehrungsreichen Monaten der Schwangerschaft, nach dem gewaltigen Vorgang der Geburt, der Leib und Seele einer Frau aufs äußerste herausfordert, das Kind weggibt an dessen »legitime« Eltern, als hätte sie gar nichts damit zu tun? Zwar habe ich in einem Interview eine französische Leihmutter, die – selbst Mutter zweier Kinder – schon zwei Kinder anderer Eltern stellvertretend austrug, so reden hören, als verstehe sie dieses Austragen als einen Dienst der Nächstenliebe an kinderlosen Paaren, eine Hilfeleistung wie eine andere auch. Doch bleibt zu fragen, ob dabei nicht zumindest eine etwas gewaltsame Abspaltung der seelischen Seite des Geburtsvorgangs erfolgen muß, die doch vermutlich auch Auswirkungen auf das Kind hat, das während Schwangerschaft und Geburt von der Leihmutter, die es gebiert, gar nicht persönlich gemeint ist, gar nicht persönlich gemeint sein *darf*.

Ehe man solch schwerwiegende Manipulationen erwägt, wäre es zumindest aufschlußreich, nach der psychischen Seite solcher mißglückender Schwangerschaften zu fragen. Wie gesagt, es kann daran liegen, daß eine Frau mit ihrem Frausein als solchem noch gar nicht im reinen ist; daß sie sich vielleicht lieber im Beruf weiter entfalten will, als so viele Kräfte, so viel Zeit an ein Kind abzuzweigen. Vielleicht auch traut eine Frau sich das Kinderhaben noch gar nicht zu, weil sie nicht genug Selbstvertrauen dazu hat, weil sie noch stark von ihrer Mutter abhängig ist, die ihr noch gar nicht zugesteht, eine erwachsene Frau geworden zu sein, die Kinder haben könnte. So ist dann der Wunsch nach einem Kind direkt mit einem Schuldgefühl beladen. Solange es so ist, enden alle Schwangerschaften, kaum begonnen, in einem Abgang.

Selbst in den Märchen hat sich dieser Vorgang, der eine junge Frau heftig zu erschüttern vermag, an vielen Stellen niedergeschlagen: Dort erscheint während der Schwangerschaft oder kurz nach der Geburt oft eine »schwarze Frau« – als die Verkörperung eines noch ungelösten, noch dunklen Mutterkomplexes – und entreißt der jungen Frau jeweils das Kind. Erst durch einen längeren Entwicklungsweg, auf dem sie das Problem mit der Mutter und dem Mütterlichen aufarbeitet, wächst der jungen Frau in den Märchen die Kraft zu, ein Kind zu halten, zu behalten. Meist werden ihr dann in den Märchen auch die zuvor verloren geglaubten Kinder zurückgebracht. Das heißt psychologisch, daß im Grunde kein einziger sehnsuchtsvoller Gedanke an ein Kind, keine Woche einer ehrlich durchlebten Schwangerschaft seelisch »verloren« ist: Dies alles weckt und entfaltet die Gefühle, die eine Frau braucht, um ein Kind wirklich aufnehmen, austragen zu können.

So ging es auch der Frau, von der ich zu Anfang berichtet habe: Auch der Schmerz, auch die Trauer um die zwei verlorenen Kinder bereiteten in ihr dem Kind, das dann wirklich kam, die Bahn, den Raum, ließ die mütterlichen Gefühle ausreifen, in die es sich dann bergen konnte, die es dann umfangen konnten. Auch diese recht ehrgeizige, in der naturwissenschaftlichen Forschung tätige Frau war während der ersten beiden Schwangerschaften mit ihrer Existenz als Frau noch nicht im reinen gewesen. Eigentlich hatten sie bis dahin ihre Forschungen mehr interessiert als Kinder.

Zudem war auch ihr Mann, ein Fachkollege, mehr an wissenschaftlicher Zusammenarbeit interessiert gewesen als an Familiengründung. So spiegelte der Organismus der Frau, der zunächst eine Schwangerschaft verweigerte, nur ehrlich wider, daß noch keine volle Bereitschaft, ein Kind zu haben, bestand: weder von der Beziehung zwischen den potentiellen Eltern her noch von der Einstellung der künftigen Mutter zu ihrer Weiblichkeit her.

Kinder lassen sich dennoch ertrotzen: gegen den Widerstand der Natur, die es besser weiß. Auch dazu kann uns die uralte Erfahrungsweisheit der Märchen sagen, was es für das Kind bedeutet, auf irgendeine Weise dem Leben abgetrotzt zu sein: Das bäuerliche Elternpaar in dem Grimmschen Märchen »Hans mein Igel«, das unbedingt einen respektablen Hoferben haben möchte – also ein Kind aus Gründen des Prestiges und des Besitzes –, bekommt statt dessen einen Igel als Kind. Und das Königspaar in »Das Eselein«, dem es vor allem um einen begabten Nachfolger und würdigen Erben des Reiches geht, bekommt statt dessen als Kind ein Eselchen.

Die Märchen wissen erstaunlich gut, wie die starken Erwartungshaltungen, die die Eltern, die unbedingt ein Kind wollen, diesem entgegenbringen, das reale Kind, das dann geboren wird, beeinflussen, wie sie es aber auch in einem bestimmten Licht erscheinen lassen.

Angesichts der Wünsche des Königspaars, das sich ein hochbegabtes, schönes Kind wünscht, mit dem es repräsentieren kann, erscheint der unbekümmert-lebensfrohe, musikbegabte Sohn, den sie tatsächlich bekommen, als ein dummes kleines Eselein, mit dem sie nichts anfangen können. Die Mutter würde es in ihrer maßlosen Enttäuschung – wohl schon über sein Aussehen mit seinen übergroßen Ohren, seinem vorgeschobenen Kinn – am liebsten gleich nach seiner Geburt den Fischen zum Fraß vorwerfen. Hier rettet der Vater die Situation, indem er darauf verweist, daß sie ihr Kind doch noch einer höheren Instanz verdanken und sich entsprechend zu verhalten hätten.

Das Bauernpaar, das sein Igelkind unter anderem der Verwünschung verdankt, die der Vater ausstieß, als er so lange kein Kind bekam – »Ich will ein Kind haben, und sollte es ein Igel sein« –, ist in seiner Enttäuschung nicht bereit, daran zu glauben, daß auch dieses Stachelkind an seiner Mutter trinken könne und solle, sie sind überzeugt davon, daß es sie nur stechen würde. Infolgedessen wird dieses Kind gar nicht erst gestillt; es bekommt auch kein Bett, sondern nur eine Schütte Stroh hinter dem Ofen. Sie halten auch nicht für möglich, für solch ein Kind einen Paten zu finden.

Daß ein Kind im übertragenen Sinne stachlig wird, werden muß, wenn es die Ablehnung seiner Eltern, die Verweigerung des Hautkontakts, des Stillens spürt, kann nicht verwundern. Bis hin zu frühen Hauterkrankungen, Schuppenflechten und anderen Hauterkrankungen kann sich dies auswirken. Auch Übergriffe der Eltern, Vereinnahmungsversuche – indem sie das Kind mehr nach ihren eigenen Ansprüchen als nach seinen Bedürfnissen behandeln –, können eine Igelreaktion des Kindes zur Folge haben, so daß es von Anfang an abweisend, stachlig reagiert, sich einigelt.

Beide Kinder, von denen die Grimmschen Märchen berichten – »Hans mein Igel« wie »Das Eselein« –, haben allerdings dieses Trauma, von den Eltern bei der Geburt abgelehnt worden zu sein, durch einen erstaunlichen Lebenswillen, den ihnen die größere Mutter Natur selber eingegeben hat, überwinden und überwachsen können. Die Märchen wissen das, und neueste psychologische Forschung wird auch immer wieder darauf gestoßen, daß wir nicht nur die Kinder unserer persönlichen Eltern sind, nicht nur Produkte von deren Zu- und Abneigungen, sondern zugleich Kinder des größeren

Lebens selbst, mit Kräften und Möglichkeiten begabt, die nicht nur aus der engsten Lebensgeschichte stammen, sondern aus den tieferen Ressourcen des Lebens selber. Die Astrologie und die Reinkarnationslehren östlicher Religionen wissen davon zu berichten, daß sich die Seele vor ihrer Wiedergeburt auf der Erde selbst die Eltern aussucht, von denen sie zu einem neuen Menschen gezeugt und geboren werden will: nicht nur, um glücklich zu werden, sondern um an eben diesen Eltern Probleme aufzuarbeiten, Herausforderungen zu erleben, die diese Seele zu ihrer Vollendung braucht.

Die angemessene Reaktion der Eltern auf dieses unausdenkbare und unverfügbare Geheimnis des Lebens, das ihr neugeborenes Kind darstellt, wäre deshalb immer wieder und ist auch immer wieder: Staunen.

Und so kann es denn auch geschehen, wenn ein Kind »ertrotzt« wurde, daß die Mutter in überglücklichem Staunen zuletzt doch ein gesundes Kind in den Händen hält: Barbara zum Beispiel, die mit 42 Jahren, alleinstehend, ihr erstes Kind gebiert, allen Ängsten, das Kind einer nicht mehr jungen Mutter könne behindert sein, zum Trotz. Sie ist sehr dankbar für dieses Kind, das sie noch haben darf.

Es gibt auch eine Alternative zum »ertrotzten Kind«: das Adoptiv-Kind. Wann wird ein Adoptiv-Kind geboren? Ein befreundetes Ehepaar, das nach kinderloser Ehe schließlich zwei indische Mädchen adoptierte, erlebte die Begegnung mit dem ersten Kind so: Als die kleine Inderin, sechs Jahre alt, die Eltern, von denen sie schon die Kleider, die es am Leibe trug, geschickt bekommen hatte, zum ersten Mal am Bahnsteig stehen sah, um sie abzuholen, sagte sie nur: »Und du bist meine Mami, und du bist mein Papi.«

Und damit waren die beiden Eltern von dem Kind adoptiert. Aber es verzichtete nicht auf seine Geburt. Monatelang spielte das Mädchen immer das gleiche ernste Spiel, es bestand darauf: Vor dem Gutenachtsagen rollte es vom Schoß seiner Wahlmutter rückwärts zwischen deren Beine und schrie, bis es aufgehoben und warm an die Brust gedrückt wurde. So verlangte und vollzog dieses Kind das Geborenwerden, körperlich und seelisch, von der Frau, die es zu seiner Mutter gewählt hatte, bis es sich wirklich ganz als deren Tochter fühlte. Geburt ist mehr als ein biologischer Vorgang: Sie ist ein Zu-sich-Kommen als Mensch, als gewählter, geliebter Mensch, der sich auch selber annehmen kann.

Die Geburt ist ein gewaltiger biologischer Vorgang, und noch heute führt er gelegentlich an die Grenzen der Todesgefahr, für Mutter und Kind: Eine Freundin erzählt mir davon, wie sie wegen der ungünstigen Steißlage ihres Kindes einer Kaiserschnitt-Geburt zugestimmt hatte. Die Operation gestaltet sich wegen einiger unerwarteter Komplikationen langwieriger als erwartet, die Narkose dauert lange. Da erlebt sie in einer Art Traum während der Narkose, daß sie plötzlich in einer gewaltigen Spiralbewegung wie in einen Tunnel hineingezogen wird, von dessen Enden her ein heller Schimmer hereinbricht. Sie hat das Gefühl, als solle sie ins All hinausgerissen werden, ein Sehnsuchtsgefühl wie vor einer großen Befreiung beginnt sich wie ein Sog in ihr auszubreiten. Sie aber weiß, daß sie eben dabei ist, ihr Kind zu gebären. Sie freut sich sehr auf ihr erstes Kind, will nicht von ihm weggerissen werden, und so ruft sie mit aller Kraft nach ihrem Mann, von dem sie weiß, daß er während der Geburt neben ihr sitzt. Sie ruft, er solle ihre Hand halten, sie festhalten, daß sie nicht weggerissen würde von ihm und dem Kind.

Als sie aus der Narkose aufwacht, wird ihr bestätigt, daß sie sich wirklich einige Momente lang in Lebensgefahr befunden habe. Das eigentümliche Traumbild, von dem eine ganze Reihe reanimierter Menschen, die sich an der Grenze zum Tode befunden haben, berichten, erweist, daß der oft benannte »Sog nach drüben« bereits bestanden hatte, daß aber die Erwartung der Geburt, dazu die Nähe ihres Mannes stark genug waren, sie in die diesseitige Wirklichkeit zurückzuholen. Bemerkenswert an diesem Geburtsvorgang war auch, daß zum Zeitpunkt der Geburt die Mutter zwar unter Narkose, der Vater aber sehr präsent war: Er nahm das Neugeborene zuerst an sich, wärmte und streichelte es. Es besteht bis heute – sie ist jetzt sechs Jahre alt – eine besondere Verbundenheit zwischen Vater und Tochter, bis dahin, daß die Tochter früher »Vater« als »Mutter« sagte. Auch die Anwesenheit des Vaters bei der Geburt hat also sehr wichtige Konsequenzen.

Das Traumbild von dem Tunnel, der mit spiraliger Drehung

durchglitten werden muß – und der ins Helle mündet –, dürfte selbst eines der Bilder sein, die ursprünglich den Vorgang der Geburt abbilden, den wir alle einmal durchlebt haben und der uns seitdem wie eine Matrix, wie eine archetypische Prägung eingestiftet ist. Auch das Bild für das Sterbeerlebnis ist demnach analog zu dem Bild für das Geburtserlebnis in uns eingeprägt: Sterben können wir demnach wie ein Geborenwerden erleben. (Hier wurde also eine gebärende Frau selbst in das Erlebnis des Geborenwerdens – das fast zu ihrem realen Tod geworden wäre – hineingerissen.) Dieses Bild ist eine mächtige Stütze für die Religionen, die von Sterben und Wiedergeborenwerden sprechen, die den Vorgang des Sterbens selber als ein Wiedergeborenwerden in eine neue Lebensform hinein verstehen.

Der Psychiater und Psychotherapeut Stanislav Grof ist den sogenannten perinatalen Erlebnissen, den Erfahrungen des Kindes im Umfeld seiner Geburt, nachgegangen, wie sie sich in Träumen, aber auch in den visionären Bildern innerhalb einer LSD-Therapie darstellen oder seiner Ansicht nach rekonstruieren lassen. Grof sucht diese perinatalen Eindrücke als psychische Matrizen zu verstehen, an die sich auch in der späteren Lebensgeschichte jeweils verwandte seelische Erfahrungen beziehungsweise Bilder ankristallisieren, so daß typische Bilderfolgen entstehen, an denen sich ablesen läßt, in welchen Phasen des Geburtsvorgangs der Betreffende Störungen erfahren oder sogar Schädigungen erlitten hat. Sowohl über den Vorgang des Geborenwerdens wie auch über das aus den verschiedenen Phasen der Geburt erwachsende Lebensgefühl hofft Grof wichtige Aufschlüsse zu bekommen, indem er die im Traum oder unter LSD aufkommenden Erfahrungen entsprechend analysiert. Auch wer diesem Zugang zum Geburtserlebnis mit Skepsis gegenübersteht, kann aus Grofs Forschungen wichtige Einsichten in die »Kartographie«, in die innere Landschaft unserer Psyche gewinnen. Deshalb seien die perinatalen Grundmatrizen Grofs hier beschrieben:

Die biologische Grundlage für Grofs Grundmatrix I ist »die Erfahrung der ursprünglichen symbiotischen Einheit des Fötus mit dem mütterlichen Organismus in der intrauterinen Existenz«. In störungsfreien Phasen des Lebens im Mutterleib können die Bedingungen für das Kind nahezu ideal sein. In den letzten Schwangerschaftsphasen pflegt die Situation für das Kind aber ungünstiger zu werden, da es gewachsen, seine Bewegungsfreiheit stärker eingeschränkt und die Plazenta relativ unzureichend geworden ist.

Der ungestörte intrauterine Zustand wird von entsprechenden Erfahrungen begleitet, die mit ihm das Fehlen von Hindernissen und Grenzen gemeinsam haben. Haben wir diese Phase im Mutterleib positiv erlebt, so gelingen uns auch später immer wieder friedvolle Vorstellungen von der Mutter Natur und unserer Vereinigung mit ihr.

Störungen des intrauterinen Gleichgewichts sind dagegen von Bildern und Erlebnissen begleitet, die die Gefahren unter Wasser, schmutzige Wasserströme, eine verseuchte oder ungastliche Natur zum Inhalt haben. Wer sehr stark an diese Phase seiner Geburt fixiert ist, wird auf alle Vorstellungen einer Gefährdung unserer Umwelt stark ansprechen und nur schwer an eine positive Wendung dieser Gefahren glauben können.

Das Erfahrungsmuster der perinatalen Grundmatrix II steht in Verbindung mit den ersten Anfängen der biologischen Geburt und ihrer ersten klinischen Phase. Hier wird das Gleichgewicht der intrauterinen Existenz gestört: durch alarmierende chemische Signale zunächst, denen Muskelkontraktionen folgen. Schließlich wird der Fötus in periodischen Abständen durch Gebärmutterspasmen zusammengepreßt. Da die Cervix geschlossen ist, ist der Weg nach außen noch unerkennbar. Die Gefühle der Angst werden immer stärker, ein Ausweg ist nicht sichtbar, Lebensgefahr wird wahrgenommen. Charakteristisch für diese Phase ist das Erlebnis, in die Mitte einer dreidimensionalen Spirale, eines Trichters oder eines Strudels hineingezogen, aber auch die Vision, von einem Ungeheuer erdrückt oder verschlungen zu werden; eine Variante dieses Erlebens ist der Abstieg in ein weitverzweigtes Grottensystem oder in ein unübersichtliches Labyrinth. Ein Mensch, der auf dieses Stadium fixiert geblieben ist – durch irgendwelche besonderen Schwierigkeiten oder durch Überdehnung der Dauer dieser Geburtsphase –, kann noch als Erwachsener von dem Gefühl beherrscht sein, in einer alptraumartigen Welt wie in einem Käfig ohne Ausweg gefangen zu liegen.

Die perinatale Grundmatrix III ist mit der zweiten Phase der klinischen Geburt verbunden. Die Gebärmutterkontraktionen setzen sich fort, doch ist die Cervix nun erweitert und macht eine allmähliche Fortbewegung des Fötus durch den Geburtskanal möglich. Massiver Druck von außen, gelegentlicher Sauerstoffmangel und drohendes Ersticken begleiten diesen Durchgang. Symbolisch ist diesem Durchgang das Erleben des titanischen Kampfes um das Überleben mit außerordentlichen Erregungszuständen zugeordnet. Gewaltige Kräfte werden in dieser Geburtsphase wirksam: Mit einem Druck von 20 bis 50 Newton wird der zarte Kopf des Kindes in die enge Beckenöffnung gepreßt. Wer mit diesem Aspekt der dritten Grundmatrix konfrontiert ist, verspürt mächtige Energieströme, die sich aufstauen und in explosiver Weise entladen wie Vulkanausbrüche, Erdbeben oder Gezeitenwellen. Häufig werden Feuerstürme oder auch Verbrennungen erlebt. Mütter haben in dieser Phase der Entbindung häufig das Gefühl, daß ihre Vagina wie Feuer brenne. Es scheint angemessen, dieses Erlebnis zwischen Leiden und Ekstase als »vulkanische Ekstase« im Gegensatz zu der »ozeanischen Ekstase« der ersten Matrix zu charakterisieren. Hier ist der Fötus, die Person, aktiv beteiligt und gewinnt das Gefühl, daß das Leiden eine bestimmte Richtung nimmt und ein Ziel hat. Ein Symbol für den Übergang von der dritten zur vierten Grundmatrix ist der Vogel Phönix, der im Feuer stirbt, um sich aus der Asche wieder zu erheben und zur Sonne emporzuschwingen.

Die perinatale Grundmatrix IV steht im Zusammenhang mit der Entbindungsphase, mit der eigentlichen Geburt des Kindes. Das Vorwärtsgetriebensein durch den Geburtskanal erreicht seinen Höhepunkt, auf die extreme Steigerung von Schmerz und Erregung folgt unmittelbar die Entspannung und Erleichterung. Das Kind ist geboren und erblickt zum ersten Mal das überhelle Licht des Tages (oder des Operationssaales). Nach der Durchtrennung der Nabelschnur ist die körperliche Trennung von der Mutter geschehen, und das Kind kann zum ersten Mal die wärmende Mutter als Gegenüber erfahren.

In dieser Phase werden erstaunlich viele tatsächliche Ereignisse während der Geburt wie auch geburtshelferische Maßnahmen wahrgenommen, im Unbewußten gespeichert und unter besonderen Umständen – in Trance oder LSD-Sitzungen – tatsächlich erinnert. Auch diese Tatsache weist dringlich darauf hin, wie prägend die äußeren Umstände einer Geburt für ein ganzes Leben werden können; sie weist hin auf die Chancen einer Hausgeburt, die allerdings gegen die Gefahren, die bei ungünstiger Lage des Kindes bestehen, abgewogen werden müssen, denn auch die psychischen und physischen Behinderungen, die durch blockierte Geburtsvorgänge entstehen können, sind bedenkenswert.

Das symbolische Gegenstück zu diesem letzten Entbindungsstadium ist das Wiedergeburtserlebnis. Auf die Erfahrung der Vernichtung und des »Aufschlagens auf den Boden des Kosmos« folgen Visionen von blendend-weißem oder goldenem Licht, das übernatürliche Schönheit ausstrahlt.

Wie gesagt: Für Grof bedeuten diese vier Grundmatrizen nicht nur Erinnerungen an die reale Geburt, obgleich diese nach seiner Überzeugung in erweiterten Bewußtseinslagen exakt erinnert werden kann, sondern sie verknüpfen sich je nach der Matrix, die für unsere Geburt am bedeutsamsten war, mit weiteren Erfahrungen aus unserer Lebensgeschichte, aber auch aus transpersonalen Menschheitserfahrungen, bis wir durch die Verbindung mit diesen großen Bildern die Einseitigkeiten und Verbiegungen unserer Lebensgeschichte überwachsen. Therapie und Heilung bestehen nach Grof darin, daß wir das seelische Steckengebliebensein in bestimmten Phasen unseres Geburtsvorgangs überwinden und endlich bis zum vollen Geborenwerden und dem entsprechenden Befreiungserlebnis vordringen.

Auf seiner gegenüber Grof so nüchternen Ebene gibt Erich Fromm dem Bild der Geburt für den erwachsenen Menschen einen ähnlichen Stellenwert: »Kreativ zu sein bedeutet, den gesamten Prozeß des Lebens als einen Prozeß des Geborenwerdens zu betrachten und kein Stadium des Lebens als endgültiges Stadium anzusehen. Die meisten Menschen sterben, bevor sie wirklich geboren sind; Kreativität bedeutet, geboren zu werden, bevor man stirbt.«

Zu sterben, ehe wir geboren sind, das wäre ein großes

Unglück. Zugleich erweist sich das Bild der Geburt in diesem Ausspruch als etwas sehr Umfassendes, das noch immer vor einem jeden von uns liegt. Ganz geboren zu werden aus dem Mutterleib dessen heraus, was uns bisher genährt hat, was aber noch nicht wir selber sind, darum ginge es wohl für uns alle. Von diesem Geborenwerden sprechen die vielen Geburtsträume von Menschen, die oft längst über das Alter und die Lebensumstände hinaus sind, in denen sie selbst gebären könnten. So träumt eine 48jährige Nonne, die selbst gar nicht daran denken kann, ein Kind zu gebären, von der Geburt ihres Kindes, das nicht die häßliche breite Familiennase hat, sondern sehr schön aussieht und aufgegangen ist »wie ein noch warmer Geburtstagskuchen«. Eva-Maria soll es in dem Traum heißen und soll schon in seinem Namen bezeugen, daß es die Erdmutter Eva mit der Himmelskönigin Maria verbindet. Dies beides zu verbinden hieße für diese Frau, endlich ganz geboren zu werden als ein Wesen, in dem die Kräfte des Himmels und der Erde, lebensgeschichtliche und transpersonale Erfahrungen zusammenkommen können, wie es in jeder rechten Geburt eines Menschen geschieht.

Kaspar Kiepenheuer

Kinder verändern Eltern

Kaspar Kiepenheuer, geboren 1942 in Göttingen. Kinder- und Jugendpsychiater in Zürich und Dozent am C. G. Jung-Institut in Zürich.

Kinderärztliche, psychiatrische und analytische Ausbildung in Zürich und London.

Veröffentlichungen zu Fragen lebensbedrohlich kranker Kinder, zu Tod und Sterben, zu Analytischer Kindertherapie und zur Sandspiel-Therapie.

Der Titel erscheint mir kühn und erfrischend angesichts der allgemeinen Überzeugung von erzieherischer Machbarkeit. Hier wird der Spieß einmal umgedreht: Wir erwachsenen Erzieher sind die Betroffenen, die »Gemachten«. Mich selbst lud der Titel zu neuer, grundlegender Nachdenklichkeit ein, zu einem neuen Blickwinkel, sowohl in meiner Arbeit als Kinderpsychiater und Therapeut wie auch in meiner Haltung als Familienvater.

Meine Betrachtungen richten sich weniger an ein fachliches Publikum, sondern vor allem an die Mütter und Väter, denen ich mich durch erfahrene Freuden und Leiden verwandt fühle. Es geht hier um Erlebnisse und Erkenntnisse, die vielen vielleicht nahegehen werden. Wie ich werden auch Sie sich hier und da fragen: Habe ich es richtig gemacht, habe ich meine Elternpflichten erfüllt? Auch Sie werden hoffentlich, wie ich, unvollkommene Eltern sein. Ich bin froh, daß Michael Rothmann in seinem Beitrag in diesem Band deutlich macht: Es kann keine idealen Eltern geben. »Hinreichend gut« ist das Beste, was uns zuteil werden kann.

Mit Blick auf die Veränderungen oder besser: Wandlungen, denen Eltern im Laufe ihres Eltern-Werdens und Eltern-Seins unterworfen sind, will ich versuchen, eine entsprechende kollektive Entwicklungsgeschichte zu entwerfen, in Anlehnung an die Kinder-Entwicklungsgeschichte, wie sie Psychologen gelehrt wird.

Das Eltern-Werden beginnt vielleicht schon, wenn die Kinder »Vater und Mutter« spielen und damit ihre Aufmerksamkeit und Hinwendung auf das gespielte »Baby« richten. In diesem Spiel wirkt ein eingeborenes Muster vom Mutter-Sein oder Vater-Sein, das aktiviert und geübt wird. Es hat wiederum wandelnde Rückwirkung auf das spielende Kind. Hierin liegt die so wichtige Bedeutung des projektiven Spiels.

Wie oft im weiteren Leben werden Kinder im Geiste »gezeugt«! Hier ist auch zu denken an die Werke und Schöpfungen, die dem betreffenden Menschen so sehr am Herzen liegen können, daß er sie als seine »Kinder« erlebt. Auch sie wirken als Spiegel und haben ihre Wirkung auf die Entwicklung der Persönlichkeit.

Die eigentliche *Zeugung* betrifft Mann und Frau in unterschiedlicher Weise. »Vater werden ist nicht schwer«, läßt sich von der Mutter keineswegs sagen. Allein die biologisch bedingten Veränderungen am Körper und am ganzen Wesen der werdenden Mutter sind so deutlich, daß man sich diesen kaum entziehen kann. So hat auch der werdende Vater bald teil an dieser neunmonatigen Vorbereitungszeit, die ihn einerseits einiger Bequemlichkeiten und vielleicht auch einiger Zärtlichkeit von seiten seiner Frau beraubt, ihm aber andererseits neue Bedeutung und neuen Status verleiht. Die *Schwangerschaft* verlangt von beiden Eltern Ruhe und Konzentration auf das wachsende neue Leben. Im Miterleben der embryonalen Geborgenheit, sozusagen am eigenen Leibe, haben Eltern die Chance, eigene unausgereifte Anteile ihrer Persönlichkeit nachträglich »auszubrüten«.

Eine Frau berichtete mir von einer Art unsichtbarer Schutzhülle, von der sie sich, mitsamt ihrem ungeborenen Kind, umgeben fühlte. Alle ihr sonst so bekannten Belästigungen und Ablenkungen des Alltags schienen an dieser Hülle abzuprallen. Manche Frauen können sich nicht – oder nur zögernd – diesem »Angebot« der Natur hingeben und wehren sich entschieden dagegen, schon Mutter zu werden. Oder sie fühlen sich noch nicht bereit, einem Kind das zu geben, was sie selbst zu wenig oder überhaupt nie erfahren hatten. Andere fürchten um ihre ungebundene Freiheit. Glücklicherweise erweist sich die Natur, beziehungsweise ein der Mutter innewohnendes Verhaltensmuster, am Ende meist doch als stärker und übernimmt die Führung. Die ersten Kindsbewegungen sind in jedem Falle ein tief prägendes Erlebnis, sind sie doch erster spürbarer Ausdruck der Selbständigkeit des neuen Lebens.

Das Erleben einer Mutter bei der *Geburt* ihres Kindes kann ich nur leise erahnen: Größter Schmerz ist mit höchstem Glücksgefühl verbunden, sie »stirbt« und wird »geboren« zugleich. Neben dem körperlichen Schmerz ist sicher das Hergeben-Müssen des Kindes eine erste schwere Ablösungsarbeit der Mutter. Dieser Schmerz der Entbindung und des Hergebens, der uns Vätern erspart bleibt, prägt sicher weitgehend die so wesentlich verschiedene Stellung von Vater und Mutter.

Ich zweifle aber, ob der Vater in der Tiefe seines Herzens *nur*

Vater ist und die Mutter *nur* Mutter. Vielmehr scheint es auch ein inneres Gegenstück zu geben: das Mütterliche im Vater und das Väterliche in der Mutter, Qualitäten, die vielleicht nur durch die (zufällige?) biologische Gegebenheit und mit Rücksicht auf die (einseitigen) gesellschaftlichen Erwartungen vernachlässigt wurden. Als Vater kenne ich das Bedürfnis, die neun Monate der Tragzeit sowie das Erlebnis der Geburt irgendwie nachzuvollziehen oder nachzuholen.

Wer Zeuge des unsagbaren Mysteriums der Geburt ist, also ganz besonders die Eltern des Kindes, der bleibt nicht unberührt von den überirdischen Dimensionen dieses Geschehens. Was uns an der kindlichen Unschuld und Unberührtheit so anspricht und anzieht, ist uns »heilig«. Das Kind ist Heilsbringer. Das ist hier im Sinne von heil, unversehrt und ganz zu verstehen. Das Kind ist ein Sinnbild der Ganzheit und des Vollkommen-Werdens, nach dem wir uns sehnen, ohne es je in unserem irdischen Leben ganz erreichen zu können.

Psychologisch ausgedrückt: In diesem tief bewegenden Augenblick empfängt das Neugeborene unsere Projektionen vom eigenen inneren Kind, das geboren werden und leben will. Die Geburt unseres Kindes ist dann potentiell auch unsere eigene »Geburt«. Bleiben unsere eigenen unerfüllten Entwicklungswünsche aber auf das Kind projiziert, so werden diese als Last und Fremdkörper das Kind an seiner Selbstwerdung hindern. So bleibt es eine tagtägliche Elternaufgabe, diese Projektionen zu erkennen und von den Kindern zurückzunehmen.

Mit der Anwesenheit des *ersten Kindes* ist eine völlig neue Konstellation entstanden: Das Kind ist ein neuer Bezugspunkt, durch den aus der polaren Achse des Paares ein Dreieck wird. Aus bisher *einer* sind jetzt *drei* Beziehungsachsen geworden, die komplex ineinanderwirken. Manches Paar kann hiervon überrascht und überfordert sein, mancher Ehepartner fühlt sich noch nicht bereit, das Feld dem neuen Kind zu räumen, vielleicht auch selbst nicht mehr »Kind« des Partners zu sein. Andererseits sind es aber gerade unsere Kinder, die uns helfen, die eigene Kindheit zurückzurufen und bestimmte, vielleicht verpaßte Stationen der Kindheit nachzuleben.

Kinder sind nicht Heilmittel für Partnerbeziehungen, die sonst zum Scheitern verurteilt wären. Dennoch kann ein Kind –

besonders dann, wenn man es gar nicht erwartet – einer Beziehung neuen Inhalt geben, die Partner lernen sich von völlig neuen Seiten kennen und werden bisher brachliegende Qualitäten sichtbar machen.

Kinder öffnen ihren Eltern das Tor zur Welt. Das gilt ganz besonders in der heutigen Zeit, wo viele Kleinfamilien an großstädtischer Vereinsamung leiden. Als frischgebackene Eltern werden wir von Leuten angesprochen, die uns bisher nicht beachteten. Durch Spielkameraden der Kinder werden wir auf Nachbarn aufmerksam, die wir bisher nur vom Briefkastenschild her kannten. Über den Kindergarten und die Schule der Kinder entstehen den Eltern zahlreiche Kontakte, aber auch Sorgen um den Gang der Welt und Verantwortung für das Schicksal der Umwelt. Manche Eltern würden ohne ihre Kinder den Anschluß an die heutige Zeit kaum finden.

Durch ihr erstes Kind rücken die Eltern in der Generationenfolge eine Stufe aufwärts, oder abwärts, je nach Blickwinkel. Oder bildlich ausgedrückt: Wie bei einer Blumenzwiebel machen wir Eltern einer zentralen, jüngeren Wachstumsschicht Platz und werden zur »Schale«. Der Gedanke an ein weiteres Zurücktreten und schließlich an die eigene Vergänglichkeit liegt auch bei jedem weiteren Entwicklungsschritt der Kinder nahe. Wenn diese Heraus-Forderung angenommen wird, dann kann das eigene Kind zu einem wichtigen Anstoß in der Selbstentwicklung der Eltern werden, ist doch die Auseinandersetzung mit dem eigenen Tod ein wesentlicher Teil der Selbstwerdung, der *Individuation,* und damit des Lebens.

Das Kind ist Ausdruck einer Raum- und Zeitlosigkeit, ein »Anfangs- und Endwesen« (C. G. Jung). So laden uns Kinder ein zu einem Brückenschlag zwischen Vorzeit und Zukunft, zu einem Ausblick aus der Enge einseitiger Gegenwartsbezogenheit. So »kleine« Erfahrungen wie das Lächeln eines Babys oder seine zierliche suchende Handbewegung sind schon wie ein Blitz durch mein Leben gegangen. Hierdurch hat sich schon viel Alltagsgerangel, dem ich sonst größte Bedeutung beimaß, relativiert, so zum Beispiel: Was gilt mir schon der Konflikt mit dem Kollegen Soundso angesichts des stolzen Strahlens meiner Tochter, die ihre ersten Schritte übt! Bin ich doch Zeuge viel größerer, ich möchte sagen göttlicher Ordnungen geworden, in die ich mich gleichsam eingebettet fühlen darf. Auch meine väterliche Verantwortung, die durch meine Kinder wachgerufen ist, wirkt als Gegengewicht, das sich am Ende nicht behindernd, sondern bereichernd auswirkt, auch in meinem Beruf: Mit welcher inneren Teilnahme kann ich doch heute einer Mutter zuhören, wenn sie über die frühesten Erfahrungen mit ihrem Kind spricht; es ist kein bemühendes Ausfragen mehr wie früher.

Ähnlich wie die Geburt stellt jeder weitere Schritt in der Entwicklung des Kindes den Eltern die Aufgabe, ihr Kind wachsen, gehen und sprechen zu lassen, was ja alles Stufen einer zunehmenden Ablösung des Kindes von den Eltern sind. Je hingebungsvoller Eltern ihr Kind lieben, desto schmerzlicher können diese »Nachgeburten« sein. Mancher Vater kann hier die ihm entgangenen Entbindungsschmerzen nachholen. Jede dieser Ablösungsstufen verlangt eine Neubesinnung bei den Eltern, ein neues Gleichgewicht muß sich einstellen. Den Raum, den das geliebte kleine Kind ausfüllte, müssen die Eltern mit eigenem Leben anreichern. Die Entwicklungsschritte der Kinder sind also Aufforderungen an die Eltern, sich ihrem eigenen Leben zu widmen.

Sind unsere Kinder unsere Kinder? Es gibt Hinweise dafür und dawider. Ähnlichkeiten zwischen unseren Kindern und uns sprechen dafür, daß wir zum Teil aus den gleichen Bausteinen gemacht sind. Dann aber wiederum kann ein Kind so anders als alles uns Bekannte sein, daß wir Eltern uns fragend anblicken: Wo hat das Kind das bloß her? Kinder werden gewiß durch unser Vorbild weitgehend geprägt. Dann aber staunen wir über besondere Gaben und Eigenheiten, die wir dem Kind in so kurzer Zeit kaum haben eingeben können. Wir sehen: Es laufen Verbindungslinien, die über uns Eltern weit hinausgehen. *Biologisch* ist es die Übermittlung der Erbmasse, *psychologisch* die Teilhabe aller Menschen an jenen uralten Menschheitserfahrungen, die C. G. Jung das *kollektive Unbewußte* nannte. Ein Respekt vor diesen Dimensionen könnte uns helfen, sowohl Vorzüge wie Schwierigkeiten unserer Kinder nicht ausschließlich auf unser eigenes Konto zu schreiben. Manches Schuldgefühl, aber auch manch hochtrabender Erzeugerstolz könnten hierdurch gelindert werden.

Der Einfallsreichtum des kindlichen Spiels, das uns Erwachsene fasziniert, scheint mir Ausdruck dieses kollektiven Wissensschatzes zu sein, der schrittweise – mit zunehmendem Erwachsen-Werden – zugedeckt und vergessen wird. Der Zugang zu diesem vergessenen, archaischen Wissen ist es, den Kinder ihren Eltern vermitteln können. Jene können hierdurch ihr eigenes inneres Kind lebendig werden lassen, jene Offenheit und Freiheit der Entwicklung wieder finden, die ihnen durch Schule, Beruf und Anpassung verlorengegangen sind. »Werdet wie die Kinder!« ist ganz in diesem Sinne zu verstehen, nicht als einseitige Verherrlichung oder Imitation kindlicher Unbewußtheit. Es geht nicht darum, ein ewiges Kind zu bleiben, sondern den erwachsenen Bewußtwerdungsprozeß aus den Kräften des tiefen Unbewußten zu nähren.

In diesem Lichte betrachtet, erscheint es keineswegs so klar, wer wen erzieht, wer wen verändert oder wandelt, die Eltern ihre Kinder oder umgekehrt. Es scheint da ein wellenförmiges Geben und Nehmen zu bestehen, eine Art Fließgleichgewicht zwischen Kindern und Eltern. Neben der bewußten gegenseitigen Beeinflussung leben die Kinder mit ihren Eltern in einer tiefen, unbewußten Verbundenheit, einer »participation mystique« nach Lévy-Bruhl. So haben Kinder sogar Träume, die Probleme ihrer Eltern ausdrücken. Ganz besonders für Unstimmigkeiten und für unausgesprochene Spannungen sind Kinder »Seismographen«, oft zum großen Erstaunen der Eltern, die beteuern, ihren Kindern nie etwas von ihren Sorgen oder Ehekonflikten mitgeteilt zu haben.

In dieser Fähigkeit des Kindes, das Unbewußte oder das *ungelebte Leben der Eltern* sichtbar zu machen, liegt die große Chance für die Eltern. Im Kind können sie sich wie in einem Spiegel selbst erkennen. Das ist der erste Schritt für eine Veränderung oder Wandlung, in der die Eltern ihr wahres Wesen akzeptieren, auch schattenhafte Aspekte ihrer selbst integrieren, statt den »schwarzen Peter« beim Kind zu lassen. Dieser Schritt ist auch wesentlich für die freie Entfaltung des Kindes, das unter der Last des Unbewußten der Eltern und ihrer Projektionen sonst erdrückt würde und nicht es selbst werden könnte.

Von ganz besonderem Gehalt scheint mir die Beziehung des

Kindes zu seinem gegengeschlechtlichen Elternteil, also des Sohnes zur Mutter und der Tochter zum Vater. Als Vater eines gerade einjährigen Mädchens möchte ich betrachten, welchen Anstoß zur Veränderung mir dieses kleine Kind bisher gegeben hat. Nach meinem erstgeborenen Sohn, den ich mir so selbstverständlich gewünscht hatte, als käme nichts anderes in Frage, machte mich die Geburt der Tochter neugierig auf das, was wir uns gegenseitig zu bringen hatten. Ich betrat völliges »Neuland«. Schneller als mein Sohn durchbrach sie für mich die mächtige mütterliche »Schutzhülle« und wurde zugänglich für mich. Die weiche Zartheit dieses Wesens auf meinem Arm sprach mich ganz besonders als verantwortungsvollen Beschützer an. Ich wurde aufmerksam auf meine eigene Gestik diesem zarten Kind gegenüber, versteht sie doch noch keine Worte, um so mehr dagegen die nicht gesprochene »Sprache«.

Die Entdeckungen, die ich bei meinem Töchterlein machte, waren – wie mir bald scheinen wollte – eigentlich Wiederentdeckungen, habe ich doch durch sie zu einer weicheren und liebevoll-verstehenden Haltung zurückgefunden, die ein wohltuendes Gegenstück zu meiner männlichen, harten und kritischen Seite darstellte. In der Weise, wie ich das Mädchen beschützen will, gehe ich nun auch mit diesen zarten Qualitäten in mir um.

Ganz andere Aufgaben gibt mir mein viereinhalbjähriger Sohn auf. Er stand mir von vornherein sehr nahe, fast als eine kleine Ausgabe meiner selbst. Dennoch brauchte ich länger, bis ich ihm auch seelisch näher begegnen konnte. Es scheint mir heute so, als ob er sich mittels seiner Mutter gegen eine allzu starke Übertragung gegen mich wehren mußte. Die große äußerliche Ähnlichkeit lud mich geradezu ein, mich selbst in ihn zu versetzen, sozusagen auf seinen Zug zu springen und einerseits – zumindest in der Phantasie – an seinen unbegrenzten Entwicklungspotentialen teilzuhaben und andererseits in ihm ein Weiterleben persönlicher Qualitäten und familiärer Traditionen zu erhoffen. Heute wehrt er sich gegen solche Überforderung auf andere Weise. Zwar spielerisch, aber doch spürbar, versetzt er mir kräftige Boxhiebe und fragt: »Wer ist stärker?« Oder er steigt auf einen Stuhl, dann auf einen Tisch: »Wer ist größer?« Dieses kleine Spiel machte mich sehr nachdenklich, stellte meine Haltung in Frage und erzeugte einen großen Respekt vor dem ihm eigenen Lebensweg.

So wie ich durch meine Tochter meinen weiblichen Seelenanteil, meine *Anima,* wiederentdeckte, so mußte meine Frau ihrerseits mit unserem Sohn ganz neue Erfahrungen machen. Erstaunlich, wie ausgeprägt männlich seine Spielinteressen von Anfang an waren, auch bei ihm ohne aktives Zutun unsererseits. So mußte meine Frau lernen, um die Wette mit Spielautos zu fahren oder mit dem Kran schwere Lasten möglichst hoch zu winden. Das war ihr, bei ihren betont mütterlichen Begabungen, recht fremd und neu, am Ende aber doch anregend und bereichernd. In ihrer Arbeit als Töpferin schlug sich die neue Auseinandersetzung mit der Männlichkeit, vielleicht ihrem *Animus,* in ganz neuen Formen nieder.

In meiner täglichen Arbeit als Kinder-Therapeut erlebe ich mich als Katalysator für solche Veränderungen. Kinder werden mir von ihren Eltern anvertraut, daß ich sie untersuche und behandle. Aber bald wird spürbar, daß die Mutter des Kindes oder seine Eltern – meist ohne es zu wissen – eigentlich sich selbst mir anvertrauen. Das Kind wird sozusagen als Pionier vorausgeschickt, das Terrain zu erkunden. Ich halte das für einen ganz legitimen Weg. Denn ich weiß, welches schwere innere Ringen bei den Eltern vorausgehen kann, ehe sie das Kind in die Hände des Fachmannes geben können, wohl weil sie irgendwie ahnen oder wissen, daß es am Ende eigentlich um sie selber und weniger um das Kind geht. Aus dem gleichen Grunde wohl begleiten die Eltern die Therapie ihres Kindes mit gespannter Aufmerksamkeit, bisweilen sogar Argwohn.

Die Mutter eines zwölfjährigen depressiven Jungen ruft mich nach einigen Therapie-Stunden beunruhigt an, um zu fragen, was ich denn mit ihrem Sohn gemacht hätte, er sei auf einmal keck und frech wie noch nie, vorher dagegen sei er brav gewesen und habe sich immer schön gefügt, dafür würden sie doch nicht teure Therapie bezahlen! Insgeheim freute ich mich natürlich, daß hier etwas in Bewegung gekommen war: Die Therapiestunden hatten dem Jungen Erleichterung gebracht, vielleicht weil er bei mir – fern vom Bannkreis seiner Familie – endlich mal er selbst sein konnte. Die Eltern ahnten, daß damit der Ball wieder bei ihnen war, und das machte sie unruhig. Fast brachen sie die Therapie ihres Sohnes ab. In einem geduldigen Gespräch mit den Eltern konnten diese durchblicken lassen, daß sie selber, jeder auf seine eigene Weise, in großer Not steckten. Weitere Gespräche mit der Mutter führten weit in ihre eigene unglückliche Kindheit zurück, sie selbst war das »Kind«, das Hilfe suchte. Viel später schickte sie mir einen kleinen eigenen Aufsatz mit dem Titel: »Die Behandlung unseres Sohnes – Schande oder Chance.« Auch die Beziehung der Eltern bekam durch diese Erfahrung einen ganz neuen Inhalt.

Diesem einfachen Beispiel ließen sich viele weitere anfügen. Sie zeigen auf, welche bedeutende Funktion Kinder übernehmen, um ihren Eltern die Augen zu öffnen. Für diesen Vorgang eignet sich das Bild der »kommunizierenden Röhren« aus der Physik: In einem Teil des Systems geschieht eine Veränderung. Die Folge davon ist, daß sich im ganzen System ein neues Gleichgewicht einstellen wird, sofern das »Röhrensystem« durchgängig und nicht »verstopft« ist. Die seelischen Störungen der Kinder, ihre *Symptome*, haben somit einen wesentlichen Sinn für die Eltern und die ganze Familie: Sie geben den Anstoß für eine Veränderung und zeigen an, welcher neue Weg nun eingeschlagen werden muß. Längst nicht alle Eltern nehmen diese Chance wahr. Viele verschanzen sich ängstlich hinter ihrer Bastion und lassen die »Nachricht« ihres Kindes nicht an sich herankommen, sind vielmehr bemüht, daß sich an ihrem seit Jahren gepflegten Arrangement nichts ändere.

Rückblickend waren es meist gerade die schwierigsten Kinder, die ihren Eltern die wesentlichen Botschaften sagen und eine Wandlung bewirken konnten. Erste Kinder sind oft Wegbereiter für die weiteren Geschwister, die dann sozusagen im Windschatten der ersten gedeihen können. »Modern« eingestellte Eltern neigen zu voreiliger, fast anbiedernder Aufmerksamkeit gegenüber ihren Kindern, unter Vernachlässigung der eigenen Wünsche. Diese Kinder werden es schwer haben, sich gegenüber solchen Eltern zu profilieren. Eltern wie Kinder werden dann an der Selbstfindung gehindert. Auch in dieser Hinsicht scheint es mir so wichtig, »hinreichend gute« Eltern zu sein, aber ja keine »idealen« sein zu wollen.

Die *Pubertät* hat nicht nur für die Jugendlichen, sondern

auch für die Eltern einen umwälzenden Charakter. Nichts stimmt mehr, auch für das bisher vielleicht betont harmonische Familienleben. Das ist ganz im Sinne der Initiations-Riten der primitiven Völker: Es sind öffentliche Feiern, bei denen nicht nur der Pubertierende – oft in dramatischen Prüfungen – zum Mann erkoren wird, sondern auch seine Eltern großen Schmerz erleiden, während die Dorfgemeinschaft in diesem Ritus eine Erneuerung und Rückbesinnung auf die Urkultur des Stammes erfährt.

Eltern pubertierender Töchter und Söhne stehen mehr oder weniger in der Mitte ihres Lebens, nach der sich der Lebensbogen zu schließen beginnt, sofern sie bereit sind, dieser vorgezeichneten Bahn zu folgen. Dies ist Anlaß, kritisch Rückschau zu halten. In diese empfindliche Phase nun bricht die Pubertät des Kindes ein, das sich selbst, die Welt und vor allem seine Eltern schonungslos in Frage stellt. Mehr denn je gehen die Kinder nun ihren eigenen Weg, ihrer eigenen Nase nach. »Das hätte ich mir in deinem Alter nie erlauben dürfen!« hört man von den Eltern, die solche neue Freiheit teils mit Entrüstung, teils mit verstohlenem Neid betrachten.

Diese erwachenden, erwachsenden Kinder scheinen ihre Eltern förmlich abzuschütteln. Im Grunde sind es wohl die lastenden Erwartungen, die alten Selbsterfüllungswünsche der Eltern, von denen sich die Kinder zu befreien versuchen. Sofern es ihnen gelingt, müssen die Eltern all diese Projektionen zurücknehmen, und sie stehen allein da mit ihrem Material. Je konkreter ihre Kinder ihren eigenen Weg finden und beschreiten, desto schmerzlicher, aber vielleicht auch befreiender wird den Eltern bewußt, daß sie ihren eigenen Weg zu gehen haben. Den hatten sie vielleicht schon lange vernachlässigt oder gar nie zu gehen gewagt, wie ihr Kind es ihnen jetzt vorlebt.

Angesichts ihrer »undankbaren« Kinder fragen sich Eltern nach dem Sinn ihres bisherigen Lebens, besonders vielleicht dann, wenn sie »alles« für ihr Kind getan oder gar geopfert und ihre eigenen Hoffnungen in die Kinder gesetzt hatten, statt in sich selber. Wenn dann zum Beispiel die Tochter trotz betont moralischer Prinzipien der Eltern ein vielfältiges Liebesleben beginnt oder wenn der Akademiker-Sohn nach anspruchsvoller Schulbildung sich mit einer bescheidenen Handwerkerlehre begnügen will, dann können nur wenige Eltern diese Abkehr ins Gegenteil als Bedürfnis der Kinder nach einem eigenen Weg und nach einem eigenen Profil akzeptieren. Nur ganz wenige Eltern werden im Lebensweg ihrer Kinder ungelebte Anteile ihres eigenen Lebens wieder entdecken und dann noch Schlußfolgerungen für die Gestaltung ihrer zweiten Lebenshälfte ziehen, auf dem Wege zu einer ganzen, abgerundeten Persönlichkeit.

In besonders schonungsloser Weise sind Eltern gefordert, wenn ihr Kind nicht aus eigenem aktiven Willen seinen Weg geht, sondern durch einen Unfall oder todbringende Krankheit hinweggerafft wird. Ich erinnere mich an die gemeinsame Macht- und Sprachlosigkeit von Eltern, Ärzten, Schwestern, wenn eine bösartige Krankheit nicht mehr aufgehalten und das Kind nicht mehr gerettet werden konnte. Auch ich fühlte mich erbarmungslos auf die Probe gestellt, wenn mein ganzes ärztliches Rüstzeug, das ja auf aktives Verändern eingestellt war, kläglich scheiterte. Zusammen mit Eltern wurde ich stummer und ergriffener Zeuge vom erstaunlichen inneren Wissen dieser Kinder, ja von ihrer Weisheit, von der wir uns führen lassen konnten, von der wir ein Stück verändert wurden. Diese Kinder waren mir die wichtigsten Lehrmeister: Ich lernte, aktiv zuzuhören, statt zu manipulieren, mich selbst zu verändern, statt andere verändern zu wollen. Nur in dieser Haltung ist es möglich, geschehen zu lassen, was geschehen muß: die Verwirklichung innerer Lebenspläne, Annäherungen an das, was die Jungsche Psychologie das *Selbst* nennt.

Kranke Kinder, schwierige Kinder und schließlich die eigenen Kinder haben mich gründlich verändert. Ich bin ihnen dankbar dafür, denn sie haben mir geholfen, meinem eigenen wahren Wesen näherzukommen.

Unser Anspruch dagegen, Kinder zu verändern, muß um so mehr enttäuscht werden, je mehr wir darauf beharren. Vielmehr müssen wir Gesetzmäßigkeiten respektieren, die wir nicht in den Händen halten. Der Mensch ist zwar mit seinem raffiniert-technischen Verstand ungeheuer mächtig geworden. Bald scheint ihm nichts mehr unmöglich zu sein. Ohne große Mühe kann er Leben vernichten. Leben stiften kann er nicht.

Nur mit Mühe kann er Leben gewähren, Leben geschehen lassen, aber auch das nur, wenn er ständig bereit ist, sich zu verändern.

Da wir Menschen sind und deshalb unvollkommen, werden wir dieser Aufgabe immer nur unvollkommen gerecht. Wie schwer wäre es für die Kinder aber auf der anderen Seite, »vollkommene« Eltern zu haben, die alles gemeistert hätten? Solche Eltern können für ihre Kinder unerreichbar und unüberwindbar und deshalb Anlaß für klägliches Scheitern sein. Somit überlassen wir unseren Kindern immer ein Bündel zum Weitertragen.

Wie die nächste Generation mit dieser Erbschaft umgeht, liebe Leserinnen und Leser, darüber berichtet das folgende Kapitel von Jürg Willi.

René A. Spitz

Die Mutter-Kind-Beziehung

René A. Spitz, 1887–1974. Er war Psychoanalytiker aus dem engeren Schüler- und Freundeskreis Sigmund Freuds, lebte seit 1938 in den USA und war von 1947 bis 1961 Professor und Leiter eines eigenen Instituts für Kinderpsychologie in Denver/Colorado. Von 1961 bis 1968 lebte er als Emeritus in Genf, seit 1968 bis zu seinem Tode am 14. September 1974 wieder in Denver/Colorado. Den hier abgedruckten Beitrag verfaßte er kurz vor seinem Tode für den Süddeutschen Rundfunk, für die Reihe »Psychologie für Nichtpsychologen«, die auch als Buch vorliegt.

Durch den Namen meines Lehrers Freud werden der Sinn, der Standort und die Grenzen des Begriffes unseres Themas als zwischenmenschliche Gegenseitigkeitsbeziehung gegeben. In diesem Sinne werde ich ihn in meinen Ausführungen verwenden. Dennoch bleibt der Begriff noch immer ein so weiter und umfassender, daß wir uns heute, entsprechend unserem genetischen Zugang, auf die Naturgeschichte der Entstehung von Beziehungen während der ersten achtzehn Lebensmonate beschränken müssen.

Warum gerade diese Zeitspanne? Weil in diesen achtzehn Monaten der Bauplan und die ersten Fundamente der individuellen Persönlichkeit in ihrer Einmaligkeit niedergelegt werden. Mit achtzehn Monaten beginnt der werdende Mensch, mit sich selbst Bekanntschaft zu machen; nun setzt er sich, neugierig und aktiv, auch mit der Umwelt in Beziehung.

Für den Riesenschritt vom hilflosen Neugeborenen ohne Bewußtsein und Wahrnehmung zur scharf individuellen Persönlichkeit scheinen achtzehn Monate eine kurze Zeitspanne. Aber unsere vier Säuglingsforschungs- und Studiengruppen an der Universität von Colorado bewiesen in zehnjähriger Experimentalarbeit für einen Persönlichkeitssektor nach dem andern, daß das Entscheidende und Individuelle bereits mit drei Monaten unterschieden werden kann. Überdies berichtete uns jüngst ein japanischer Kollege, der dort, parallel mit unseren Gruppen, Säuglingsforschung betreibt, daß bei etwa sechshundert von ihm beobachteten Neugeborenen das Verhalten in den ersten zwei Lebenswochen sich in keinerlei Weise vom Verhalten gleichaltriger amerikanischer Neugeborener unterschied; aber schon nach drei Monaten zeigten diese sechshundert japanischen Babys das kulturcharakteristische Verhalten, das den japanischen Säugling unverkennbar vom amerikanischen unterscheidet. Es folgt daraus, daß der Umwelteinfluß der Außenweltbeziehungen schon mit der Geburt anfängt.

Die Entbindung selbst ist ja das entscheidende Ereignis, das die körperliche Einheit von Mutter und Kind mit einem brutalen Schlage beendet. Nun wird das körperliche Band der Nabelschnur in rasch steigendem Maße durch die Entwicklung der Beziehungen ersetzt. Vor der Geburt war alles nur körperlich. Nach dem ungeheuren Trennungsstrich der Geburt entwickeln sich langsam immer stärkere und maßgebendere psychische Funktionen. Es ist diese psychische Entwicklung, die durch die fortlaufenden gegenseitigen Beziehungen zwischen Mutter und Kind in Gang gehalten wird. Freilich, die Grundlagen dieser Beziehungen haben nichts an sich, was wir in der Alltagssprache als psychisch bezeichnen könnten. Im Gegenteil, diese Beziehungen beginnen höchst prosaisch. Sie betreffen die Vital-Bedürfnisse des Kindes – Trank, Speise, Wärme, Geborgenheit und anderes mehr. Wird das Gesamt dieser Bedürfnisse befriedigt, so entwickelt das Kind eine seelische Haltung, die wir mit den unzulänglichen Begriffen von Sicherheit und Zuversicht kennzeichnen können.

Und gerade an diesem Punkte führt die Realität einen dynamischen Faktor in die Beziehungen ein, der unbegrenzte Variationen schafft. Dieser Faktor ist die Versagung, die Frustration. Oft genug muß das Kind schreien, bis es das bekommt, was es braucht oder will. Und gerade dieses Schreien ist es, das bei der Mutter eine Erwiderung auslöst, die weit tiefer geht als nur in das unmittelbar Bewußte. Als Beispiel gebe ich gerne eine von mir beobachtete Mutter an, die ihr Kind ein paar Tage früher abgestillt hatte und nun, als sie das Hungergeschrei des Kindes einer befreundeten jungen Mutter hörte, plötzlich an ihrer seidenen Bluse zwei dunkle Flecken bekam, die Folge des durch das Hungerschreien, also auf seelischem Wege, in Gang gesetzten Milchabsonderungsvorganges. Die Beziehung dieser Mutter zu ihrem Kind reichte also jenseits der Bewußtwerdung, der Wahrnehmung, in die unbewußten Tiefen ihrer Körperfunktion.

Auf der Gegenseite halten die Beziehungen des Kindes dieser Beziehung der Mutter die Waage. Freilich sind die zwei Partner dieses Zwiegespannes grundverschieden voneinander, ebenso wie auch die Natur ihrer Beziehung. Sie müssen es sein, denn sie ergänzen einander ja wie der Schlüssel das Schloß. Der eine Partner, das Neugeborene, hilflos, unfähig, nach der Entbindung außer Ausführung des Saugreflexes auch nur das geringste für sich zu tun. Seine gesamte Umwelt beschränkt sich auf eine einzige Person, auf seine Mutter. Ich habe daher die Mutter auch das »Umwelts-Ich« des Kindes genannt. Ohne dieses Umwelts-Ich, das ihm Hüter, Beobachter, Erhalter ist, würde das Neugeborene Minuten nach der Geburt zugrunde gehen. Das sofortige Eingreifen der anderen Hälfte dieser »Gruppe zu zweit«, wie Freud diese Beziehung genannt hat, ist eine unabweisbare Notwendigkeit. Dieses andere Mitglied der Zweier-Gruppe ist die Mutter, und wie verschieden ist ihre Umwelt von der des Kindes! Im Gegensatz zum Kind vermag sie nicht nur sich selbst zu erhalten, sondern auch das Kind, und Erfüllerin seiner Wünsche und Bedürfnisse zu sein. Die vollkommene Hilflosigkeit des Neugeborenen muß durch das, was ich »Lebenstüchtigkeit für zwei« nennen möchte, ergänzt werden.

Selber hilflos, muß also der Säugling den Partner zu Hilfe rufen, und zwar mit einem Signal. Dieses Signal wird wohl meistens das Schreiweinen des Säuglings sein. Die Mutter freilich muß bereit sein, dieses Signal zu empfangen. Ein Beispiel davon erzählte ich vorhin; aber wie rasch sie auch auf das Signal des Säuglings reagieren mag, er wird eine geraume Weile leiden müssen, ehe sein jeweiliges Bedürfnis befriedigt werden kann.

Solche Frustrationen geben dem Säugling den Anreiz zur Entwicklung in zwei Richtungen: Erstens zwingen sie ihn zur Aktivität, um sich durch Zufallsänderungen seines Verhaltens vom Leiden zu befreien. Andererseits entwickelt das Baby eine Toleranz der Frustration. Diese Toleranz macht den notwendigen Aufschub der Bedürfnisbefriedigung besser tragbar. Denn bei der Geburt ist das Neugeborene unfähig, auch nur eine Sekunde zu warten. Das kündet schon der Geburtsschrei. Die Einschaltung eines Aufschubes dieser Reaktion wird mit der Zeit erlernt, dieser Aufschub ermöglicht es, das Verhalten schrittweise zu verändern, bis durch Versuch und Irrtum eine Lösung gefunden wird, die das Warten verkürzt.

Der Säugling lernt bald, daß sein Geschrei die Mutter heranholt; sie bringt ihm Hilfe in seiner Not. Und er lernt, die Befreiung von dieser Not mit der ihm gebrachten Hilfe in Beziehung zu bringen. Im Anbeginn ist das ein Zusammenhang, der durch die Gleichzeitigkeit der Sinneswahrnehmung im Nervensystem gegeben ist. Im weiteren Verlauf aber, nach der Entwicklung der Frustrationstoleranz, gesellt sich dieser Verbindung eine seelische Beziehung, die sich dank des Aufschubes zwischen Bedürfnis und Befriedigung entwickelt. Daher kündet ihm das Herannahen einer erwachsenen Person die Befreiung vom Leiden.

Und da folgt das Wunder: Ohne das körperliche Verhalten einzustellen, schafft die stete Wiederholung eine seelische, eine gedankliche Vorwegnahme zwischen dem herannahenden Erwachsenen und der Bedürfnisbefreiung.

Diese Antizipation hat als erster Pavlow vor etwa hundert Jahren beim Hund mit seinen Experimenten über das, was er den bedingten Reflex nannte, nachgewiesen. Denn wenn man dem Hund bei seiner Fütterung gleichzeitig den Laut einer Schelle darbietet, so genügt das nächstemal der Laut der Schelle, um Speicheln auszulösen. Der Hund antizipiert also die Nahrung. Denn die Antizipation ist ein exquisit seelischer Akt, als bedingter Reflex in zwei Welten verwurzelt: einerseits in der körperlichen Welt der Nervenwahrnehmung und Muskelfunktion, andererseits aber in der seelischen Welt der Antizipation. Diese Vorwegnahme selbst ist nicht mehr nur eine körperliche, sondern eine geistige Funktion. Sie ist das Wiedererkennen eines bereits Erlebten.

Die Vorläufer dieses Verhaltens konnten wir bereits zwischen der dritten und sechsten Lebenswoche beobachten. Seine Ursprünge reichen weit in die Entwicklungsgeschichte. In den Wochen, die dem Erreichen dieser Stufe folgen, gesellt sich diesem Verhalten beim Menschen ein Ausdruck der Gefühlslage, des Affektes, in der Form eines Lächelns und dem Zappeln freudiger Erregung, mit dem das Kind den Erwachsenen begrüßt.

Und wer könnte dem Lächeln eines Babys widerstehen? Sicherlich nicht seine Mutter. Sie erwidert es auf ihre Weise, je nach ihrem Temperament, und es entwickelt sich zwischen Mutter und Kind eine Beziehung, die aus dem Austausch gegenseitiger zärtlicher Verhaltensweisen in schneller Folge zu jener Gegenseitigkeit der Beziehungen führt, die ich als Aktions-Dialog bezeichnet habe. Der Natur der Entwicklung gemäß sind diese Beziehungen im Beginn im wesentlichen zärtliche. Freilich mehren sich die Gelegenheiten, bei denen das Baby auch seine aggressiven Triebe an der Mutter ausläßt. In den darauffolgenden sechs Monaten fängt es an zu beißen, zu kratzen, es schreit und schlägt, es zerrt an ihren Haaren. Zumindest im ersten Jahr scheint das Kind seine sämtlichen Verhaltensweisen, sämtliche Formen des Gefühlsausdrucks, sowohl positiv wie negativ, an der Person der Mutter zu entwickeln, zu erlernen, zu üben und schließlich in sein Verhaltens-Repertoire einzugliedern. Diese ersten und intimsten Beziehungen im Menschenleben werden dann langsam auf andere Familienmitglieder ausgedehnt. Die freilich sind lange nicht so duldsam wie die Mutter. Und so entwickelt sich im günstigen Fall ein Grundplan, eine Skala von Beziehungen zu den Menschen einerseits, andererseits eine Unterscheidung zwischen dem ersten Liebesobjekt, nämlich der Mutter, und den Beziehungen zu allen anderen Menschen, die sukzessive in die Beziehungswelt des Kindes einbezogen werden.

Diese Entwicklungsstufe wird in der zweiten Hälfte des ersten Lebensjahres erreicht; zugleich beginnen die ersten Versuche des Spracherwerbs. Um den Beginn des zweiten Lebensjahres findet ein neuer Wendepunkt statt: Das Kind erlernt, wiederum in der Beziehung zur Mutter, im Austausch mit ihr das Nein-Sagen. Damit beginnt das sogenannte Trotzalter, jene Altersstufe, in der das Kind zu allem nein sagt, auch zu dem, was es wünscht. Es ist, als ob das Kind das Versäumte an Aggression nachholen wollte. Und einige Monate später drückt das Kind seine Wünsche und seine Beziehungen mit Hilfe eines rasch wachsenden Wortschatzes aus. Dies ist der große Wendepunkt, an dem die Menschheit sich von der Tierwelt trennt. Bis zu diesem Punkt drückt das Baby seine Wünsche, seine Proteste, seine Absichten durch Handlungen aus. Freut es sich, so lacht und zappelt es der Mutter entgegen. Ist es aggressiv und böse, so schreit es und zerrt sie an den Haaren. Von nun an aber vermittelt das Kind seine Beziehungen durch Worte. Die Beziehungsformel des Tieres, nämlich Zuwendung oder Flucht oder Kampf, wird nun ersetzt durch den sprachlichen Dialog. Nunmehr tritt die Sprache, der Dialog in den Dienst der menschlichen Beziehungen.

Dabei gibt es einem zu denken, daß der Spracherwerb mit dem allumfassenden Zauberwort Mama oder Gleichwertigem auf der einen Seite, auf der andern aber mit dem weltweiten negativen Zeichen des Kopfschüttelns beginnt. Hier sehen wir vielleicht am klarsten, welche zentrale Rolle die Aggression in der Organisation und der Struktur des menschlichen Charakters und der menschlichen Beziehung spielt. Sie ermöglicht es, die biologische Abhängigkeit des Beginns der Säuglingszeit, des Handlungsdialoges, auf die humane Stufe der Mitteilung zu bringen. Auf jene Stufe, auf der das Netzwerk wechselseitiger Beziehungen beruht, das von da ab den sich weiterentwickelnden Menschen bis zum Grab begleiten wird. Bis zu diesem Wendepunkt waren die zwischenmenschlichen Beziehungen des Babys mit der Mutter ausschließlich abhängige. Mit diesem Wendepunkt wandeln sie sich in Beziehungen, in deren Verlauf das Kind mit Hilfe der Aggression seine Autonomie als Individuum im eigenen Recht aus eben jenem Zwiespältigen, nämlich Aggressions- und Liebesbeziehungen zugleich, aufbaut.

Eben die Mischung der positiven und negativen Beziehungen knüpft das Band zwischen dem ursprünglichen Liebesobjekt, dem Objekt der Libido, und dem werdenden Menschen. Diese Bindung wird das Modell für alle späteren Beziehungen sein. Bis dahin bezog das Kind alles auf sich, inneres wie äußeres Erleben, nunmehr bezieht es die andern ein. Es beginnt das geschwätzige Alter, es wandelt sich die Mutter zum zentralen, unersetzbaren Liebesobjekt.

In einer normalen, richtigen Mutter-Kind-Beziehung, in der richtigen Gegenseitigkeit, ermöglicht es die Mutter auf diese Weise dem Kind, seine eigene Person im Sinne ihrer Gegenseitigkeitsbeziehungen zu organisieren und zu begreifen. Sie wird für das Kind nicht nur das Ziel seiner Wünsche, sondern auch das Modell, nach dem sich das Kind gestaltet. Sie wird es dadurch, daß sie, wie wir sagen, introjiziert wird. Es wird im psychischen System des Kindes das Wesen der Mutter als ein psychischer Niederschlag von Erinnerungsspuren einverleibt, als eine seelische Struktur, die das Kind nunmehr mit sich trägt. Als seelische Struktur dient sie dem Kind als Prüfstein für seine eigenen Gefühle und Handlungen, aber auch als das Maß, das es an andere Personen anlegt.

Diese Wechselbeziehungen mit der Mutter ermöglichen es dem Kind, seine eigene Person und damit das, was wir sein Selbst nennen, von der Umwelt abzugrenzen. Die Schaffung seines eigenen gesicherten Selbst ermöglicht dann dem Kind, sich auch mit den anderen zu identifizieren und das zu empfinden, was Scheler als Sympathie bezeichnet hat. Die egoistischen Beziehungen des ersten Lebensjahres werden nun durch altruistische Beziehungen zum andern ergänzt und über den anderen hinaus zu dem, was der amerikanische Sozial-Philosoph G. Mead den generalisierten andern, also die Sozietät, genannt hat.

Soweit das Bild des Ursprungs der Entstehung und der Entwicklung der Beziehungen. Der Weg geht von den auf die eigene Person gerichteten Bedürfnissen zu den Gegenseitigkeitsbeziehungen mit der Umwelt. Welche Wichtigkeit für die Entwicklung selbst und für das spätere Leben des Menschen überhaupt die Entwicklung solcher Beziehungen und die Gegenseitigkeitsbeziehung zur Mutter hat, zeigte sich an einer Reihe von meinen Beobachtungen und Untersuchungen an Kindern, denen solche Beziehungen im ersten Lebensjahr entzogen wurden und die diese Beziehungen während der ersten Lebensjahre entbehren mußten. Entzieht man dem Kind die Möglichkeit der Wechselbeziehungen während des ersten Lebensjahres, so sind die Folgen unerwartet schwer.

Gelegentlich einer um das Jahr 1930 unternommenen Sichtung der Literatur über das Thema der Säuglings-Sterblichkeit entdeckte ich, daß eine im Jahr 1912 durchgeführte Untersuchung des Preußischen Ministeriums in einem der größten Findelhäuser des Reiches im Laufe des ersten Lebensjahres eine Säuglingssterblichkeit von 71,5 Prozent aufwies, indes die allgemeine Säuglingssterblichkeit im ersten Lebensjahr unter 1 Prozent lag. Weitere Berichte mit vergleichbaren Ziffern veranlaßten mich, nach den Ursachen dieser unwahrscheinlich hohen Sterblichkeit zu forschen. Es gelang mir vor etwa 35 Jahren, mit meinen Mitarbeitern eine der ersten systematischen Vergleichsbeobachtungen in zwei Kinderheimen mit vier Beobachtungsstunden pro Woche und Kind über einen Zeitraum von ungefähr fünf Jahren durchzuführen. Der Vergleich war erschütternd.

Anstalt *Eins* war eine Strafanstalt, in der straffällige Mütter ihre unehelich geborenen Kinder in der Kinderabteilung persönlich pflegten, fütterten und betreuten. Da die Mütter

Häftlinge waren, konnten sie sich den ganzen Tag mit ihren Kindern beschäftigen. Ich beobachtete dort 360 Mütter mit ihren Kindern. Krankheiten waren selten, meist leichte Erkrankungen der Atmungsorgane, und unter den 360 Kindern, die ich fünf Jahre hindurch zu sehen bekam, ergaben sich insgesamt zwei Todesfälle. Ihre Entwicklung war durchaus normal, es waren lebhafte, aktive, gesunde, intelligente Kinder.

Anstalt *Zwei* beherbergte nur 92 Kinder, die während vier Jahren dort von mir beobachtet wurden. Doch im Gegensatz zu der ungewöhnlich geringen Anzahl von Todesfällen in Anstalt *Eins* starben in Anstalt *Zwei* im Laufe der ersten zwei Jahre unserer Beobachtungen bereits 34 der 92 Kinder. Eine horrende Zahl. Worin bestand der Unterschied? Woran starb mehr als ein Drittel dieser Kinder?

Nicht an der Verpflegung; in beiden Anstalten war sie gleich ausgezeichnet, sowohl die Qualität wie die Quantität und den Abwechslungsreichtum betreffend. Nicht an der Unterbringung; denn in beiden Anstalten waren die Kinder in schönen, sonnigen Räumen untergebracht. Beide Heime lagen in parkartigen Gärten.

Der Unterschied bestand in den Gegenseitigkeitsbeziehungen, die den Kindern zuteil wurden. In Anstalt *Eins* fast übertrieben reiche Beziehungen mit den Häftlingsmüttern. In Anstalt *Zwei* arbeiteten zehn Kinderschwestern für 92 Kinder, daher konnte jedem Kind nur ein Zehntel einer Mutter, ein Zehntel der normalen Gegenseitigkeitsbeziehungen, ein Zehntel mütterlicher Fürsorge geboten werden. Die überforderten Kinderschwestern mußten den Kindern die Milchflasche in den Mund stecken und dann gleich weiterlaufen. Die Kinder wurden gebadet, hygienisch und rein gehalten und regelmäßig täglich von einem Arzt untersucht. Aber das war auch alles. Die Gegenseitigkeitsbeziehungen, und zwar sowohl positive liebevolle wie auch negative, aggressive, waren völlig ausgeschlossen. Ich betone dabei eigens die aggressiven Beziehungen, da sie nach meinen Forschungen für die normale Entwicklung des Säuglings ebenso wichtig sind wie die positiven. Die negativen Beziehungen, die Frustration, die Versagung sind für eine Normalentwicklung des Kindes eine absolute Notwendigkeit. Und die Kinder in Anstalt *Zwei* hatten weder das eine noch das andere – sie waren sozusagen in sterilisierter Einzelhaft.

Die Kinder in Anstalt *Zwei* blieben in ihrer Entwicklung zurück, verfielen langsam, hatten keine Widerstandskraft gegen irgendwelche Infektionskrankheiten. Als wir sie zuletzt im Alter von etwa 4 bis 4 ½ Jahren untersuchten, waren noch 22 Kinder im Heim. 34 waren – wie gesagt – gestorben, die andern adoptiert worden. Von den 22 verbliebenen Kindern konnte ein einziges in Sätzen sprechen, acht konnten ein bis zwei Worte sagen. Die andern waren stumm. Fünf von ihnen konnten selbständig gehen, acht konnten sich an den Möbeln weiterhanteln, die übrigen blieben im Bettchen, und nur einige konnten sich aufsetzen.

Daß Kinder ohne mütterliche Pflege verkommen, ist eigentlich nichts Neues. Freilich hat die Menschheit dieser Tatsache im allgemeinen nur sehr wenig Aufmerksamkeit geschenkt. Schon im 13. Jahrhundert hat der Chronist Salimbeni über Kaiser Friedrich II. berichtet, wie dieser hochintelligente und wissenschaftlich beflissene Monarch beschloß, nachzuforschen, ob Kinder eine Sprache erben und wenn, ob diese die Sprache der Heiligen Schrift, also Griechisch, ist oder die Sprache ihrer Eltern. Er ließ zwanzig Neugeborene von Pflegeschwestern aufziehen, denen er strengstens verbot, mit den Kindern je ein Wort oder Lächeln zu wechseln, sie nur, wenn notwendig, zu berühren, sie aber richtig zu füttern und reinlich zu halten. Freilich konnte er seinen Wissensdurst nicht befriedigen, denn alle zwanzig Kinder starben. Wie der Chronist berichtete: »Denn Kinder können nicht leben ohne das lächelnde Gesicht und ohne die Worte ihrer Mütter und ohne die Lieder, die man deswegen Wiegenlieder nennt.«

In den fünfundzwanzig Jahren seit der Veröffentlichung meiner Ergebnisse haben zahlreiche Beobachtungen an Menschen und Experimente an Tieren diese Befunde durchgehend bestätigt. Je höher auf der Entwicklungsleiter das Tier steht, dem man die Beziehungen entzieht, desto schwerer sind die Folgen des Entzugs.

Beim Menschen ist es nicht anders. Es ist an uns, dafür zu sorgen, daß jedem Kind die ihm zustehenden naturgegebenen

Gegenseitigkeitsbeziehungen zur Mutter und zu anderen Menschen zur Verfügung stehen. Nur dieser Austausch an Beziehungen ermöglicht es dem Kind, seine Menschlichkeit, seinen Charakter, seine Persönlichkeit zu entwickeln.

Jene Kinder, denen diese Beziehungen versagt bleiben, entwickeln sich, so sie am Leben bleiben, zu seelisch schwer geschädigten, delinquenten, asozialen Individuen. Um diese schweren Fehlentwicklungen zu vermeiden, muß jedes Kind die ihm unentbehrlichen Gegenseitigkeitsbeziehungen positiver und negativer Art, Liebe wie Frustration, erleben, wollen wir sie als gesunde Mitglieder der Gesellschaft aufziehen. Werden ihnen diese Beziehungen, wird ihnen dieser Austausch vorenthalten, so erziehen wir sie zu Verbrechen und Gewalttaten.

Ich kann es nicht besser ausdrücken, als ich es einmal zum Abschluß eines meiner Bücher gesagt habe: »In der Kindheit wurden sie um die Liebe betrogen – sind sie erwachsen, bleibt ihnen nur der Haß.«

Barbara Sichtermann

Mutterschaft und Beruf: ein bleibender Konflikt

Barbara Sichtermann, geboren 1943 in Erfurt. Seit 1982 mit Sohn Simon als freie Schriftstellerin in Berlin. Aufgewachsen in Kiel, Schauspielschule und Theaterpraxis in Dortmund und Bochum. Seit 1968 in Berlin und später in Hannover Studium der Ökonomie und Sozialwissenschaften (Dipl.rer.pol.). Heirat mit Peter Brückner.

Konstantin Lewin ist schon bald nach der Hochzeit unzufrieden mit seiner jungen Frau. Er stellt fest, daß Kitty den lieben langen Tag gar nichts tut.

»Außer ihrem Interesse für das Haus, das ihr nicht abzusprechen ist, außer ihrer Toilette und der englischen Stickerei hat sie eigentlich gar keine ernsthaften Interessen. Die Wirtschaft, die Bauern, die Musik, in der sie doch ziemlich weit ist, die Bücher – nichts interessiert sie tiefer. Sie tut gar nichts und ist vollkommen zufrieden. Lewin verurteilte das im stillen und begriff noch nicht, daß sie sich erst noch für eine Periode ihrer Tätigkeit vorbereiten mußte, in der sie zugleich die Gattin ihres Mannes, die Herrin des Hauses und die Mutter und Erzieherin ihrer Kinder sein sollte. Er begriff nicht, daß sie diese ihre zukünftige Tätigkeit mit ihrer ungeheuren Arbeitslast gefühlsmäßig ahnte und für sie Kraft sammelte, und daß sie um einiger Minuten sorglosen Liebesglücks willen, die sie jetzt, ihr zukünftiges Nest bauend, genoß, sich keine Vorwürfe machen konnte.«

Im Rußland Tolstois gibt es in den begüterten Schichten kaum berufstätige Frauen. Strenggenommen gibt es nicht einmal berufstätige Männer: Man wird in einen Stand hineingeboren und tut in ihm und durch ihn, was die Väter taten. Konstantin Lewin ist Gutsherr. Er verwaltet seinen Besitz, nicht ohne in den Ställen, bei der Heumahd und beim Verkauf des Weizens selbst mit Hand anzulegen. Seine Frau Kitty, die wenige Wochen nach der Hochzeit noch einfach so in den Tag hineinlebt, wird eines Tages auch wissen, was sie zu tun hat. Sie wird die Dienstboten dirigieren, ihre Kinder unterrichten, Haus und Küche verwalten, im Garten und beim Kleinvieh nach dem Rechten sehen; sie wird sich mit ihrem Mann beraten und abends, wankend vor Erschöpfung, die Amme instruieren. Eine Tätigkeit mit »ungeheurer Arbeitslast«, schreibt Tolstoi. Wie ihr Mann Konstantin hat auch Kitty ihren »Beruf« nicht gewählt – in den Adel wurde sie hineingeboren, und die Mutterschaft, ja, die ist gleichsam der universale Frauenstand, da gibt es keine Frage, keine Wahl und keine Entscheidung. Die wenigen Frauen, die unverheiratet und ohne Kinder bleiben, die haben dieses Los nicht gewählt, sondern sozusagen gezogen, sind meist gegen ihren Willen allein geblieben. Und eine verheiratete Frau, die keine Kinder bekommt, ist ein Fall für den Arzt oder den Priester und immer ein Unglück.

Noch ist der jungverheirateten Kitty eine Atempause gegönnt – und die nutzt sie, um Kraft zu sammeln, wie Tolstoi schreibt. Sie ahnt, was auf sie zukommt, sie kennt das Leben, das ihre Mutter, das ihre älteren Schwestern führen, sie weiß, daß sie Kraft nötig haben wird. Die Unzufriedenheit ihres Mannes Konstantin, dem es nicht gefällt, wenn jemand allzu offensichtlich müßiggeht, wird restlos verfliegen. Nicht nur im alten Rußland, auch in der übrigen traditionellen Welt ist der Respekt, den man den Leistungen der Hausfrau und Mutter entgegenbringt, spontan und tief, wenn auch häufig unausgesprochen. Und niemand zweifelt daran, daß eine Hausmutter im Sinne der Lewinschen Moral tätig und fleißig ist, ja alle Welt weiß, daß es eine »ungeheure Last« ist, die sie trägt.

Angesichts unserer heutigen Arbeits- und Lebensumstände ist diese mythische Mutter-Imago ein bloßes Zitat. Es gibt die »Nur-Hausfrau« und die »doppelt belastete Frau«, aber jene »Gattin ihres Mannes, Herrin des Hauses und Mutter und Erzieherin ihrer Kinder«, von der Tolstoi spricht, ist ausgestorben. Die ständische Ordnung ist versunken, eine Lebenstätigkeit nicht mehr durch Geburt vorgezeichnet; der moderne Beruf wird gewählt und der Zugang durch Ausbildung erworben. Männer und Frauen konkurrieren um Posten und Arbeitsplätze; die Frauen sind zwar noch im Hintertreffen, aber die Tendenz geht in Richtung Gleichheit. Was ist aus der »ungeheuren Arbeitslast« geworden, auf die Tolstois Kitty Lewina sich einstmals vorbereitete, was hat die modernen Frauen dazu befähigt, die Konkurrenz mit den Männern zu suchen und mit zunehmendem Erfolg zu bestehen?

Da gibt es eine Reihe von Bedingungen. An die großen äußeren Strukturstifter wie Verstädterung und Zentralisierung von Industrie und Verwaltung, in der Folge dann der Trennung von Wohn- und Arbeitsplatz sei kurz erinnert. Es kommt eine Lockerung der religiösen Bindungen hinzu, eine allgemeine Erosion der Traditionen und Moralvorstellungen, die den seit je sehr viel immobileren, sehr viel enger an ihre vier Pfähle samt normativem Überbau gefesselten Frauen eine neue Freiheit einträgt: Sie dürfen nun wählen, ob sie dem traditionellen

Dasein als Ehefrau und Mutter nicht eine Laufbahn nach männlichem Muster vorziehen. Übrigens haben die Arbeiterinnen, die sich ihr Los nicht aussuchen konnten und die immer schon mehrfach belastet waren, den bürgerlichen Frauen vorgeführt, daß der Arbeitsmarkt auch weiblicher Arbeitskraft Beschäftigung gönnt. Am Beginn jener Entwicklung, die Frauen aus allen Schichten die Chance eines Berufes zumindest theoretisch eröffnet und die wir ans Ende des vorigen Jahrhunderts datieren dürfen, finden wir bürgerliche Frauen vornehmlich in Beschäftigungen, die pädagogische und pflegerische Kompetenz erfordern. Wenige Jahrzehnte später, in Deutschland nach dem Ersten Weltkrieg, strömen Frauen in die verschiedenen, bisher den Männern vorbehaltenen Fakultäten, Positionen und Berufe. Noch handelt es sich um Ausnahmen, aber es gibt sie: Ärztinnen, Physikerinnen, Politikerinnen, Malerinnen – und Arbeiterinnen, die gleichen Lohn fordern. Das Tor zur Emanzipation ist aufgestoßen.

Und das alte Frauenlos? Ehe, Kinder, Haus – was wurde aus ihnen, respektive: was wurde aus der Frau als liebender Gattin, aus ihrer Befähigung zur Mutterschaft, die sie als Politikerin oder Arbeiterin doch mit dem Berufseintritt nicht verlor? Waren es immer weniger Frauen, die das Leben einer Kitty Lewina zu führen wünschten? Oder wäre womöglich eine Lewina, lebte sie in unserem Jahrhundert, Gutsfrau, Mutter *und* Politikerin geworden? Die Frage nach dem Verbleib oder nach den Spuren dieses mythischen Frauen- und Mutterbildes, dem noch ein Tolstoi so viel zärtliche Verehrung widmet, ist gar nicht so leicht zu beantworten. Eins ist sicher: Mit dem Schwinden der sozialen Relevanz des Adels und dem Aufstieg der Arbeiterschaft zu einem integrierten Glied der bürgerlichen Gesellschaft verliert der Lebensstil eines Lewin ökonomische Grundlage und prägende Kraft. Sicher gibt es heute erst recht großen Reichtum und entsprechend aufwendige Lebensweisen; die Verwaltung eines Gutes oder gar eines kleinen Fürstentums geht aber inzwischen kaum noch mit dem Führen eines großen, gastfreien Hauses, mit zahlreichen Dienstboten und beträchtlicher landwirtschaftlicher Selbstversorgung einher. Die Integration der Arbeiterschaft bedeutete nach der materiellen Seite einen säkularen Lohnanstieg – und der macht heute das Führen eines Haushalts mit großem Personalaufwand so gut wie unmöglich. Damit aber verlor die Arbeit der klassischen Hausfrau die Merkmale eines Berufs beziehungsweise einer qualifizierten Tätigkeit: Sie, die Hausfrau, war ja einst die Vorsteherin eines kleinen, zuweilen gar mittleren Betriebes gewesen, und an ihre Organisationsfähigkeit, Durchsetzungskraft und planerische Intelligenz wurden höchste Ansprüche gestellt. Heute, wo sogar die Staatschefin von England sich ihren Tee in der Büroküche selber braut, ist die Haushaltstätigkeit auf funktionale Versorgungstätigkeit zusammengeschnurrt; sie macht zwar noch Mühe, aber sie füllt nicht mehr aus, sie verursacht zwar Streß, bringt aber keine »ungeheure Arbeitslast« mehr mit sich, sie ist, mit einem Wort, keine Lebensaufgabe im Tolstoischen Sinne mehr. Das Dasein einer Kitty Lewina könnte eine Frau heute, selbst wenn sie es wollte, nicht mehr führen. Der Boden, auf dem das möglich war, ist von der Geschichte abgetragen worden, das Lewinsche Gutshaus samt der besonderen Arbeitslast für die Frau vom Winde verweht.

Im Maße, in dem die Tätigkeit der Hausfrau von der Erfüllung einer Standespflicht zur bloßen Hausarbeit herunterkommt, in dem der Ehestand die Merkmale einer erfüllenden und schwierigen Lebenszeit-Beschäftigung abstreift, wird es für Frauen einfacher, Beruf und Ehe zu verbinden. War die Pionierin der berufstätigen Bürgersfrau, die Lehrerin, traditionell ehelos, so ist im 20. Jahrhundert die verheiratete Lehrerin, Ärztin oder Krankenschwester eher die Regel. Und wenn sie ledig ist, dann freiwillig und zielbewußt. Die Ehe hat für die Frauen keine die Lebenstätigkeit determinierende Kraft mehr. Es sei denn – und jetzt kommt die Stelle, wo's schwierig wird – es sei denn, es kommen Kinder.

Die Tatsache, daß Frauen trotz grundgesetzlich verbriefter Gleichberechtigung und trotz wachsender Bereitschaft der modernen Gesellschaften, nach der Busfahrerin und der Stukkateurin nun auch die Astronautin und die Soldatin zu akzeptieren, beruflich noch lange nicht mit den Männern gleichgezogen haben, hängt damit zusammen, daß die Pflege und das Großziehen eines Kindes immer noch mit einer »ungeheuren Arbeitslast« verbunden ist. Wahrscheinlich – oder hoffentlich – wird sich das letztlich nicht ändern. Während Produktionsgänge standardisiert und berufliche Tätigkeiten rationalisiert werden können, bleibt die Arbeit am Kind angewiesen auf Herz und Hand eines Menschen in all seiner Fehlbarkeit. Kein Roboter wird jemals ein Baby in den Schlaf wiegen – es sei denn, man setzte die Entwicklung des Kindes aufs Spiel. Mag sie sonst im Arbeitsleben zunehmend entbehrlich werden, die leibliche menschliche Gegenwart – beim Großziehen eines Kindes ist sie Grundbedingung.

Es liegt in der Natur der Sache oder der menschlichen Rasse, daß die Tolstoische Mutterfigur doch nie *ganz* untergehen kann; ein Hauch von Kitty Lewina hat sich auch in unser Jahrhundert hinübergerettet. Zwar ist der »Beruf« der Hausherrin ausgehöhlt und praktisch abgeschafft, zwar ist die Ehe pure Privatsache ohne die große sozial verortende Kraft von ehedem, das Kinderkriegen und -haben aber bringt immer noch jene uralte »Arbeitslast« mit sich, die den ebenso alten Respekt vor der Mutter bis heute am Leben erhalten hat. Die Äußerlichkeiten haben sich gewandelt, die moderne Mama kurvt mit dem Kind per Buggy durch den Supermarkt, anstatt bei der Ausfahrt in der Kutsche besorgt zu prüfen, ob die Amme das Bündel auch fest genug gewickelt hat; aber die Grundanforderungen, die Mutter- und Elternschaft stellt, sind ähnlich geblieben: ständige Abrufbarkeit, ständige Ansprechbarkeit, ständiges Sich-Einfühlen, Dasein – mit einem Wort – für den neuen Menschen, das Kind, eingeschränkte Verfügbarkeit mithin für jene götzengleiche Instanz der Moderne, die Arbeitsmarkt heißt.

Was die Frage nach dem Verbleib des traditionellen Mutterbildes so ungeheuer schwierig macht, ist der Kampf der Tendenzen, der sich nicht entscheidet und jede Eindeutigkeit zur Fehldiagnose verurteilt. Einerseits ist die Frau des späten 20. Jahrhunderts durch ihre rechtliche Gleichstellung und Berufschance sozial und ökonomisch unabhängig geworden, andrerseits leben aber doch Mehrheiten von Frauen in Familien und ziehen Kinder groß, stellen die Berufspraxis wenigstens vorübergehend hintan. Einerseits sind Frauen heute dank der modernen Verhütungsmittel in der Lage zu wählen, ob sie Mutter werden wollen oder nicht, andrerseits folgen sie doch immer noch in großer Zahl dem sanften Zwang ihrer körperlichen Möglichkeiten und werden schwanger, bevor die Ausbildung abgeschlossen oder die Festigung der beruflichen Position erreicht ist. Es scheint, als ob Idee und Wirklichkeit der Mutterschaft, sei sie nun bebildert durch die italienische Madonna mit dem Jesuskind im Arm, durch eine russische Kitty mit ihrem Mitja an der Brust oder eine junge deutsche Studentin mit ihrem Baby im Tragetuch – es scheint, als ob Idee und Wirklichkeit der Mutter mit einer natürlichen Widerstandskraft begabt seien, die es ihnen erlaubten, auch solche bedrohlichen Errungenschaften der Moderne wie Pille, Partnerschaft und Feminismus unbeschadet zu überstehen.

Das Bild ist, wie gesagt, nicht klar; eine Tendenz läßt sich gleichwohl ausmachen: Die Berufsorientierung von Frauen nimmt zu, die Kinderzahl ab. Seit Beginn unseres Jahrhunderts werden die Familien in der westlichen Welt zunehmend kleiner, seit Aufkommen der Pille ist in manchen Industrienationen die Bevölkerungszahl rückläufig. So lieb den meisten Frauen der Gedanke an ein Kind, so prompt jede Mutter in ein »Niemals!« ausbrechen würde auf die Frage, ob sie bereit sei, ihr Kind herzugeben – die Beziehung von Frauen zu Kindern existiert nicht nur in dieser positiven Gestalt. Frauen haben sich seit je auch gegen die Perspektive der Mutterschaft zur Wehr gesetzt, sie haben die Ehe verweigert, sie haben ihr Verhütungswissen vervollkommnet, sie haben abgetrieben, sie haben ihre Kinder ausgesetzt. Und sie haben sich nur halb angepaßt, haben sich gefügt und es bereut, haben Schwangerschaften und Geburten mehr erlitten als erlebt und mit ihrem Schicksal und sich selbst im Streit gelegen. So ist es auch Kittys Schwester ergangen, der Fürstin Dolly Oblonskaja.

»›Wozu das alles‹, dachte Dolly, ›was ist das Endergebnis von all der Mühe und Qual? Daß ich, ohne auch nur einen Augenblick richtiger Ruhe zu genießen, bald schwanger bin, bald nähre, ewig verärgert und brummig einhergehe, mich selbst und andere quäle, meinem Manne zuwider bin und so mühselig mein Leben hinschleppe. Und nehmen wir selbst den glücklichsten Fall, daß mir keins mehr stirbt und ich sie alle großziehe, so werde ich bestenfalls doch nur erreichen, daß sie keine Taugenichtse werden. Das ist alles, was ich wünschen kann. Und um einen solchen Preis alle die Mühen und Qualen! Mein ganzes Leben ist um nichts hingegeben!‹«

Auch heute, wo moderne Medizin und Sozialstaat manches erleichtern, bleibt Mutterschaft ein unkalkulierbares Risiko, sind die Nöte, die das Leben mit Kindern bereithält, unvorhersehbar und einschneidend. Den Elternberuf kann man nicht aufgeben, man kann ihn nicht unterbrechen, und Urlaub gibt es selten. Kein Wunder, daß viele junge Frauen sich von solchen Aussichten nicht verlockt fühlen. Ein Wunder eher, daß so viele trotz allem Kinder wünschen. Ihre Motive, oder sagen wir lieber: ihre geheimen Glücksvorstellungen, aber auch ihre Bereitschaft, Opfer zu bringen, passen jedenfalls nicht in unsere materialistische Zivilisation.

Zwischen diesen beiden Wünschen: eine Mutter zu sein wie die glückliche Kitty, zugleich aber doch Erfolg im Beruf und jene begehrten Prämien unserer Zeit, ein gutes Einkommen und das davon abhängige Prestige nicht zu missen – zwischen diesen beiden Ängsten: eine Mutter zu werden wie die unglückliche Dolly oder aber im Beruf zu versagen und obendrein irgendwann zu kaputt und zu alt zu sein für Liebe und Kinder, zwischen diesen Wünschen, diesen Ängsten ertastet sich eine Frau heute ihre Biographie. Es zeigt sich deutlich, daß Lebensläufe, die zwischen so disparaten Ansprüchen und Normen ihren Weg finden müssen, nicht glatt und nicht gerade aussehen können. Frauen haben es heute auf eine spezifisch moderne Weise schwer: Ihre alte Rolle, oder sagen wir lieber: Bestimmung, ist noch nicht völlig untergegangen, und es ist die Frage, ob ein vollständiger Untergang wünschbar oder auch nur möglich ist. Zugleich sind die Umrisse der neuen Rolle, der Berufsfrau, die keine Familienprobleme hat oder aber imstande ist, sie nebenher zu lösen, noch nicht zur vollen Praktikabilität ausgebildet. Wie die Frau es auch heute macht, ob sie auf Kinder verzichtet und sich in den Beruf stürzt, ob sie Kinder kriegt und auf den Beruf verzichtet, oder ob sie beides zu vereinen sucht – sie wird Fehler machen, sie wird draufzahlen.

Gedanken und Versuche, Ideen und Initiativen, um das Bild zu klären, die Zwickmühle aufzulösen und die Frauen zu entlasten, sind dringend erwünscht. Natürlich existiert bereits eine Reihe von Vorschlägen und Konzepten, sei es in der Frauenbewegung, in den Parteien, bei den Kirchen oder in den Wissenschaften, wie der Frau aus der Klemme zu helfen sei. Der Konsens, hinter den auch die CDU nicht zurückwill, lautet so: Jede Frau muß frei entscheiden können, ob sie einen Beruf ergreifen oder für eine Familie leben will. Das heißt: Sie darf weder durch Hürden bei Ausbildung und Einstellungspraxis entmutigt werden, noch sollte ihr die Familienentscheidung durch fehlende Hilfen allzusehr erschwert werden. Chancengleichheit, was das Berufsleben angeht, Lastenausgleich, was die Familie betrifft – das hört sich an wie eine Politik, die an alles gedacht hat. Und dennoch gibt es in diesem an sich nicht unsympathischen Programm einen Haken: Was ist, wenn die Wahl zur Qual wird? Wenn eine Frau sich nicht entscheiden *will,* weil der mit der Entscheidung immer auch gesetzte *Verzicht* ihr zu teuer kommt?

Es waren Streiterinnen aus der Frauenbewegung, die erstmals den Mut hatten, zu sagen: Wir wollen alles. Wir wollen Beruf *und* Kinder – aber ohne die gewaltigen Kosten einer Doppelbelastung. Warum sollen nur *wir* wählen? Warum nicht auch – der Mann?

Gegen diese schlichte Frage und die in ihr verborgene Aufforderung an den Mann ist wenig Vernünftiges einzuwenden. So hat denn auch die regierende CDU auf einem Parteitag letzthin eigens betont, daß die Männer umlernen und weitaus mehr familiale Verantwortung tragen müßten. Medien und Wissenschaft befassen sich länger schon mit dieser Frage: Wie ist der Mann dazu zu bringen, sich vom Feierabend- zum Vollzeit-Vater zu qualifizieren; wie sind Arbeitszeiten familienfreundlich zu gestalten, welche institutionellen und finanziellen Hilfen braucht es, damit Mütter erwerbstätig sein und erwerbstätige Frauen Mütter werden können? Die große Lösung ist bis heute ausgeblieben. Vielleicht gibt es sie gar nicht. Vielleicht bleiben wir darauf angewiesen, zu improvisieren und uns mit einem Patchwork-Programm zufriedenzugeben, das aus lauter einzelnen Flicken zusammengesetzt ist, ohne deshalb nichts als Flickwerk zu sein. In der Buntheit kann ja auch Kunst liegen.

Zunächst: In den sozialistischen Ländern, auch in der klassischen Frauenpolitik, wie sie die Arbeiterbewegung im Westen vertrat, glaubte man lange Zeit, man *habe* die goldene Lösung. Die hieß: weitgehende Verstaatlichung der Kinderbetreuung, Kinderkrippe, Kindergarten, Ganztagsschule. Während im Westen der Staat solche Angebote sowieso immer nur als ergänzende verstanden hat, 100 Prozent Krippenkinder also nie intendiert waren, hat sich aber auch zum Beispiel in der DDR gezeigt, daß Krippe und ähnliche Einrichtungen die Mütter nicht so entlasten, daß sie den Männern in bezug auf disponible Zeit völlig gleichgestellt wären. Kinder müssen in ihre »Gärten« gebracht und wieder abgeholt werden, Rücksprache mit den Erzieherinnen muß gehalten werden und so weiter. All das ist in den Ländern mit breitem staatlichen Betreuungsangebot Frauensache geblieben. Aber selbst wenn Väter dazu bewegt werden könnten, sich an der Arbeit mit dem Kind, die trotz Krippe für die Eltern übrig bleibt, pari zu beteiligen, steht in Frage, ob diese alte Lösung, die weitgehende Verstaatlichung von Pflege und Erziehung also, die richtige ist.

Die Antwort, die die Bundesrepublik auf diese Frage gefunden hat, lautet: Drei- bis Sechsjährige sollten einen Kindergartenplatz finden können, falls Eltern und Kinder es wünschen oder nötig haben; für Säuglinge und Kleinkinder ist die sogenannte Fremdbetreuung nicht immer unproblematisch, sie sollte deshalb nicht zur Norm erhoben werden. Neue Betreuungsformen für alle Altersgruppen, nämlich Tagesmütter und selbstorganisierte, von den Eltern in Eigeninitiative eingerichtete Kinderläden, haben sich rasch durchgesetzt und erscheinen als für die Zukunft vielversprechende Modelle. Es gibt also verschiedene Antworten, die einander nicht widersprechen, sondern ergänzen, und man darf wohl sagen, daß insbesondere in der sozial erfinderischen Mittelschicht für die meisten Eltern, die eine institutionelle Entlastung dringend brauchen, irgendeine Lösung erreichbar ist.

Bei den Kleinkindern und bei deren Eltern ist die Lage allerdings prekär geblieben. Hier hält der Staat eine Unterversorgung aufrecht, als wolle er die Familien zwingen, die Kleinsten in ihrem Schoß zu belassen. Für eine Mutter, die arbeiten will oder muß und keine Oma in der Nähe hat, gibt es nur die Möglichkeit, ihr Glück bei einer Krippe zu versuchen –

wo sie laut Wahrscheinlichkeit keinen Platz bekommt – oder ihr Schicksal in die eigenen Hände zu nehmen und mit anderen betroffenen Eltern eine Baby-Betreuung auf eigene Faust zu organisieren. Aber auch hier ersetzt der gute Wille nicht immer die Berge von Raum- und Zeit-Problemen, die üblicherweise vor solchen Initiativen aufragen. Wahrscheinlich waren es Mütter von Kleinstkindern, die als erste darauf verfielen, den Vater wiederzuentdecken; *seine* Hinzuziehung zur Arbeitslast am Babybett wäre, nach den institutionellen Lösungen wie Krippe oder Kinderladen, dann der zweite Weg, der zweite »Flicken« in der Patchwork-Lösung der Mütterfrage. Noch ist der Vollzeit- oder auch nur Teilzeit-Vater mehr Idee als Realität. Aber einzelne Beispiele gibt es doch, insbesondere unter der jüngeren Generation.

Die Idee einer Aufteilung der Arbeit am Kind zwischen beiden Eltern oder gar der völligen Übertragung jener ehemals als Mutterpflicht eindeutig zugeordneten Arbeit auf den Mann ist als ernsthaftes soziales Programm ziemlich jung. In Tolstois Welt wäre sie als lächerlich durchgefallen, und auch zu Beginn unseres Jahrhunderts, als endlich Frauen studieren durften und für das Wahlrecht kämpften (das sie nach dem Ersten Weltkrieg dann auch erhielten), hätte ein Baby-fütternder Vater allseits Befremden ausgelöst. Heute, nachdem der autoritäre Patriarch als Leitbild abgedankt hat, erscheint ein engagierter Vater, der womöglich sogar die Karriere um eines Kindes willen unterbricht, als eine zwar noch etwas ungewohnte, aber doch respektable Figur. Die Ideologie, daß der treusorgende Gefährte, den ein Kind nun mal wirklich braucht, weiblichen Geschlechts zu sein habe, fällt. Und immer mehr Väter nähern sich zumindest in Gedanken der Perspektive, als Kinderpfleger dem Leben und Leiden ihrer Sprößlinge enger sich zu verbinden; nicht mehr für alle ist es – wenigstens theoretisch – ehrenrührig, wenn währenddessen die Mutter durch Erwerbstätigkeit die Familie erhält. Und einzelne Väter versuchen bereits – meist auf Anregung der Frau hin – die Familien- und Erwerbsbelange zwischen sich und ihrer Frau gleichgewichtig aufzuteilen. In negativer Form, in dem lebhaften Bedauern älterer Väter, aus Gründen des Geldverdienens nicht für ihre Kinder dagewesen zu sein, als diese sie gebraucht hätten, existiert das väterliche Engagement schon länger. Die junge Generation scheint nun endlich mal praktische Konsequenzen zu ziehen – wozu allerdings die Arbeitsmarktsituation das Ihre tut. Gleichwohl, es bleibt zu hoffen, daß der »neue Vater« sich von der Mode-Erscheinung zum Massenphänomen entwickelt – zum Wohle der Kinder, die lange genug vaterlos waren, der Frauen, die viel zu lange berufslos waren, und der Männer, die ihre Kinder brauchen.

Tolstois Kitty und ihre unglückliche Schwester Dolly, beide hätten, so darf man spekulieren, den praktizierenden Vater mit Nachdruck abgelehnt. Sie hätten sein Engagement als Einmischung empfunden, als Raub an ihrem sozialen und psychischen Besitzstand. Den Nachhall dieses Einspruchs kann man heute noch hören. Manche Mütter schätzen es gar nicht, wenn der Vater in ihre Symbiose mit dem Säugling einbricht, und manche Väter ziehen sich enttäuscht zurück, nachdem sie fühlen mußten, daß sie unerwünscht waren. So ganz ohne Grund und Sinn ist die mütterliche Abweisung Dritter bei der Babyarbeit nicht. In ihr wird deutlich, daß es sich eben nicht nur um Arbeit handelt, sondern um den Genuß einer Zwei-Einheit, deren Intensität und Eigenart in keiner anderen Beziehung jemals wiederkehrt. Es ist schwer, zu diesem besonderen Aspekt der Mütterproblematik Stellung zu beziehen. Wahrscheinlich hat die Exklusivität der Mütterlichkeit geschichtlich ausgedient, wahrscheinlich müssen die Frauen sie opfern um der gleichberechtigten beruflichen Entwicklung willen. Vielleicht lassen sich aber auch Kompromisse finden: das Recht solcher Mütter auf Alleinzuständigkeit während der ersten beiden Jahre, die darauf bestehen und auf Hinzuziehung des Vaters erst später.

Wie auch immer sich die Arbeitsteilung zwischen den Geschlechtern in Zukunft gestalten mag, eins ist sicher: Ohne grundlegende Veränderungen im Arbeitsleben, im Verlauf von Karrieren, in der Gestaltung der täglichen Arbeitszeit, in den Ansprüchen, die der Beruf überhaupt in Fragen von Zeit, Kraft und Engagement stellen darf – ohne lebhafte Änderung bei all diesen Dingen wird es in puncto neue Väterlichkeit bei Absichtserklärungen bleiben. Doch Änderungen, die im Sinne einer stärkeren Familienbeteiligung von Männern erwünscht sind, kündigen sich an, zeichnen sich ab. Die Arbeitszeitverkürzung ist ein Schritt in diese Richtung, andere sind die zunehmende Flexibilisierung von Arbeitszeiten und die Unterbrechbarkeit von Laufbahnen. Solche Maßnahmen, also »geschmeidigere Bedingungen im Berufsleben«, wären unser dritter Lösungsbeitrag, unser dritter »Flicken«.

Vielleicht werden in Zukunft weitere Flicken gewebt und eingefügt werden in das Programm zur Lösung des Mütterkonflikts, von denen heute noch kaum jemand spricht oder die als Utopien in Vorstellungen und Träumen noch versteckt sind. Nachdem das soziale Experiment Wohngemeinschaft, das einst Hoffnungen erregte, sich als weitgehend unfähig erwiesen hat, Kinder und Eltern zu integrieren, dürften die jüngeren Versuche nicht nur der Grünen und Alternativen, Nachbarschaft und kleine Netze wiederzubeleben, wohl eher geeignet sein, zur Lösung etwas beizutragen. Die Verstaatlichung der Kinderpflege bleibt für sich allein stets unbefriedigend; die Übertragung auf den Vater wirft das Problem in verändertem Kontext neu auf; familienfreundliche Veränderungen im Berufsalltag und finanzielle Zuwendungen können vieles erleichtern. Es muß aber noch etwas dazukommen. Eine auf Kinder eingestellte und ihnen wohlgesonnene, sie mit-pflegende soziale Umgebung, vom aufgeschlossenen Nachbarn bis zum Spielplatz im Hof, wäre eine weitere, wichtige Bedingung zur Entlastung der berufstätigen Eltern.

Man kann der Frau heute das Streben nach Erfolg und eigenem Einkommen nicht mehr bestreiten wollen. Ihr als Preis dafür die Mütterlichkeit abzufordern, zu verlangen also, sie solle sich zwischen Familie und Beruf *entscheiden,* das ist nicht weniger unzeitgemäß. Das Berufsleben kann ja doch etwas mehr Mütterlichkeit gut gebrauchen, und die Welt der Kinder, die ohnehin, wie uns die Psychologen sagen, von besitzergreifenden Müttern aus den Fugen gezerrt wird, könnte aufatmen, wenn sie ohne Übertreibung von Kontrolle und Gefühl sie selbst sein darf, weil die Frauen es auch sein dürfen: im Beruf.

Charlotte Höhn

Gründe und Folgen des Geburtenrückgangs

Charlotte Höhn, geboren 1945. Seit 1980 als Wissenschaftliche Oberrätin am Bundesinstitut für Bevölkerungsforschung, Wiesbaden, dort u. a. Redakteurin der Zeitschrift für Bevölkerungswissenschaft; Lehrbeauftragte an der Universität Gießen. Studium der Volkswirtschaft mit Wahlfach Statistik. Promotion in Bevölkerungswissenschaft. 1970 bis 1972 Wissenschaftliche Assistentin am Statistischen Seminar der Universität Frankfurt, 1973 bis 1980 Statistisches Bundesamt Wiesbaden, Abteilung Bevölkerungsstatistiken.

Natürlich denkt niemand an die Bevölkerungsentwicklung, wenn es darum geht, sich für oder gegen die Geburt eines Kindes zu entscheiden. Bevölkerung ist ein abstrakter Begriff, der mit dem persönlichen Kinderwunsch aus der Sicht der Paare nichts zu tun hat.

Andererseits bestimmen aber diese vielen individuellen Entscheidungen die Geburtenentwicklung insgesamt und damit auch, ob eine Bevölkerung wächst oder schrumpft. Insofern ist die Bevölkerungswissenschaft daran interessiert, die Motivationen und Lebensumstände zu erforschen, die einen konkreten Geburtentrend prägen und zu Konsequenzen führen. Für den Bevölkerungswissenschaftler stehen Kinderwunsch und Bevölkerungsentwicklung in einem engen Zusammenhang. In der Bundesrepublik Deutschland haben wir seit nun fast zwanzig Jahren einen Geburtenrückgang und seit über zehn Jahren auch eine Abnahme der Bevölkerung zu beobachten.

Wenn heute in den Medien und in der allgemeinen Diskussion vom Geburtenrückgang die Rede ist, fallen meistens ziemlich schnell die Stichworte vom Pillenknick und vom aussterbenden Volk der Deutschen. Beide Einschätzungen sind stark vereinfachend und dramatisierend und als solche nicht unbedingt hilfreich.

Warum ist das Stichwort vom Pillenknick vereinfachend? Zum einen wird dabei unterstellt, daß es sich um ein relativ neuartiges Phänomen handelt, wurde doch »die Pille« erst Anfang der sechziger Jahre auf den Markt gebracht. Der Geburtenrückgang setzte jedoch in Deutschland schon vor hundert Jahren ein. Die Gründe für diesen säkularen Rückgang der Kinderzahlen pro Familie müssen somit andere als »die Pille« sein.

Zum anderen läßt das Stichwort vom Pillenknick vermuten, es gäbe nur eine und somit eine monokausale Erklärung für den Geburtenrückgang. Nach allgemeiner Überzeugung der Bevölkerungswissenschaftler handelt es sich aber um ein multikausales Geflecht von Gründen. Gelegentlich ist sogar behauptet worden, »die Pille« habe damit überhaupt nichts zu tun, sie sei nur ein Mittel zur Erreichung eines Zwecks. So weit will ich aber nicht gehen, was ich später noch erläutern werde.

Warum ist das Stichwort vom aussterbenden Volk der Deutschen irreführend und dramatisierend? Nun, eine Bevölkerung von derzeit 57 Millionen Deutschen verschwindet nicht so schnell. Selbst wenn ab sofort überhaupt keine Kinder mehr geboren würden, was ja nun wirklich höchst unwahrscheinlich ist, würden die Deutschen erst nach etwa achtzig bis hundert Jahren aussterben. Die heute bereits Lebenden haben bis zu ihrem Tod ja noch etliche Lebensjahre vor sich. Solange also noch Kinder geboren werden, dauert der Prozeß des Bevölkerungsrückgangs bis zu einem eventuellen Aussterben etliche hundert Jahre. Richtig ist aber, daß die deutsche Bevölkerung bereits seit 1972 von Jahr zu Jahr abnimmt und daß sämtliche neueren Vorausschätzungen zu dem Resultat kommen, daß auch in Zukunft mit einem weiteren Rückgang zu rechnen ist. Wichtiger sind bei diesem demographischen Vorgang aber die Verschiebungen in der Altersgliederung der Bevölkerung. Kommen weniger Kinder hinzu als ältere Menschen sterben und verlängert sich außerdem die Lebenserwartung, so altert die Bevölkerung. Die demographische Alterung, das heißt die relative Zunahme älterer und ältester Mitbürger und die relative und absolute Abnahme jüngerer Menschen, ist das Kernproblem der aktuellen demographischen Trends. Die Alterung ist gesellschaftlich bedeutsam und erfordert in zahlreichen Politikbereichen ein Umdenken (ich nenne die Rentenfinanzierung und die Gesundheitspolitik, aber auch wirtschaftspolitische Implikationen für Produktivität, Kreativität und Innovation).

Im Zusammenhang mit der Frage: »Sterben die Deutschen aus?« ist noch darauf hinzuweisen, daß nicht nur in der Bundesrepublik Deutschland ein Geburtenrückgang und damit eine demographische Alterung zu beobachten ist. Zwar bilden wir seit vielen Jahren das Schlußlicht – unsere Geburtenziffer ist die niedrigste der Welt –; aber ähnliche Trends kennen, wenn auch noch nicht so ausgeprägt, alle hochentwikkelten Industrieländer in der Alten und der Neuen Welt, auch Japan.

Betrachtet man die langfristigen Trends der Geburtenziffer und der Sterbeziffer seit anderthalb Jahrhunderten, so folgen diese einem Schema, einem theoretischen Konzept, das als demographischer Übergang bezeichnet wird. In reinen Agrargesellschaften sind sowohl die Sterbeziffer als auch die Geburtenziffer hoch und befinden sich in einem Gleichgewicht. Kinderreichtum ist erwünscht, da Kinder in der Landwirtschaft schon jung als Arbeitskräfte eingesetzt werden können und später die Eltern bei Krankheit und im Alter unterstützen müssen. Wegen der hohen Kindersterblichkeit werden auch Kinder »auf Vorrat« geboren. Die ohnehin recht hohe Sterblichkeit wird durch gelegentliche Seuchen und Kriege zusätzlich in die Höhe getrieben. Das unstabile Gleichgewicht zwischen Geburt und Tod bedeutet Nullwachstum der Bevölkerung.

Die Jahrhunderte andauernde erste Phase des demographischen Übergangs endete in Deutschland etwa um 1830. Die dann einsetzende zweite Phase ist demographisch durch einen langsam beginnenden Sterblichkeitsrückgang und eine Stagnation, ja einen leichten Anstieg der Geburtenhäufigkeit sowie ein allmähliches Bevölkerungswachstum gekennzeichnet. Der demographische Übergang beginnt in Europa im Zeitalter der Aufklärung und der damit einhergehenden veränderten Einstellung zu Seele und Körper. Fortan dürfen die Mediziner – salopp gesagt – Gott ins Handwerk pfuschen, und sie tun es mit Erfolg.

Der eigentliche Modernisierungsschub setzt dann mit der Industrialisierung ein. Die zunehmende Bedeutung der Manufakturen und Fabriken, der Wegzug vom Land in die Städte verändert, genauer, reduziert den Wert von Kindern. Wird dann auch noch die gesetzliche Rentenversicherung und die allgemeine Schulpflicht eingeführt, so verlieren Kinder ihren ökonomischen Nutzen. Man versucht, die Zahl der Kinder mit den auch damals schon bekannten Methoden der Empfängnisverhütung wie coitus interruptus oder Enthaltsamkeit oder Abtreibung in Grenzen zu halten.

Die dritte Phase des demographischen Übergangs, das heißt ein nahezu paralleler Rückgang der Geburten- und Sterbeziffern, beginnt in Deutschland mit der Reichsgründung im Jahre 1871, mit dem wirtschaftlichen Aufschwung, den Gründerjahren, der Zeit der großen medizinischen Innovationen. Das demographische Resultat ist ein kräftiges Bevölkerungswachstum. Während die Dritte Welt, die sich heute weitgehend in dieser dritten Phase befindet, größte Schwierigkeiten hat, die Probleme der Bevölkerungsexplosion zu meistern, gab es in Deutschland und im übrigen Europa ein ideales Ventil für überschüssige Bevölkerung, nämlich das Auswandern in die Neue Welt.

Auffällige Unregelmäßigkeiten von diesen Trends der dritten Übergangsphase, die in Deutschland etwa bis 1950 andauerte, sind historisch bedingt. Starke Geburtenrückgänge traten während des Ersten Weltkrieges, während der Weltwirtschaftskrise im Jahr 1932 und gegen Ende des Zweiten Weltkrieges ein. Die Wiederanstiege danach beruhen auf Nachholeffekten. Eheschließungen und Geburten lassen sich ja vertagen, also nachholen. Man kann sie aber auch vorziehen, zum Beispiel wenn der Staat besondere Vergünstigungen anbietet. Solches Nachholen und Vorziehen von Heiraten und Geburten erklärt auch den Geburtenanstieg im Dritten Reich. Es gelang den Nazis aber nicht, die durchschnittliche Familiengröße, die schon in den zwanziger Jahren auf zwei bis drei Kinder im Durchschnitt gesunken war, anzuheben. Es wurden eben selten Kinder für den Staat oder den Führer geboren. Mit dem schwindenden ökonomischen Nutzen reichten auch zwei Kinder pro Familie. Und wenn die Familienplanung nicht so recht klappte – Knaus-Ogino und das Kondom waren ja mittlerweile bekannt, aber eben nicht die sichersten Methoden –, dann wurde das dritte, vierte oder fünfte Kind eben hingenommen und wohl meistens auch liebgewonnen.

Die vierte Phase soll nach der theoretischen Konzeption in ein stabiles Gleichgewicht von Geburten- und Sterbeziffer auf niedrigem Niveau münden. Nach Beendigung des demographischen Übergangs, so wurde theoretisch erwartet, spielt sich wieder Nullwachstum ein. In Deutschland wird der Beginn dieser vierten Phase in den frühen fünfziger Jahren angesiedelt. Weder die Geburtenziffer noch die Sterbeziffer blieben jedoch konstant, weder in Deutschland noch im vergleichbaren Ausland.

Zunächst kam es in den späten fünfziger und frühen sechziger Jahren zu einem Babyboom. Er wird auf das Wirtschaftswunder, den neuen Optimismus nach schweren Zeiten zurückgeführt. Es gab daneben auch einen positiven Ziehharmonikaeffekt: Man heiratete früher, und die Kinder wurden in schneller Folge geboren. Aber die Familien wurden nur unwesentlich größer. Zusätzliche dritte und vierte Kinder beruhten ebenfalls auf Planungsfehlern, denn die gewünschten Kinderzahlen der fünfziger und sechziger Jahre liegen kaum über zwei Kindern.

Mitte der sechziger Jahre setzt, wiederum nicht nur in Deutschland, ein erneuter Geburtenrückgang ein. Gleichzeitig steigt die Sterbeziffer und die Lebenserwartung. Seit 1974 übersteigt die Sterbeziffer die Geburtenziffer, und es ergibt sich ein Überschuß der Gestorbenen über die Geborenen. Ein solches demographisches Phänomen kannte man bis dato nur aus Kriegszeiten.

In den siebziger Jahren müssen einleuchtenderweise andere Gründe maßgeblich sein. Die Dimension des neueren Geburtenrückgangs macht ihn zu mehr als der Fortsetzung des säkularen Geburtenrückgangs. Er hat nämlich zur Folge, daß die Kindergenerationen nicht mehr die Elterngenerationen ersetzen. Anstelle des erwarteten Nullwachstums kommt es zu einer Schrumpfung der Bevölkerung. Dieser Vorgang macht die Theorie vom demographischen Übergang revisionsbedürftig, erfordert neues Nachdenken. Die deutschen Bevölkerungswissenschaftler charakterisieren diese neue unerwartete fünfte Phase als das »low fertility syndrom«, als die Phase des kontinuierlichen Übergangs und als die Revolution auf leisen Sohlen. Diese Revolution auf leisen Sohlen umfaßt nicht nur die abnehmende Bereitschaft, Kinder zu haben. Sie zeigt sich auch als Erosion der Heiratshäufigkeit und der Beständigkeit der Familien.

Schon ab 1963 stellt sich ein Rückgang der Heiratsziffer ein. Zunächst war die Heiratsziffer hundertfünfzig Jahre lang fast konstant geblieben. Man heiratete nahezu universell, mal früher, mal später. Wurde eine Ehe gelöst, in der Regel durch Tod, in späteren Jahren auch durch Scheidung, so wurde wieder geheiratet.

Dieses beinahe selbstverständliche Verhalten änderte sich in den sechziger Jahren in nahezu revolutionärer Weise: Es wurde nicht nur weniger geheiratet, sondern es wurden auch von Jahr zu Jahr mehr Ehen geschieden. Manch einer wird wohl erwartet haben, daß das neue Scheidungsrecht, das 1977 in Kraft trat, die Scheidungsbereitschaft dämpft. Davon kann aber keine Rede sein. Die Scheidungsziffern steigen sprunghaft, und ein Ende ist nicht abzusehen. Die belastenden Scheidungsfolgen reduzieren offenbar nicht den Entschluß, zum Scheidungsanwalt und zum Familienrichter zu gehen und sich trennen zu lassen. Man kann eher vermuten, daß das Scheidungsrecht sowohl die Bereitschaft zur Erstehe als auch zur Wiederheirat dämpft. Bewiesen ist das allerdings nicht, und die Bevölkerungswissenschaftler haben hier noch wichtigen Forschungsbedarf.

Tatsache ist aber, daß die meisten Ehen nach recht kurzer Dauer, früher nach drei- bis fünfjähriger Ehedauer, jetzt nach vier- bis sechsjähriger Dauer geschieden werden. Da die meisten Kinder ehelich geboren werden, und zwar zu etwa 90 Prozent in den ersten zehn Ehejahren, ist die Scheidungshäufigkeit nach recht kurzer Ehedauer ein wichtiger Grund, daß weniger Kinder geboren werden. Insgesamt werden etwa ein Viertel bis zu einem Drittel der seit den siebziger Jahren geschlossenen Ehen geschieden.

Hinzu kommt, daß viele junge Leute es vorziehen, nicht gleich oder gar nicht zu heiraten. Die Zahl der nichtehelichen Lebensgemeinschaften nimmt laufend zu. Auch hier gibt es nur Schätzungen, die von 600000 bis über 1 Million Paare ohne Trauschein reichen. Dem stehen etwa 15 Millionen Ehepaare mit und ohne Kinder gegenüber. Der Bestand an Ehen schmilzt von unten ab: Die Zahl junger Ehen, aus denen Geburten zu erwarten wären, nimmt ab. Man schätzt, daß der Geburtenrückgang seit 1965 zu fast 40 Prozent auf die Erosion der Zahl der Ehen zurückzuführen ist.

Was sind die Gründe für die abnehmende Heiratsbereitschaft und das steigende Scheidungsrisiko? Zu nennen wären die längeren Ausbildungszeiten und die Unsicherheiten auf dem Arbeitsmarkt, der weiter wachsende Anteil wirtschaftlich unabhängiger Frauen und die Tendenz zu einer wachsenden Reduzierung der Partnerbeziehungen auf eine hochpersonalisierte Intimgemeinschaft, die die Partnerwahl schwierig und risikoreich macht und an die Fähigkeit zu einem harmonischen Zusammenleben für viele Jahre so hohe Ansprüche stellt, daß viele überfordert sind. Wahrscheinlich hat die Fähigkeit zur

Konfliktbewältigung und auch schon der Wille zur Konfliktvermeidung abgenommen. Zu erwähnen sind außerdem das kaum noch vorhandene Risiko einer Mußheirat und die wachsende Bereitschaft der Gesellschaft, auch ihrer älteren Mitglieder, viele Formen des Zusammenlebens der Geschlechter, auch solche von kurzer Dauer, wenigstens zu tolerieren, und schließlich ein zunehmender Individualismus, den man gern mit dem Schlagwort »Selbstverwirklichung« umschreibt, gegenüber dem nicht selten wegen der Forderung nach Freiheit und Gleichheit der Gedanke der Solidarität in den Hintergrund tritt.

Kommen wir nun zu den Charakteristika des neueren Geburtenrückgangs. Auf dem Höhepunkt des Babybooms Mitte der sechziger Jahre wurden einige Jahre lang jährlich über 1 Million Kinder geboren. Mittlerweile hat sich die Zahl der Geborenen fast halbiert. 1984 wurden 584000 Kinder lebend geboren. Hierin sind ausländische Kinder mit enthalten. Bis auf die Türken haben sich die übrigen bei uns lebenden Ausländer dem generativen Verhalten der deutschen Bevölkerung nahezu angepaßt.

Im statistischen Durchschnitt wurden 1984 1,3 Kinder je Frau geboren. Jüngere Frauengenerationen werden nach Schätzungen höchstens 1,6 Kinder haben. Die lange Zeit herrschende Zweikindernorm verschiebt sich also allmählich eher zur Norm der Einkindfamilie. Um die Elterngeneration zu ersetzen, müßten pro Frau 2,1 und pro Ehe 2,3 Kinder geboren werden. Die höhere eheliche Kinderzahl erklärt sich daraus, daß nicht alle Menschen heiraten. Würde die Heiratsneigung weiter sinken, müßten pro Ehe 2,4 bis 2,5 Kinder geboren werden.

Ein Vergleich der Kinderzahl der Ehen, die um die Jahrhundertwende geschlossen wurden, mit Paaren heute ist aufschlußreich: Die Paare, die in den Jahren 1900 bis 1904 heirateten, blieben zu 9 Prozent kinderlos, 12 Prozent hatten ein Kind, 16 Prozent zwei Kinder, 15 Prozent drei Kinder und 47 Prozent, also nahezu die Hälfte, vier und mehr Kinder. Im Durchschnitt hatten diese Ehen vier Kinder. Der Geburtenrückgang setzte dann sehr schnell ein. Bereits die Ehen, die um 1920 geschlossen wurden, hatten im Durchschnitt nur noch 2,3 Kinder. Alle späteren Ehejahrgänge haben durchschnittlich weniger Kinder, als zur Bestandserhaltung nötig wären. Selbst die, wie wir oben sagten, optimistischen Nachkriegsehen brachten es auf nicht mehr als 2,07 Kinder je Ehe. Für die ganz jungen Ehen ist man naturgemäß auf Schätzungen angewiesen, da noch nicht alle Kinder geboren sind. Die Paare, die in den Jahren 1973 bis 1977 geheiratet haben, werden zu 18 Prozent kinderlos bleiben. Die Kinderlosigkeit, freiwillige und unfreiwillige, hat sich gegenüber den Ehen der Jahrhundertwende somit verdoppelt. Statt dessen hat sich der Anteil der Ehen mit Einzelkindern mehr als verdoppelt, nämlich auf 27 Prozent. Stärker als das Einkindmodell ist die Zweikindnorm: 38 Prozent, mehr als ein Drittel der jüngeren Ehen, haben zwei Kinder. Nur geringfügig verändert hat sich der Anteil von Familien mit drei Kindern. Ganz selten sind aber die kinderreichen Familien geworden. Waren es zu Beginn des Jahrhunderts noch die Hälfte der Familien, so haben heutzutage nur noch 5 Prozent der Ehen vier und mehr Kinder. Der Rückgang der durchschnittlichen Kinderzahl von vier Kinder auf 1,6 Kinder je Ehe erklärt sich demographisch gesehen durch die fehlende Bereitschaft, viele Kinder zu haben, und durch eine beachtliche Tendenz, kinderlos zu bleiben. Hinzu kommen noch die überwiegend kinderlosen nichtehelichen Lebensgemeinschaften und die geschiedenen Ehen, in denen eventuell ursprünglich vorhandene Kinderwünsche nicht realisiert werden.

Was sind die Hintergründe und Determinanten dieser Entwicklung? Der Funktionswandel der Familie und Ehe von einer von ökonomischen Erfordernissen geprägten Institution zu einer Vielfalt von formellen und informellen Lebensgemeinschaften, in denen emotionelle Bedürfnisse überwiegen, trägt zu einem bedeutenden Teil zum Rückgang der Kinderzahlen bei. Dazu kommt die Entwicklung zu einer Gesellschaft mit der Möglichkeit zu perfekter Geburtenregelung durch konsequente Anwendung von Kontrazeptiva oder über die Notlösung des Schwangerschaftsabbruchs. Allein die Tatsache, daß man über das Für und Wider einer Schwangerschaft in aller Sicherheit nachdenken kann, daß man sich nicht gegen, sondern für ein Kind entscheiden muß, verleiht den modernen effizienten Methoden der Familienplanung eine strategische Bedeutung unter den Gründen des Geburtenrückgangs. Umfragen belegen, daß die Kinderwünsche geringer geworden sind, daß immer weniger junge Menschen sich drei oder mehr Kinder wünschen. Diese Wünsche können heute geplant werden, unerwünschte Kinder werden kaum noch geboren. Freilich werden auch nicht alle Wunschkinder geboren, sei es, daß man den Wunschpartner nicht findet oder die Ehe zerbricht, sei es, daß man sich mit unerwarteter Sterilität konfrontiert sieht. Hier sei auch die Tendenz zum späteren Heiraten und zur späten Mutterschaft erwähnt, die manche Pläne vereitelt.

Weitere wichtige Gründe sind die Wandlungen im Rollenverständnis der Frauen. Gewiß kann man nicht sagen, daß sie von der Mutter- und Hausfrauenrolle nichts mehr wissen wollen. Sie werden aber als Aufgabe unter anderen aufgefaßt. Das schließt nicht aus, daß es immer noch viele Frauen gibt, die ihr Lebensziel in der Erziehung von Kindern sehen. Der Wunsch der Frauen, durch eigene Erwerbstätigkeit Geld zu verdienen und hierdurch Selbstbestätigung, größere Selbständigkeit, größeres Ansehen und – im Hinblick auf das Eherisiko – auch größere Sicherheit und eine eigenständige Altersversorgung zu erlangen, sind aber doch wichtige Bestandteile einer modernen Lebensauffassung geworden. (Persönliche Zwischenfrage: Wann kommt der Rollenwandel des Mannes, die Abkehr von der vaterlosen Gesellschaft und das Entstehen einer »neuen Väterlichkeit«?) Weitere Gründe sind die gestiegenen Aufwandsnormen und Lebensansprüche, orientiert am Doppeleinkommen von Mann und Frau am Beginn fast jeder Ehe oder an den Lebensverhältnissen anderer (zum Beispiel Kinderloser). Soziologen bezeichnen dieses Phänomen als relative Deprivation. Selbst wenn es jemandem objektiv finanziell ganz gut geht, fühlt man sich doch im Vergleich zu anderen benachteiligt. Diese relative Deprivation kann durch staatliche Transfers kaum überwunden werden.

Zu den Gründen des Geburtenrückgangs zählen schließlich und nicht zuletzt auch die durch Kinder entstehenden Konflikte mit zahlreichen früher nicht vorhandenen oder nicht realisierbaren Interessen und Ansprüchen. Zu nennen wären Hobbys, Reisen und Freizeitgestaltung. Kinder machen zwar Freude, kosten aber auch Geld, Zeit und Mühe, sie bereiten auch nicht selten Sorgen. Der durch Kinder vermittelte Nutzen ist heute dagegen »nur« noch emotionaler Art. Kinder werden nicht mehr als Arbeitskräfte oder zur Alterssicherung benötigt. Zur emotionalen Bereicherung genügen aber bereits ein Kind oder zwei Kinder.

Zusammenfassend gibt es wohl wenig einleuchtende Gründe für eine spontane Trendumkehr in den Kinderwünschen. Ich schließe mich der Einschätzung an, daß das »low fertility syndrom« ein irreversibler Prozeß ist. Es fehlt einfach an guten Gründen für das dritte Kind, zu dem sich 40 Prozent der Ehepaare (und nicht nur 17 Prozent) entscheiden müßten, um ein Nullwachstum der Bevölkerung zu gewährleisten.

Maßgebend für einen Ausblick auf die demographischen Konsequenzen des Geburtenrückgangs sind Modellrechnungen über die weitere Entwicklung der deutschen Bevölkerung. Die hierzu gängigen Berechnungen gehen alle von einer konstanten Geburtenhäufigkeit und konstanter Sterblichkeit aus. Nach den Zahlen im Bevölkerungsbericht der Bundesregierung würde die deutsche Bevölkerung von derzeit 57 Millionen bis zum Jahr 2000 auf 52,4 Millionen und bis zum Jahr 2030 auf 38,3 Millionen Deutsche abnehmen.

Gelegentlich ist dazu bemerkt worden, daß eine solche Abnahme ja wohl nicht so schlimm sein könne. Schließlich lebten 1925 auf dem Gebiet der heutigen Bundesrepublik auch nur etwa 38 Millionen. Der gravierende Unterschied ist aber die Altersgliederung. Die 38 Millionen im Jahre 1925 hatten noch nahezu einen pyramidenförmigen Altersaufbau. Die für 2030 vorausgeschätzten 38 Millionen haben aber einen Altersaufbau, der einem Pilz oder einer Urne gleicht. Dies bedeutet nicht nur Schrumpfung, sondern auch, was viel bedeutsamer ist, eine damit unweigerlich verbundene Alterung der Bevölkerung. Im Laufe von fünfzig Vorausschätzungsjahren wachsen immer weniger junge Menschen nach, während die bereits Lebenden älter werden. Die im Jahre 2030 lebenden über Sechzigjährigen (und das sind die heute Zehn- bis Fünfzigjährigen, soweit sie dann noch leben) sind der Hut des Pilzes, um im Bild zu bleiben. Die Frage ist naheliegend, wie eine gerechte Rentenfinanzierung dann noch möglich sein wird.

Selbst, wenn man die Ausländer hinzurechnet, ist mit einer

Abnahme der Gesamtbevölkerung zu rechnen. Oder können wir uns vorstellen, daß im Jahr 2030 das Minus von 19 Millionen Deutschen gegenüber heute durch Ausländer aufgefüllt wird? Keine bekannte Vorausschätzungsvariante nimmt das an.

Auch wenn es in einer großen Anstrengung gelingen sollte, den gegenwärtigen Tiefstand der Geburtenentwicklung in einem sehr positiven Sinne zu verändern, müssen wir uns, vor allem nach der Jahrhundertwende, mit großen Bevölkerungsabnahmen abfinden, es sei denn, wir erklären uns zum Einwanderungsland. Der Geburtenrückgang, den wir bereits hinter uns haben, läßt sich nämlich nicht mehr ungeschehen machen. Selbst rasche Veränderung im generativen Verhalten braucht Zeit, um in der Bevölkerungsentwicklung wirksam zu werden. So wie in den Entwicklungsländern der »Bremsweg« zu langsamerem Bevölkerungswachstum lang ist, würde es bei uns lange dauern, bis eine »Beschleunigung« erreicht ist. Um Anpassungsprobleme kommen wir also keinesfalls herum. Durch einen Geburtenanstieg könnten sie aber verkleinert werden.

Aber wer denkt schon an die Bevölkerungsentwicklung, wenn es um Kinderwünsche geht? Wer sieht sein neugeborenes Kind als zukünftigen Beitragszahler für die eigene Rente? Das sind absurde Motivationen für ein Kind. Vielleicht ist aber ein Nachdenken darüber lohnend, ob man im Alter ohne Kinder und Enkel sein will oder nur ein Kind und ein/zwei Enkel hat, die vielleicht weit weg wohnen. Keiner will allein oder einsam sein, und schon gar nicht bei Krankheit und im Alter. Werden Freunde und Nachbarn fehlende Familienangehörige ersetzen? Entscheidend für die Beantwortung der Frage »Kinder haben?« können jedoch nicht solche melancholischen Gedanken sein, sondern der Wunsch, eigene Kinder heranwachsen zu sehen, und die Bereitschaft, mit ihnen Freude und Kummer zu teilen, Alltag und Freizeit gemeinsam zu erleben.

Lene Keppler

Was heißt »kinderlieb« sein?

Lene Keppler, Psychotherapeutin, lebt in Stuttgart.

An einem Wochenende saßen in einem gemütlichen kleinen Landgasthof eine Großmutter und Eltern mit ihrer etwa vierjährigen Tochter und einem zweijährigen Sohn. Als die Familie mit dem Essen fertig war, stand als erste die Mutter auf mit dem Autoschlüssel in der Hand, das kleine Mädchen schloß sich ihr an. Dann holte sich der Vater seine Lederjacke von der Garderobe und reichte dem kleinen Sohn seinen winzigen Anorak. Dieser trippelte bereits vor Ungeduld hin und her, strahlte vor Freude, als er ihn in Händen hielt. Zunächst bekam man den Eindruck, er wolle ihn über den Kopf ziehen, er machte die seltsamsten Verrenkungen mit den Armen und suchte dabei in den Anorak hineinzuschlüpfen. Dies mißlang, aber er zerrte und zog eifrig weiter an dem Kleidungsstück, ganz erfüllt von dem Wunsch, es anzuziehen. Da näherte sich die Großmutter mit den Worten: »Komm, ich helf' dir.« Der Kleine war so beschäftigt mit seinen Bemühungen, daß er die Großmutter nicht wahrnahm und wohl auch nicht hörte, wie der Vater leise zu ihr sagte: »Laß ihn nur allein machen; er wird's sicher können!« Die Großmutter trat zurück, und wie es schien, war sie nicht gekränkt. Der Vater wartete ohne Hast und lächelte vergnügt, als es dem Kleinen schließlich gelungen war, den Anorak anzuziehen, und strahlend und stolz marschierte er neben dem Vater zur Tür.

Wenige Tage zuvor hatte ich die Aufforderung erhalten für einen Beitrag zum Thema: Was heißt kinderlieb sein? Ja, wer war nun in diesem Fall kinderlieb? Die Großmutter, die dem Enkel ihre Hilfe anbieten wollte, oder der Vater, der sein Kind selbständig sein lassen wollte?

Ich beschloß, die Antwort auf diese Frage aufzuschieben und zunächst von anderen zu erfahren, wie das Wort »kinderlieb« auf sie wirkte. Eine junge Ärztin meinte: »Wenn ich kinderlieb höre, dann fallen mir Worte ein wie tierlieb, umweltfreundlich, aber auch pflegeleicht und viele andere Wortzusammensetzungen, die man mehr oder weniger oberflächlich verwendet. Vielleicht hat das Wort in früheren Zeiten eine andere Bedeutung gehabt, heute will es mir nicht genügen für das, was es ausdrücken will oder soll. Es ist für mich etwas völlig anderes, ob sich jemand für kinderlieb hält, oder ob er sagt: Ich habe Kinder gern, oder noch besser: Ich habe ein Kind lieb.«

Jetzt wandte ich mich an eine Mutter, deren Töchterchen etwa eineinhalb Jahre alt ist, ein frohes, heiteres Kind. Sie erzählte von ihren Erfahrungen auf der Straße, wo manche Erwachsenen der Kleinen freundlich zulächelten und zuwinkten und sich darüber freuten, wenn das Kind sie anstrahlte. Das waren Leute, die sie als kinderlieb ansah. Andere aber wollten das Kind anfassen und auf den Arm nehmen, es kitzeln und dadurch zum Lachen bringen. Sie hielten nach ihrer Meinung nicht die erforderliche Distanz ein, sie respektierten das Kind nicht als eigene kleine Persönlichkeit, sondern wollten es wie eine Puppe zu ihrem Vergnügen benützen. Mehr noch als das körperliche Zu-nahe-Treten störte es diese Mutter, wenn sogenannte kinderliebe, fremde Erwachsene das kleine Mädchen in einer ihr unecht erscheinenden Kindersprache mit hoher Stimme anredeten und seine Aufmerksamkeit zu erhalten suchten. Diesen Leuten war ihre eigene Wirkung wohl wichtiger als das Befinden des Kindes. Es gab Verwandte, die um die Beliebtheit beim Kind miteinander wetteiferten; vor allem ältere Kinder wollten sie durch Geschenke für sich einnehmen; man konnte geradezu von Werbegeschenken sprechen.

Dann berichtete sie von einer Bahnreise, auf der die Kleine zunächst strahlender Mittelpunkt im Abteil gewesen war. Als das Kind ermüdete und in der ungewohnten Umgebung auch auf Mutters Schoß nicht zur Ruhe kam, fing es jämmerlich zu weinen und schreien an. Zwei junge Mitreisende konnten das Schreien nur schwer ertragen, das Kind störte sie und machte keinen Spaß mehr; aber ein etwas älterer Herr, vielleicht ein Vater, dessen Kinder bereits Teenager waren, der bis jetzt still in der Ecke gesessen und gelesen hatte, sagte plötzlich: »Wenn man so klein ist, darf man noch weinen und schreien, das gehört dazu. Kinder können auch nicht immer guter Laune sein.« Ob dieser Mann sich wohl als kinderlieb bezeichnet hätte?

Dann traf ich auf einen sehr verärgerten Vater, dessen Kinder acht und elf Jahre alt sind. Er grollte: »Was wollen Sie mit kinderlieb! Wissen Sie, was das heißt, wenn man eine Frau hat, die sich von früh bis spät nur um die Kinder kümmert? Wenn ich von der Arbeit heimkomme, soll ich entweder mit Peter basteln oder Tischtennis spielen, oder Hannelores Aufsätze bewundern oder sie zum Vorspielen ihrer Klavierstückchen veranlassen. Meine Frau geht abends nie mit mir aus, weil sie die Kinder nicht allein lassen will und weil Babysitter ihrer Meinung nach unzuverlässig sind. Es gibt keine Unternehmung zu zweit, immer müssen die Kinder dabei sein, und jede Unterhaltung führt zum Thema: Kinder. Die Anteilnahme, die ich ursprünglich selbst für meine beiden empfunden habe, hat mir meine Frau völlig ausgetrieben. Nein, ich halte nichts von kinderlieb. Wo bleibt denn erwachsenenlieb? Darüber spricht niemand!«

Weshalb seine Frau die ungewöhnliche und alle Beteiligten einengende Bindung an die Kinder entwickelt hatte, wußte er nicht. Aber vielleicht war es ihm nach unserem Gespräch doch möglich, sich die Frage zu stellen, ob das Verhalten seiner Frau als kinderlieb bezeichnet werden könne, oder ob sich darin nicht eine seelische Not verbarg, die die Frau nur so zum Ausdruck bringen konnte.

Kurz darauf berichtete mir die langjährige Leiterin eines Kindererholungsheimes, wie sie in ihrer Arbeit anfänglich darauf aus war, Zuneigung und Bestätigung von den Kindern und Jugendlichen zu erhalten. So ließ sie sich zum Beispiel von ihnen dazu überreden, eine abendliche Fernsehsendung ansehen zu dürfen, die sie selbst nicht für geeignet hielt. Wenn die Kinder sie bestürmten: »Ach, bitte, bitte, sei doch nett und laß uns die Sendung sehen« oder versicherten: »Zu Hause schauen wir sie immer an«, wurde sie unsicher, fürchtete altmodisch zu sein und gab schließlich nach. Am nächsten Abend begann das Spiel von neuem. Langsam wurde ihr klar, sie mußte den Widerspruch, die Wut, ja vielleicht sogar die Ablehnung der Kinder in Kauf nehmen und ihre Zustimmung nur für Sendungen geben, die ihr dem Entwicklungsstand der Kinder oder Jugendlichen zu entsprechen schienen. Sie mußte es wagen, nach *ihrem* Urteil zu entscheiden, auch wenn sie sich möglicherweise täuschte. Auf ihren Vorschlag hin strichen die Kinder und Jugendlichen von nun an jeweils am Freitag die von ihnen gewünschten Sendungen im Programm der kommenden Woche an. Wenn sie eine dieser Sendungen für ungeeignet hielt, teilte sie das sofort mit, und sie freute sich sogar, wenn die Jugendlichen ihr nicht sogleich zustimmten und nachgaben, sondern protestieren und widersprechen konnten. Ihr freundliches, aber klares »Nein« bot den Kindern weniger ein einengendes Verbot als eine schützende Begrenzung, die sie erst allmählich für sich selbst entdecken konnten. Es war ihr gelungen, sich nicht mehr persönlich als streng, altmodisch und ahnungslos angegriffen zu fühlen, so konnte sie auch Worte wie »Du bist ja doof« oder »Olle Meckerziege« als spontane Antwort der Kinder auf die Enttäuschung verstehen und heiter darauf eingehen. Nach ihrer Meinung fällt es Eltern manchmal weniger leicht, sich sozusagen als »Prellbock« für ihr eigenes Kind zur Verfügung zu stellen, für sie jedoch gehörte auch *das* zum Kinderliebsein dazu.

Was aber hätte ich zu hören bekommen, wenn ich bei meiner Umfrage auf ein junges wohnungssuchendes Ehepaar gestoßen wäre oder auf Eltern, die mit ihren Kindern in einem großen Mietshaus wohnen müssen?!

Gern hätte ich von den Kindern selbst erfahren, wen sie als kinderlieb bezeichnen würden. Da ich sie aber nicht befragen wollte, suchte ich in Biographien nach Berichten über Kindheitserfahrungen, die die Autoren einst mit ihren Eltern und anderen Erwachsenen gemacht hatten.

So schildert zum Beispiel Charlie Chaplin zwei Szenen aus seinem Kinderleben. Als er kaum sechs Jahre alt war, mußte seine Mutter wegen ihrer schlechten finanziellen Verhältnisse mit ihm und seinem älteren Bruder ins Armenhaus ziehen. Nach kurzem wurden die Kinder getrennt von der Mutter in einem Waisenheim in einer anderen Stadt untergebracht. Da die Mutter kein Geld hatte, um die Jungen zu besuchen, verfiel sie auf einen Trick, sie kam bei der Leitung des Waisenhauses um die Entlassung der beiden ein. Sie wußte, daß die Kinder dorthin zurückkehren mußten; aber sie sah keine andere Möglichkeit für ein Zusammentreffen. Chaplin schildert die gemeinsam verbrachten Stunden anschaulich und erschütternd. Da sich die Wiedereinlieferung ins Waisenhaus um ein paar Tage verzögerte, konnten die Kinder diese Zeit noch bei der Mutter im Armenhaus verbringen. Man könnte fragen, ob das Verhalten der Mutter erwachsenen- *und* kinderlieb war, oder hatte sie nur an sich gedacht und das Heimweh der Jungen aufs neue verstärkt und den Trennungsschmerz vertieft? Nach

Chaplins Ansicht half ihm das vorübergehende Zusammensein mit der Mutter, den grauen Alltag im Heim wieder besser zu ertragen. Die Mutter hatte sich selbst wie auch den Kindern eine Freude gemacht. Einige Zeit später herrschte in dem Heim eine ansteckende Hautkrankheit, die sogenannte Ringelflechte. Chaplin schildert, mit welchem Ekel er vom Hof aus zu den Fenstern des Krankenzimmers hinaufgeschaut hatte, wo die Jungen mit geschorenen und mit Jod eingepinselten Köpfen am Fenster standen. Er schreibt, daß er von krankhaftem Schluchzen befallen wurde, als auch bei ihm die Krankheit festgestellt wurde. Er litt unter seinem vernachlässigten Aussehen, schämte sich seines eingepinselten Kopfes und stellte sich nie ans Fenster. Da konnte die Mutter eines Tages einen Besuch bei ihm erreichen, und in seiner Biographie schreibt er: »›Sie müssen sich nichts draus machen, daß sein Gesicht schmutzig ist‹, sagte die Krankenschwester. Mutter lachte, und ich erinnere mich genau ihrer lieben Worte, als sie mich umarmte und küßte: ›Mit all deinem Schmutz lieb ich dich doch.‹« Was für ein beglückender Augenblick muß das für den Jungen gewesen sein! Trotz seiner ihm so widerlichen Krankheit liebte ihn die Mutter ohne Einschränkung. Sicher muß sich manche Mutter eingestehen, ich könnte den Jungen nicht so herzlich in die Arme schließen. Mich würde es ekeln. Aber könnte eine solche Mutter nicht trotzdem kinderlieb sein? Auch wenn sie ihn nicht zärtlich an sich zu drücken vermag, kann sie ihm doch zu verstehen geben, daß sie ihn liebt, und ihn damit aus seiner ihn beschämenden Isolierung herausholen.

Es fällt nicht schwer, Charlie Chaplins Mutter als kinderlieb zu bezeichnen. Wie steht es aber mit der Mutter von A. S. Neill, dem späteren Begründer des Internats in Summerhill in England? Er berichtet, daß seine Mutter ihren Kindern streng verboten hatte, von anderen Leuten Geld oder Essen anzunehmen. Gelegentlich boten nämlich Bäuerinnen, die auf dem Markt Butter und Eier verkauften, den Stadtkindern für eine kleine Hilfe etwas zum Essen oder ein paar Münzen an. Dazu schreibt er: »Wir Kinder fanden es jedoch schwierig, eine plausible Erklärung zu finden, wenn wir ein köstliches Stück Brot mit dicker frischer Butter und Marmelade aus Damaszenerpflaumen ablehnen sollten. Eines Tages berichtete ich meiner Mutter voller Stolz, ich hätte einen solchen verlockenden Leckerbissen ausgeschlagen, und sie lächelte und sagte, ich sei ein braver Junge. ›Du hast natürlich gesagt, du hättest keinen Hunger?‹ ›Nein‹, sagte ich vertrauensvoll, ›nur: Danke, aber meine Mama sagt, ich darf es nicht annehmen.‹ Und sie knallte mir ein paar. Sie war eine stolze kleine Frau, meine Mutter. Uns kam ihre Vorschrift grausam vor: Wir verstanden natürlich nicht ihre Furcht vor allem Gönnerhaften, die dahintersteckte, eine Furcht, die auf ihre ärmliche Kindheit in einem bescheidenen Haus zurückzuführen war.«

Diese Mutter war nicht kinderlieb. Wie hätte sie sonst diese Verbote erlassen können? Die Ohrfeigen, die sie dem kleinen Neill verabreichte, waren grausam und lassen Empörung und Ablehnung gegen diese Frau aufkommen. Erst nach einigem Nachdenken über diesen Vorfall wird man sich der darin verborgenen Tragik bewußt. Betrachtet man diese Mutter als anteilnehmender Erwachsener und nicht mit den Augen des Kindes, dem sie böse und grausam erscheinen muß, dann begreift man, daß ihr einstiges Kinderschicksal ihr die Sicht für die Gegenwart versperrt. Sie wird ja selbst einmal ein kleines Mädchen gewesen sein, dem die Annahme von Geschenken streng verboten worden war. Jetzt wiederholt sie, ohne sich dessen bewußt zu sein, bei ihrem Kind dasselbe mütterliche Verhalten, unter dem sie einst gelitten hatte. So ist sie nicht in der Lage, die Antwort des kleinen Jungen in ihrer Arglosigkeit zu verstehen und ihre harten Erziehungsprinzipien in Frage zu stellen. Sie kann auch nicht lächeln und sich über die Aufrichtigkeit ihres Sohnes freuen. Sie ist geplagt von Ängsten, die sie dem Kind gegenüber blind machen. Wahrscheinlich betrachtet sie ihr Vorgehen als notwendige Pflicht.

Mehr als vor seiner Mutter fürchtete sich aber der kleine Neill vor seinem Vater, der Lehrer war. Er schreibt: »Mein Vater machte sich nichts aus mir, als ich ein Kind war. Er war oft grausam zu mir, und ich entwickelte eine ausgesprochene Angst vor ihm, eine Angst, die ich auch als Mann nie ganz überwand. Heute weiß ich, daß Vater überhaupt keine Kinder mochte; er hatte keinen Kontakt zu ihnen. Er wußte nicht, wie man spielt, und er verstand die Seele eines Kindes nicht. Der Junge, den er bewunderte, war der Junge, der die anderen im

Unterricht überrundete; und da ich mich nie für den Unterricht interessierte und nicht lernen konnte, konnte ich nicht hoffen, jemals meines Vaters Interesse oder Zuneigung zu gewinnen.«

Nach verschiedenen Berufsversuchen und Fehlschlägen und nach einem späten Studium schreibt er: »Ich hatte meinen akademischen Grad erreicht und wußte nicht, was ich damit anfangen sollte. Ich wußte nur das eine: Ich wollte kein Lehrer werden. Nein, das Lehramt würde meine letzte Zuflucht sein, wenn alle anderen Stricke rissen.« Anscheinend rissen sie alle; denn er wurde letztlich Leiter der berühmten und umstrittenen Summerhill School, in der er die Liebe zu Kindern praktisch verwirklichte. Ihm gelang es, die Verständnislosigkeit, die ihm in seiner Kindheit begegnet war, nicht weiterzugeben. Seine einstige Lernunfähigkeit und seine Konzentrationsschwierigkeiten halfen ihm dabei, Kinder in einer ähnlichen Lage zu verstehen und für sie nach einem Weg zu suchen.

Ich möchte hier gern noch an einen anderen berühmten Pädagogen erinnern, den Polen Janusz Korczak, der 1942 die jüdischen Kinder seines Heimes nicht verließ, wie es ihm angeboten wurde, sondern mit ihnen zusammen in Treblinka umkam. Als Pädagoge, als Heimleiter und als Autor mehrerer Bücher stand er auf der Seite der Kinder, wie es auch A. S. Neill von sich schreibt. Als anschauliches Beispiel für unser Thema eignet sich Korscaks Traumgeschichte »Wenn ich wieder einmal klein bin« ganz besonders. Hier sinnt ein Lehrer über seine vielseitigen Pflichten nach und erinnert sich wehmütig seiner Kinderzeit, die in seiner Erinnerung hell und unbeschwert erscheint. Von einem Zaubermännchen in ein Kind verwandelt, geht er am nächsten Morgen wieder als kleiner Junge zur Schule. Nun erzählt er vom Schulalltag: wie er zum Beispiel von der Vesperpause eilig heraufgerannt kommt und im Gang mit voller Wucht auf den Rektor stößt, der ihn daraufhin in sein Zimmer kommen läßt. Die Fragen des Rektors und die Forderung, die Mutter müsse in die Schule kommen, bringen ihn zum Weinen. Die Tränenspuren sind noch sichtbar, als er in seine Klasse zurückkehrt. Jetzt schildert er, wie dankbar er der Lehrerin ist, daß sie ihn während der Stunde nicht aufruft, sondern ihm die Möglichkeit gibt, sich zu beruhigen. Er nimmt sich vor, daß er als Lehrer in Zukunft ein verweintes Kind auch in Ruhe lassen will. Im Verlauf von einigen Schultagen verblaßt die helle und nur glückliche Kinderzeit, wie er sie sich im Gegensatz zu seinem geplagten Erwachsenenleben vorgestellt hatte. Er erfährt wieder, wie Angst und Einsamkeit, wie ohnmächtige Wut und Mißverstandenwerden zum täglichen Leben eines Kindes dazugehören.

Wenn wir uns auch nicht im Märchenschlaf in Kinder zurückverwandeln können, so vermögen wir uns doch mit Hilfe unserer Vorstellungskraft und Phantasie in unsere Kindheit zurückzuversetzen und eigene frühere Erlebnisse wieder lebendig werden zu lassen, was dabei helfen kann, uns in die Lage eines Kindes einzufühlen. Aber leider ist für viele Erwachsene ihre Kinderzeit mit so schmerzhaften und sie demütigenden Erlebnissen verbunden, daß sie diese aus ihrem Bewußtsein zu verdrängen und zu vergessen suchen. Sie können sich dann nicht mehr erinnern und sind deshalb nicht fähig, verständnisvoll auf die Bedürfnisse eines Kindes einzugehen, sie müssen es wiederum so demütigen und isolieren, wie es ihnen einst geschah.

In Korczaks Traumgeschichte legt der Lehrer sein Erwachsensein vorübergehend ab und wird selbst wieder zum Kind, um Verständnis für die Kindheit zu erlangen. Im Gegensatz dazu bleiben wir in unserem täglichen Leben gleichzeitig erwachsen und geben uns selbst nicht auf. Damit wir einem Kind gegenüber wach und aufmerksam sein und uns auf seine Seite stellen können, ist es Vorbedingung, daß wir einen guten, festen Stand in unserer eigenen erwachsenen Person besitzen, daß wir uns selbst mit Freundlichkeit und Güte behandeln – das bedeutet, daß wir auch »erwachsenenlieb« sind. Wenn eine Mutter oder ein Vater sagt: »Ich opfere mich ganz auf für die Kinder«, oder: »Ich habe nur das Wohl des Kindes im Auge«, oder: »Das tue ich nur zu seinem Besten«, dann kann kein gut ausgewogenes Gleichgewicht bestehen, genausowenig wie wenn eine Mutter oder ein Vater *nur* an sich denkt. Nehmen wir die Aussage einer sich aufopfernden Mutter wörtlich, dann bedeutet das, daß nach kurzer Zeit nichts mehr von ihr übrig bleibt. Das ist sicherlich nicht kinderlieb; denn das Kind verliert den ihm zugewandten Erwachsenen. Zurück bleibt nur noch ein erschöpfter, ausgesogener Elternteil, der alles daran setzen muß, sich selbst zu erhalten, und dadurch wird er, ohne es zu wollen, ungerecht und kindfeindlich werden. Da alle seine Kräfte verbraucht sind, wird ihm zum Beispiel jedes kindgemäße lebhafte Verhalten als laut und umtriebig erscheinen, gegen das er sich zur Wehr setzen muß. Eltern, die »angeblich« nur an das Wohl ihres Kindes denken und sich selbst völlig übergehen, ahnen wohl kaum, wie unerträglich es für ein Kind sein muß, ständig ihre Wohltaten annehmen zu müssen. Sie merken auch nicht, daß sie vom Kind eine Belohnung für ihr Opfer erwarten. Es soll zum Beispiel gute Schulleistungen erbringen oder ein neurotisches Symptom wie Nägelkauen überwinden oder heiter und zufrieden sein.

Eltern, die *nur* an sich denken, können nicht kinderlieb sein; ihren Kindern fehlt die für ihre gesunde Entwicklung notwendige Zuwendung, und dieser Mangel führt zu seelischen und körperlichen Krankheiten. Dieses Nur-an-sich-Denken kann sich in einer Vernachlässigung des Kindes ausdrücken; es kann aber auch bedeuten, daß Eltern ihre Kinder zur Befriedigung ihrer eigenen Bedürfnisse benutzen und verwenden. Das Kind soll zum Beispiel den fehlenden Partner ersetzen oder zu sozialem Aufstieg verhelfen. Vom Kind her gesehen sind diese Eltern böse; aber wenn wir an die Mutter von A. S. Neill denken, wissen wir, daß diese Eltern selbst in ihrem Leben seelischen Mangel erlitten haben und diese Mangelkrankheit an ihre Kinder weitergeben müssen, so wie es Alice Miller in ihren Büchern schildert.

Zum Schluß möchte ich zu dem kleinen Jungen mit dem Anorak zurückkehren und die Frage wiederholen: Ist der Vater oder ist die Großmutter kinderlieb? Beide hatten begriffen, daß er seinen Anorak anziehen wollte. Die Großmutter sah in dem kleinen Jungen den hilfsbedürftigen, noch ungeschickten Enkel, dem sie ihre Unterstützung anbieten wollte. Für den Vater war derselbe Junge ein heranwachsendes Kind, das groß und selbständig werden wollte, und darauf antwortete er mit seinem Verhalten. Beide Erwachsenen sahen *die* Seite in dem Jungen, die ihrer eigenen Auffassung entsprach. Kinderlieb, so will mir scheinen, sind beide Erwachsenen dann, wenn es ihnen möglich ist, offen und wachsam zu sein für das *augenblickliche Bedürfnis des Kindes.* Wenn die hilfreich herzueilende Großmutter zum Beispiel vom Enkel erfährt: »Laß Oma, will allein!« und dann nicht antwortet: »Nein, das dauert bei dir viel zu lang, dazu bist du noch viel zu klein!«, sondern von der von ihr beabsichtigten Hilfestellung absehen und warten kann, ohne gekränkt zu sein, so ist das sicherlich kinderlieb. Wenn aber der Kleine den Vater um Hilfe bitten sollte, dann ist es wichtig, daß dieser nicht starr an seinem Selbständigkeitsgedanken festhält. Ob die Hilfe in einem ermunternden Wort oder in einer tatkräftigen Handlung erfolgt, wird jeweils von Vater und Sohn abhängen.

Nun geschah der hier geschilderte Aufbruch in der Gastwirtschaft außerhalb der alltäglichen Routine und Gehetztheit. Zu Hause werden Vater oder Mutter oft weniger gelassen auf das Kind eingehen können, wenn andere Aufgaben auf sie warten und sie von Terminen bedrängt sind. Aber das Verständnis für die Bedürfnisse des Kindes braucht deshalb nicht verlorenzugehen. Auch wenn der Wunsch nach Selbständigkeit im Augenblick nicht zu erfüllen ist, kann der Erwachsene durch seine Stimme, seinen Tonfall und seine Mimik vermitteln, daß er die kindlichen Wünsche nicht als unberechtigt oder gar »böse« und unverschämt empfindet. Kinderlieb sein heißt ja nicht, alle Wünsche des Kindes zu erfüllen, sondern sie zu verstehen, sie nicht zu bagatellisieren oder als lächerlich abzutun und dem Kind bei einem erforderlichen Verzicht Beistand zu leisten.

Was man bei jener Großmutter und bei jenem Vater spüren konnte, das war die Freude an dem kleinen Burschen. Freude, so scheint mir, gehört als ein wesentliches Merkmal zum Kinderliebsein, zum Beispiel einem Kind zuzusehen, ohne etwas von ihm zu wollen, ihm gern zuzuhören, auch zu staunen über seine unermüdlichen und nachdenklichen Fragen und seine intensiven Bemühungen, sich mit unserer Erwachsenenwelt vertraut zu machen. Darüber schreibt Ashley Montagu in seinem Buch, das den erstaunlichen Titel trägt: »Zum Kind reifen«. Er schildert, wie Wißbegierde, Offenheit, Spontaneität, Experimentierlust, die wir in den ersten Lebensjahren eines Kindes beobachten, gepflegt und bestätigt werden können. Dann müssen sie nicht durch die starre Forderung, »erwachsen« zu werden, verlorengehen, sondern können unser Leben weit über die Jugendzeit hinaus begleiten und unser Erwachsenendasein bereichern.

Zu der Themafrage: »Was heißt kinderlieb sein?« vermittelt dieser Beitrag keinen umfassenden Überblick, er streift wohl einzelne Ausschnitte und schildert einige Ansichten; aber er kann und will zeigen: Kinderliebsein ist *kein* festgeprägter Begriff, der für alle dasselbe bedeutet. Es gibt keine Regeln und Anweisungen, die man lernen und befolgen kann. So ist zum Beispiel Freude an Kindern nichts, was wir mit unserem Willen oder durch Anstrengung zu erlangen vermögen, sondern ein Geschenk, für das wir nur dankbar sein können, wenn uns dieses in unserer Kindheit mitgegeben wurde und wenn es sich im Lauf des Lebens weiter entfaltet hat.

Die Traumphantasie von Janusz Korczak, »wieder einmal klein zu werden«, könnte aber jeder als Anregung aufgreifen, auch wenn er dieses Geschenk nur in geringem Maße oder gar nicht erhalten hat. Jeder könnte versuchen, eigene Kindheitserlebnisse wieder lebendig werden zu lassen, auch wenn sie traurig und schmerzhaft waren, und wieder spüren, wie verlassen und unverstanden er sich in Anwesenheit eines Erwachsenen vorkommen konnte, wie er andere fürchtete oder ablehnte, und vielleicht würden auch wieder Erinnerungen wach an Erwachsene, in deren Nähe er sich wohl und geborgen fühlte. *Daraus* könnte sich für den Umgang mit fremden und mit eigenen Kindern – *jetzt,* in der Gegenwart – die ganz persönliche Frage ergeben: Stehe auch ich wenigstens manchmal auf der Seite der Kinder?

Michael Rotmann

Plädoyer für »hinreichend gute« Eltern

Michael Rotmann, geboren 1938 in Köln. Psychoanalytiker in Freiburg im Breisgau. Er studierte Medizin in Freiburg, Grenoble und Glasgow. Ausbildung in Innerer Medizin, Psychosomatik und Psychoanalyse in Neptune, N. J., New York und Ulm.

Liest man Presseberichte der letzten Jahre, die sich mit Kindern und ihren Problemen beschäftigen, herrschen bestimmte Themen vor. Ich nenne einige Schlagzeilen: »Pflegeleicht mit Pillenhilfe«, »Ich habe meine Cappies, da kann mir nichts passieren: Pädagogen warnen vor Medikamentenmißbrauch«, »Psychopharmaka im Kindes- und Jugendalter?«, »Allein in der Wüste – die Medienerziehung gibt Steine statt Brot«, »Verbrechen als Sensation, Gewalt als Unterhaltung«, »Experten warnen: Mitspieler Maschine«, »Aggressiv, fett, süchtig: Kinderärzte warnen vor übermäßigem Fernsehen«, »Zukunftsängste der Kinder: 100 Selbstmorde und 1000 Selbstmordversuche jährlich«, »Das suizidale Kind«, »Kindsmißhandlungen. Die tägliche Folter«, »Kindsmißhandlungen – oft als Unfälle ausgegeben«, »Gewalt gegen Kinder«.

Dies ist eine willkürliche und unsystematische Sammlung, die auf grelle Weise das Problem beim Namen nennt. Kinder sind oft unglücklich, unzufrieden oder werden gar gequält. Ihre Eltern sind ebenso unglücklich und ratlos. Medikamente und körperliche Züchtigung sollen den Notstand bereinigen und den Leistungsdruck ertragen helfen. Liest man, was unter den Schlagzeilen steht, so ergibt sich ein einförmiges Bild. Kinder machen den Eltern und der Schule Schwierigkeiten, sie sind unruhig, fahrig, zappelig und unkonzentriert. Sie ängstigen sich vor der Schule und jeder Klassenarbeit, sind trotzig und aufsässig, halten sich schlecht, kauen Nägel, haben keinen Appetit, schlafen schlecht, lutschen Daumen und ermüden leicht.

Weitere Lektüre läßt zwei Themenkreise unterscheiden. Zum einen findet sich das Thema der aktiven Gewalt dem Kinde gegenüber und zum anderen Hilflosigkeit angesichts des Ideals vom pflegeleichten und funktionierenden Kind. Zunächst zu den Kindsmißhandlungen. Ich zitiere Roland Mischke aus einer Besprechung einer Sendung des ZDF.

»Mit Gurten und Stricken werden sie geschlagen, mit Latschen, Riemen und Stöcken. Man drückt Zigaretten auf ihrer Haut aus, sperrt sie tagelang in dunkle Zimmer, bindet sie an und läßt sie hungern, manchmal bis sie unterernährt sind, manchmal bis sie vor Entkräftung sterben. In kaum einem europäischen Land werden die Kinder so bedroht und mißhandelt wie in unserem: 30000 Kindsmißhandlungen wurden im vergangenen Jahr in der Bundesrepublik registriert (Der Kinderärztetag 1985 nennt sogar 60000, d. Verf.), die Zahl der vernachlässigten, körperlich, sexuell und psychisch mißbrauchten Kinder liegt nach letzten Schätzungen jedoch weitaus höher, bei etwa 400000 im Jahr, und für die Bilanz des Schreckens ist ein Ende noch nicht abzusehen.«

Daß die brutalen Formen der Mißhandlungen ein Problem allein der sozialen Unterschicht seien, der sogenannten Asozialen, wird bestritten. Die seelischen Mißhandlungen kommen in allen Gesellschaftsschichten vor, nur verstehen die Wohlhabenden es besser, die Gewalt zu kaschieren. Es ist bei ihnen eher die Ausnahme, daß Sadismus der Eltern und die Lust am Quälen zur Mißhandlung führt. Die Zahl der Problemfamilien nimmt zu, unbürokratische Hilfe steht nicht zur Verfügung. Die Arbeitslosigkeit steigt, und die Armut breitet sich in dem Maße aus, wie die Armen ärmer und die Reichen reicher werden. Beruflicher Stillstand, soziale Not und persönliche Ohnmacht, Freudlosigkeit und Erfolglosigkeit gehen Hand in Hand und verstärken sich in einem Teufelskreis zum persönlichen Gefühl, ein Versager, ein nutzloser und verstoßener Außenseiter zu sein. Die Einsamkeit nimmt zu, am deutlichsten bei denen, die nach einer Scheidung allein leben. Die meisten Scheidungskinder, über 80 Prozent, leben bei der alleinstehenden Mutter. Jeder Vatermangel ist gleichzeitig auch ein relativer Muttermangel, weil die Mutter nicht mehr hinreichend zur Verfügung steht. Wer sich ohnmächtig erlebt, der schlägt eher zu und hat es schwer, für seine Kinder hinreichend und durchschnittlich gut zu sein.

Aber die schlimmen Verhältnisse sind nicht allein die Ursache. In dieser von Mischke besprochenen Sendung wurde durchwegs bestätigt, daß Mütter und Väter schlagen, weil sie selbst als Kinder geschlagen wurden. Es taucht das Wort von der »Kinderfeindlichkeit« als deutsche Tradition auf. Noch heute gilt die Prügelstrafe als legales Mittel der Züchtigung. Allein diesen Kreislauf der Gewalt zu durchbrechen, scheint unmöglich zu sein. Es nützt wenig, die Täter Eltern zu verteufeln. Aber es wäre gut, wenn es neben direkter Hilfe für sie mehr Zivilcourage gäbe, dort einzugreifen, wo Kinder mißhandelt werden, auch wenn ihre Täter selbst einmal Opfer waren. Es ist merkwürdig, daß als Kinder Geschlagene als Eltern wieder schlagen. Warum?

Es gibt eine Erklärung, die plausibel erscheint. Ein Kind, das wiederholt geschlagen wird, wird großen, wenn auch ohnmächtigen Haß auf seine Peiniger entwickeln. Damit entfernt es sich innerlich von seinen Eltern, die es doch liebt und von deren Vorhandensein seine ganze Existenz und Sicherheit abhängt. Außerdem wird es korrekterweise schließen, daß es von seinen schlagenden Eltern nicht wirklich geliebt wird. Diese beiden Einsichten aber, den Haß auf und die Ungeliebtheit durch die Eltern, kann das Kind nicht bewußt denken, denn damit würde es sich seine existentielle Basis entziehen. Um nicht den Ast abzusägen, auf dem es sitzt, bleibt als Ausweg nur, seine wirklichen Gedanken und Gefühle zu unterdrücken und abzuspalten, sich anzupassen, zu unterwerfen oder frühzeitig delinquente Ausbeutung anderer zu erlernen. Dabei hilft die Identifizierung mit dem Prügeln der Eltern, und so prügelt dieses Kind später als Erwachsener auch, unter Umständen wird es den elterlichen Standpunkt noch als richtige Erziehungsmethode anerkennen. Horst Petri sagt deshalb: »Erziehung mit Gewalt (ist) Erziehung zur Gewalt.«

Ich nannte vorhin als zweites Thema, das in den Presseberichten auftauchte, das »pflegeleichte« und das »funktionierende« Kind. Bei uns hat sich ein Bedürfnis eingestellt nach Sauberkeit und Ordnung, nach Reibungslosigkeit und stromlinienförmigem Ablauf in allen Lebensgebieten, eine Intoleranz gegenüber natürlichen Ängsten wie Furcht vor einer Klassenarbeit oder Konkurrenz, Angst vor körperlichem Schmerz oder vor der Tatsache, daß es unterschiedliche Begabungen gibt. Dies ist ein Auswuchs der generellen Ansicht, alles sei manipulierbar. Kinder sollen gut funktionieren, leichtgängig sein, keine Unordnung und keinen Lärm machen, ungeachtet des Lärms, den die Erwachsenen verursachen. Es fällt vielen Erwachsenen schwer, sich den Ängsten ihrer Kinder zu stellen. Damit lassen sie sie allein, anstatt zu versuchen, ihnen bei der Meisterung zu helfen. Aber auch sie sind Opfer. Sie oder ihre Eltern haben den Zweiten Weltkrieg erlebt, und sie leben heute auch wieder bedroht. Jedenfalls wird schnell zur helfenden Pille gegriffen, zur Pille gegen die Ohnmacht. Jedes fünfte Schulkind soll Medikamente gegen Schulangst nehmen, denn in der Werbung ist alles schön, jung und perfekt.

Computerspiele sind ein Symptom davon. Reaktionsgeschwindigkeit unter Zeitdruck ist gefordert. Partner des Kindes ist die Maschine, nicht der Mensch. Muße gibt es nicht, dafür Anpassung und einwandfreies Funktionieren. Demut ist ein altmodisches Wort. Kinder sind aber lästig, zeitraubend und verlangen anwesende Eltern, die die vielen Fragen beantworten, die sie stellen wollen und die kein Computer und kein Fernsehapparat beantwortet.

Spontane Eltern sind eher sicher als unsicher. Sichere Eltern sind vorhersehbar und selbstbewußter, daher weniger irritierbar. Sie reagieren nicht sofort abwehrend-schuldbewußt, sondern lassen in Konfliktfällen mit sich reden und sind an einer kommunikativen Lösung interessiert. Sie können warten und Raum geben.

Kinder können und wollen nicht perfekt sein. Perfektion gehört zur Welt der Maschine, meint Winnicott, während das Nichtperfekte der menschlichen Anpassung an Bedürfnisse des anderen einen entscheidenden Anteil an der Umwelt ausmacht, die emotionales Wachstum fördert. Ich denke, das ist wie beim französischen Käse, der auch nicht aus steriler Milch gemacht wird. Kinder wollen keine perfekten Eltern, sondern solche mit Fehlern, denn nur diese können Fehler ertragen und nachsehen.

Viele Eltern haben zu wenig Zeit für ihre Kinder, die vor dem Fernsehapparat gut aufgehoben scheinen. Nur leider selten mit Gewinn, oft mit Verlusten an Spontaneität und Kreativität. Ein paar Worte zum Fernsehen: Der Mensch ist ein instinktarmes Wesen und muß deshalb lernen. Er tut dies mit großer Intensität und Interesse vom ersten Lebenstag an. Zum Lernen benötigt der Mensch erstens Neugier, zweitens energische Erkundungslust und drittens die Fähigkeit, nach Wille, Wunsch und Vorstellung im Rahmen bestimmter Regeln spielen zu können (H. H. Deißler). Das Fernsehen wie jeder Film weckt nur die Neugier und fesselndes, aber passives Anfangsinteresse. Wenn danach keine Möglichkeit oder Aufforderung zur energischen Erkundung oder zum Spiel besteht, das mit dem neugierig Gesehenen im Zusammenhang steht, dann folgt der einseitigen Stimulierung kein eigenes Tun. Denn nur eigenes Tun festigt Lernprozesse, macht zufrieden, selbstsicher und selbstbewußt. Deshalb sollten Eltern mit ihren Kindern zumindest über Sendungen sprechen und Anregungen geben, aus Sendungen aktive Impulse für Spielen, Gestalten und Denken zu ziehen. Hier gilt der Satz: »Wenn die Welt nur in der Flüchtigkeit wahrgenommen wird, rächt sie sich durch Vergessen.«

Hinreichend gute Eltern, so läßt sich aus dem bisher Gesagten folgern, haben eine Vermittlerfunktion. Erstens schützen sie das Kind gegenüber unangemessenen Forderungen der Umwelt, und zweitens helfen sie den Kindern, in die jeweiligen Anforderungen der Umwelt hineinzuwachsen, sie zu meistern oder gegebenenfalls auch abzulehnen. Ich habe mit den Extremformen begonnen, die sowohl von Außenstehenden als auch von Eltern selbst als Scheitern interpretiert werden. Man wird bemerkt haben, daß ich jetzt beim Alltag mit Kindern angelangt bin, daß die Extrembeispiele aber doch auch immer etwas mit diesem Alltag von uns allen zu tun haben. Ich möchte mit einer Alltagsbeobachtung fortfahren, wie ich sie kürzlich an der Kasse eines Supermarktes machte.

Ein etwa dreijähriger Junge kickte fröhlich gegen den stabilen Einkaufswagen, was sein Vater, ein langaufgeschossener, kräftiger Mann, nicht leiden mochte. Er gab seinem Sohn einen Klaps auf den Po und wandte sich triumphierend an die Runde der Erwachsenen, mit einer stolzen Bemerkung, wie leicht er das ungezogene Benehmen seines Kindes abstellen konnte. Der Bub hörte mit dem Kicken auf, weinte auch nicht, blieb aber weiterhin unruhig und scheinbar beziehungslos zu seinem Vater. Ich weiß nicht, ob das der gewöhnliche Umgang dieses Vaters mit seinem Sohn war, sowenig wie ich weiß, welche Folgen und Ergebnisse dieser Erziehungsstil haben wird. Aber es lohnt sich, ein wenig darüber nachzudenken und den eigenen Standpunkt kennenzulernen. Wie harmlos auch immer, dies ist Erziehung mit Gewalt. Der starke Vater glaubt, Macht und Überlegenheit zu zeigen, die dem Kind die Versicherung des mächtigen Schutzes durch den Vater garantiere, den dieses dafür bewundert. Denkbar ist aber auch, daß der Vater seinem

Sohn, besonders wenn dies sein durchgängiger Erziehungsstil ist, die Einstellung vermittelt, es sei immer günstig, wenn ein Starker einem Schwachen stolz seine Überlegenheit demonstriert. Es ist zu überlegen, ob der Vater vermeiden wollte aufzufallen und sich lieber dem vermeidlichen Druck beugte, der Wohlverhalten fordert, als seinem Sohn freundlich, aber bestimmt zu erklären, weshalb er das Kicken lassen soll. Möglicherweise kickte der Junge den Wagen, so wie er sich vom Vater gekickt fühlt, der diese Rückmeldung aber nicht versteht.

An diesem banalen Beispiel läßt sich die Diskriminierung des Unterlegenen darstellen. Neben den künstlerischen und wissenschaftlich-technischen Leistungen der Menschen ist vielleicht eine der wichtigsten sozialen Kulturleistungen, die der Mensch ständig zu erbringen hat, die, einen Schwächeren nicht zu diskriminieren oder ihn beherrschen zu wollen. Die Diskriminierung des Schwächeren, aber vielleicht auch die Angst vor allem Fremden entspringt zunächst einer natürlichen und notwendigen Einschätzung der Kräfte und Machtverhältnisse, die das kleine Kind automatisch vornimmt. Kinder wie auch Erwachsene orientieren sich in der sozialen Welt zunächst an den Merkmalen: vertraut oder unvertraut, weiblich oder männlich, stärker oder schwächer. Bei Jungen im Schulalter geht es in unzähligen Kämpfen unterschiedlichster Art immer wieder um besonders diese Einstellung. Es wird viel an der Haltung der Eltern ihren Kindern gegenüber liegen, ob diese später fair mit ihrer Überlegenheit umgehen können. Allzuleicht wird als Kind passiv erlittene schmachvolle Unterlegenheit später in aktiv zugefügter Unterdrückung gerächt. In einem Teufelskreis sucht dann das ehemalige Opfer jetzt als Täter neue Opfer. Da Kinder immer auch schlimm sind, helfen Eltern am besten, indem sie offen benennen, was sie richtig oder falsch finden, und sich dann selbst auch daran halten. Dabei respektieren sie das Kind als Person, wenn sie auch das Kicken von Gegenständen oder Menschen verbieten.

An dem unsicheren Vater im Supermarkt haben wir gesehen, wie schwer die Gratwanderung ist zwischen richtig und falsch, zwischen Verwöhnung und notwendiger Versagung, zwischen Verweichlichung und sinnvoller Strenge, zwischen

Intimität und fördernder Grenzziehung, zwischen eindeutigem Standpunkt des Erwachsenen und unnötiger Beschämung des Kindes.

Winnicott war der Ansicht, daß die hinreichend gute Mutter, the good enough mother, und ich möchte das auf den Vater ausweiten, instinktiv weiß, daß es gut ist, wenn ihr Kind eine Erfahrung von Anfang bis Ende macht und nicht bei einer intensiv ausgeübten Tätigkeit wie zum Beispiel beim Schlafen, Füttern, Spielen oder bei der Ausscheidung unterbrochen wird. Obwohl jede Mutter ihren eigenen Standpunkt und ihre eigenen Ansichten hat, die sie ihrem Kind im Lauf der Zeit mitteilen wird, so wird sie ihm doch seine Zeit lassen, auch wenn dies wiederum in einem von ihr gesteckten Rahmen geschieht. Sie wird die Erfahrung machen, daß ein Kind am besten dann mit einer Tätigkeit aufhören kann, wenn es eine volle, ganze Erfahrung damit gemacht hat. So ist es zum Beispiel möglich, daß der vorhin genannte Junge hinreichend lange an dem Wagen gekickt hatte, so daß die Beendigung durch den Vater zur rechten Zeit kam, selbst wenn man überlegen kann, ob es dazu nötig ist, das Kind zu schlagen. Winnicott hat seinen Begriff der hinreichend guten Mutter später weiter differenziert und ihn mit dem Gedanken der fördernden Umwelt gleichgestellt. Die hinreichend gute Mutter, und das läßt sich natürlich auf den Vater und überhaupt auf alle mit dem Kind erzieherisch umgehenden Personen ausdehnen, paßt sich wiederholt an die *»Allmacht«* des Kindes an und versucht, ihr einen gewissen Sinn zu geben.

Was ist mit Allmacht gemeint? Gemeint ist eine schöpferische Allmacht, ganz im Gegensatz zur gleichzeitigen und tatsächlichen Hilflosigkeit und Abhängigkeit des kleinen Kindes. In seiner schöpferischen Allmacht macht sich das kleine Kind im Laufe seiner Reifung und Entwicklung, unterstützt von einer fördernden Umwelt, seine Welt mit den unbelebten Gegenständen und den Personen, die sie bevölkern, zu eigen. Dies ist für manchen ein vielleicht paradoxer Gedanke. Dem Kind wird nicht die Welt gezeigt und etwas beigebracht, sondern es wird ihm ermöglicht, sich diese selbst anzueignen, so wie es nur selbst lernen kann. Hinreichend gute Eltern versuchen ihrem Kind nichts überzustülpen oder aufzuzwingen, sondern fördern und erleichtern. Das kleine Kind beginnt dann an die Verläßlichkeit seiner Umwelt zu glauben, wenn die Mutter ihm durch ihre Übersetzung das Gefühl vermittelt, es könne die Welt mit seinem Willen steuern und regulieren. Auf dieser Basis wird das heranwachsende und ältere Kind fähig, allmählich seine Allmachtsphantasien aufzugeben und die Welt realistischer zu begreifen. Spontanes Tun wird mit Umweltereignissen in Verbindung gebracht, und die vielen unausweichlichen Fehlschläge werden etwas leichter ertragen. Dieses Kind bekommt die Gewißheit, etwas bewirken zu können, eine der entscheidenden Voraussetzungen für seine Selbstsicherheit. Dann kann es beginnen, sich der Illusion des allmächtigen Erschaffens und Kontrollierens zu erfreuen. In weiterem Wachsen und Reifen wird es allmählich den illusorischen Charakter dieser Allmacht erkennen. Dann kann es spielen und sich in der Phantasie alles mögliche vorstellen und kann sich die ganze Welt des Spielens zunutze machen und wird auf der Grundlage dieser Befriedigung befähigt, die sogenannte tatsächliche Welt realistisch zu bewältigen. Ein so aufgewachsenes und nicht geschlagenes Kind hat als Erwachsener die Chance, die Kindheit seiner Kinder zu lieben, und muß sie nicht schlagen.

Vater und Mutter helfen dabei, wenn sie die spontane Geste des Kindes annehmen und auf diese warten können. So wird die Mutter zum Beispiel den Kindertopf bereitstehen haben und ihrem Kind im 2. bis 3. Lebensjahr anbieten, aber nicht aufzwingen. Irgendwann setzt sich dann das Kind von allein darauf, wie meine älteste Tochter, nachdem sie dies bei einem nur wenig älteren Jungen gesehen hatte. Nach dieser Beobachtung trieb sie der Ehrgeiz, es genauso zu können wie der fast Gleichaltrige, und sie mußte sich nicht einer elterlichen Forderung unterwerfen.

Ein anderes, gut bekanntes Beispiel ist das gegenseitige Füttern von Mutter und Kind, wenn langsam auf Breinahrung übergegangen wird. Was wie ein heilloses Durcheinander und eine große und zeitaufwendige Schweinerei aussieht, ist ein komplizierter und sozial wichtiger Austausch. Die Mutter füttert ihr Kind, das in einem bestimmten Alter sowohl mittels Verweigerung den Zeitpunkt des Gefüttertwerdens selbst bestimmen als auch den Löffel selber führen, aber auch die Mutter füttern will. Dies ist deutlicher Ausdruck einer selbstherrlichen Allmachtsgeste. Aber die hinreichend gute Mutter wird, wenn sie sich Zeit läßt, leicht herausfinden, wo der Anfang und wo das Ende dieser ernsthaften Spielerei liegt. Die unsichere Mutter ist nicht imstande, die Allmacht ihres Kindes zu ertragen und umzusetzen, und wird so manche der spontanen Gesten verpassen. Statt dessen wird sie diese durch ihre eigene Geste und eigene Bedürfnisse ersetzen müssen, um selbst Sicherheit zu gewinnen, und wird dies durch die Unterwerfung des Kindes zu erreichen versuchen.

Hinreichend gute Eltern wetteifern nicht miteinander um die Liebe des Kindes. Sie wissen, daß der Vater das Brot und die Mutter die Milch gibt, bildhaft gesprochen. Die Mutter ist darauf ausgerichtet, Innenraum und die emotionale Nähe zum Leben zu gestalten. Der Vater vermittelt dagegen den äußeren Raum, die vernünftige Distanz zu den Dingen des Lebens, die Grenze und das Gesetz. Er spricht nicht in der Kindersprache, sondern fordert und unterbricht. Er gewöhnt seine Kinder an die Welt draußen. Dies sind zwei sich überschneidende und ergänzende Prinzipien.

Durchschnittlich gute Eltern, so meint der Pädagoge Hans Herbert Deißler, nehmen ihre Kinder als gewollte Kinder an, wenn sie einmal auf der Welt sind, selbst wenn sie sie zunächst nicht gewollt hatten. Das Kind, das den Eltern ja eine große Befriedigung verschafft, wird mit einem positiven Vorzeichen versehen. Im Umgang mit dem Kind wird ein Grundkonsensus erreicht, wobei das Annehmen des Kindes das Wichtigste ist, nicht die Durchsetzung von Prinzipien. Wenn die Kinder die Eltern manipulieren können, ist dies nicht gut, ebensowenig, wenn die Kinder die Spannung der Eltern untereinander verinnerlichen und diese lösen sollen. Es geht darum, sich in der Unterschiedlichkeit gegenseitig anzunehmen. Durchschnittlich gute Eltern kennen vor sich selbst Schuld und Rechtfertigung und versuchen die Maxime des Gutseins zu leben und zu vermitteln. Sie versuchen nicht, ihren Kindern ein Gewissen zu machen und sie auf Liebe und Friedfertigkeit zu trimmen, auch nicht, ihnen einen konkreten Katalog guter Taten beizubringen. Es ist ein Unterschied, ob Eltern in einem opportunistischen Nützlichkeitsstandpunkt den Kindern das 11. Gebot: »Du sollst dich nicht erwischen lassen« oder »beim nächsten Mal keine Fingerabdrücke hinterlassen« vorleben, oder ob sie selbst in Eigenverantwortung eigene Schuld empfinden können, die sie rechtfertigen müssen, und nicht das tun, was die Leute sagen.

Kinder, denen gute, selbstverständlich gewordene Gewohnheiten verschafft werden, haben gewissermaßen den Geschmack von Vater und Mutter auf der Zunge, die in ihrem eigenen Lebensvollzug ihre Normen und Überzeugungen leben. Sie üben Geschwisterlichkeit und haben die Möglichkeit, auch bei Konflikten untereinander mit Streit fertig zu werden. Dann müssen sie an der Aufgabe, Kind zu sein, nicht scheitern. Wichtig ist es, daß die Eltern die Generationsschranke einhalten, also Kindsein und Erwachsensein deutlich trennen, und daß sie daher eigene Lebensansprüche gegenüber den Kindern aufrechterhalten. Eltern, die abdanken und den Kindern die eigene Existenz opfern, sind nicht unbedingt gute Eltern. Eine Familie, die sich opfert, in der sich Rechte, Genuß und Erfüllung der Eltern den Kindern unterordnen, ist keine hinreichend gute Familie, weil die Kinder keine notwendigen Grenzen erleben. Zufriedene Eltern sind leicht auch durchschnittlich gute Eltern. Sie sind dann auch am ehesten bereit, in durchschnittlichem Maße verfügbar zu sein, ihre Kinder auch an den eigenen Stimmungen, Freuden und Schwierigkeiten teilhaben zu lassen, ohne sich in einem Geständniszwang ihnen gleichmachen zu wollen. So erreichen sie vielleicht eine gewisse Toleranz der Tatsache gegenüber, daß sich Kinder so gerne auch mit den schlechten Seiten ihrer Eltern identifizieren, die diese gar nicht so gerne wahrhaben möchten.

Neben all der Beschränkung im Bereich der Gefühle, der Werte und der Sozialordnung müssen die Kinder immer wieder ein wenig mehr in die Selbständigkeit und Selbstverantwortung freigelassen werden. Das ist unter emanzipatorischer Erziehung zu verstehen. Wenn Kinder in der zuvor genannten Weise ins Leben hineingeführt werden, dann können sie aus der Familie hinausgelassen werden. Wenn Kinder in diesem Sinne zunehmend ihre Interessen wahrnehmen, können die Eltern annehmen, daß ihre Normen Gültigkeit haben, und der letzte

Schritt der elterlichen Sorge, die Freigabe in Beruf, Partnerwahl und Lebensstil, hat eine durchschnittlich gute Basis. Diese Freigabe birgt das unvermeidliche Risiko, daß die Kinder aus dem Mitgenommenen das machen, was sie machen wollen und können. Den durchschnittlich guten Eltern bleibt als Letztes die blinde Bereitschaft, daß die Kinder zu jeder Zeit wieder zu ihnen kommen dürfen, ohne Schuldzuteilung und ohne Vorwurf.

Jürg Willi

Familiengeschichte – Fortsetzung und Korrektur in den Kindern

Jürg Willi, geboren 1943 in Zürich. Leiter der Abteilung für Psychosoziale Medizin am Universitätsspital Zürich und Inhaber des gleichnamigen Lehrstuhls. Nach dem Medizinstudium Facharztausbildung in Psychiatrie und Psychotherapie. Seit 1965 tätig in der Paar- und Familientherapie. Verfasser verschiedener Bücher: Die Zweierbeziehung, 1975; Therapie der Zweierbeziehung, 1978. Weitere Ausführungen zum Thema dieses Beitrags siehe in der neuesten Veröffentlichung des Autors: Koevolution – die Kunst gemeinsamen Wachsens, Rowohlt 1985.

Die heute grundsätzlich gewährleistete Möglichkeit, selbst darüber zu entscheiden, ob man Kinder haben will, hat aus dem Zeugen und Gebären von Kindern einen bewußten und reflektierten Akt gemacht. Was früher meist einfach passierte und worauf man sich schicksalsergeben einzustellen hatte, kann heute gewählt oder verhindert werden. Gerade weil heute Kinderhaben zu einer Entscheidung geworden ist, muß man sich notwendigerweise eingehend damit befassen, was diese Entscheidung bedeutet. Materiell gesehen, bringen heute Kinder nur Nachteile – sie verursachen Kosten und bringen nichts ein. Sozial gesehen, sind Kinder eine Behinderung – sie erschweren einem das Finden einer Wohnung, sie binden einen oft an einen Partner, sie drängen einen, sich ehelich abzusichern, und erschweren es auch heute einer Frau, eine berufliche Karriere zu machen. Kinder binden einen an, sie beschäftigen einen 24 Stunden am Tag. Was kann einen da veranlassen, Kinder haben zu wollen?

Eine Repräsentativuntersuchung über Ehe und Familie, vom Institut für Demoskopie Allensbach im Auftrag des Bundeslandes Baden-Württemberg 1985 durchgeführt, zeigt folgendes: Die Mehrzahl der Befragten glauben nicht, daß eine Frau Kinder haben muß, um glücklich zu sein, noch daß das Eheglück von Kindern abhängt. Und doch spricht sich nur eine Minderheit von 7 Prozent der unter Vierzigjährigen persönlich gegen Kinder aus. Die Berufstätigkeit der Frau beeinträchtigt den Kinderwunsch nicht maßgeblich. Alle Indikatoren deuten darauf hin, daß das pessimistische gesellschaftliche Meinungsklima, das die Schwierigkeiten und Belastungen durch Kinder betont, einen unangemessen hohen Einfluß auf den Kinderwunsch hat. Weder werden die Entscheidungen für Kinder in dem Maße von Bedenken vor unzumutbaren Opfern begleitet, wie die Gesellschaft unterstellt, noch rechtfertigen die Erfahrungen junger Eltern die einseitige Konzentration der öffentlichen Aufmerksamkeit auf die Belastung der Familie. Junge Eltern geben zwar einen Verlust an Bewegungsfreiheit, weniger Zeit für eigene Interessen und Freunde, weniger Freiheit in der Urlaubsgestaltung an. Finanzielle Einschränkungen und materielle Sorgen spielen jedoch nur eine untergeordnete Rolle. Den Beschränkungen steht ein Zugewinn an Lebensinhalt, Freude und Glück, aber auch an sozialen Kontakten gegenüber. Die Mehrzahl der Eltern von Kindern unter acht Jahren empfinden ihr Leben seit der Geburt der Kinder als ausgefüllter und glücklicher.

Eine herabgeminderte Motivation zu eigenen Kindern findet sich bei Personen mit negativen Kindheitserinnerungen, bei Personen, die in weltanschaulichen Meinungsverschiedenheiten zu ihren Eltern stehen, und bei Personen, die in ihrem Bekanntenkreis Konflikte zwischen Eltern und Kindern erleben. Es entsteht der Eindruck, daß bei diesen Personen *eine Abneigung besteht, die Geschichte ihrer Familie fortzusetzen.*

Kinderhaben ist ein elementarer Aspekt des menschlichen Lebens, ein elementarer Aspekt des Lebens überhaupt. Alles Leben, das Leben der Tiere und das Leben der Pflanzen, richtet sich auf die Fortpflanzung aus. Man kann feststellen, daß die Fortpflanzung zu einem wesentlichen Teil das Verhalten der Tiere bestimmt. Der Mensch vollzieht nun aber die Fortpflanzung, das Fruchtbarwerden, reflektierter, bewußter als die Tiere. In den industrialisierten Ländern ist es heute nicht mehr der Stolz der Eltern, möglichst viele Kinder um sich zu scharen, sondern diesen Kindern die bestmöglichen Bedingungen zur Entfaltung ihres Potentials zu bieten. Heute wagt aber ohnehin kaum jemand, stolz auf Kinder zu sein. Allzusehr hieß es in den letzten Jahren, das Schwängern der Frau sei eines der wirksamsten Mittel der Männer, sich die Frauen untertan zu machen, eine Frau brauche keine Kinder, um sich selbst zu bestätigen, oder es sei überhaupt unverantwortlich, Kinder in die heutige, von Atomtod und Umweltkatastrophen bedrohte Welt zu setzen. Verheiratete Mütter wurden als wenig emanzipiert bemitleidet. Diese einseitig negative Darstellung von Kinderhaben erschwerte eine bewußte Auseinandersetzung mit deren positiven Seiten. Ein Aspekt der Fortpflanzung ist das Bewußtwerden, als Mensch ein geschichtliches Wesen zu sein, ein Teil in der Geschichte einer Familie, ein Teil in der Geschichte einer Kultur, ein Element, das das, was es zuerst von Familie und Gesellschaft aufgenommen hat, wieder einer nächsten Generation weitergibt. Eine derartige Betrachtungsweise wurde in den letzten Jahren erschwert durch unsere »Hier und Jetzt«-Kultur: Man war bestrebt, nur im Hier und

Jetzt zu leben, den Moment intensiv auszukosten, ganz in den momentanen Beziehungen aufzugehen, ohne Rückblick auf die Vergangenheit, ohne Vorschau auf die Zukunft. Ohne Beachtung der Vernetzung und der komplexen mitmenschlichen Gewebe war man möglichst bemüht, sich als ein unabhängiges, selbstbestimmtes, in sich zentriertes Wesen zu sehen. *Wer bewußt auf Kinder verzichtet, verzichtet oft auch auf die geschichtliche Perspektive seines Lebens.* Er widersetzt sich der Erwartung seiner Familie, die Geschichte des Geschlechts und die Folge der Generationen durch einen eigenen Beitrag fortzusetzen. Wie ich im folgenden darstellen möchte, kann das Bewußtwerden der Geschichte der Familie, die eigene Identität stärken und dem Leben Halt und Richtung geben. Das Aufziehen von Kindern kann mit der eigenen Familiengeschichte versöhnen und die Auseinandersetzung mit ihr vertiefen. Mit diesem Aspekt des Kinderhabens möchte ich mich nun befassen.

Großeltern, Eltern und Kinder haben teil an einer gemeinsamen Geschichte. Ihr gemeinsames Bemühen richtet sich normalerweise darauf, das Wachstum der Kinder optimal zu fördern. Dieses Bemühen ist von seiten der Eltern und Großeltern weder rein egoistisch noch rein altruistisch. Aber auch die Kinder machen sich die elterliche Förderung weder rein egoistisch noch rein altruistisch zunutze. Eltern sind bestrebt, das, was sie ihren Kindern weitergeben, zu möglichst guter Entfaltung und Ausbreitung zu bringen. Das, was die Kinder entfalten, hat seine Wurzeln in einem geistig-ideellen Erbe, das ihnen von den Eltern und der Familie tradiert wird. Im Bestreben des einzelnen, sich möglichst voll zu entfalten, ist das Bestreben, damit die familiären Ideen weiterzuentwickeln, in eins enthalten. Die Entwicklung des einzelnen geht teilweise aus der Entwicklung der Geschichte seiner Familie hervor und bleibt auf die Familie bezogen, selbst wenn er sich von der Familie abwendet. Selbstverständlich ist die Familiengeschichte nicht die einzige Determinante, die die Geschichte des einzelnen bestimmt. Auch Peergroups, Trends, kulturelle Strömungen üben einen großen Einfluß aus. Das, was der einzelne als den von ihm angestrebten Erfolg seiner Entfaltung sieht, steht jedoch in der Regel in Beziehung zu den Wertvorstellungen der Familie auch dann, wenn er die Werte in Gegensatz zu jenen seiner Eltern stellt. Die Mitglieder einer Familie sind sich durch ein familiäres Ideengut verbunden, durch familieneigene Einstellungen und Haltungen, Werte, Überzeugungen, Grundsätze und Normen, Gewohnheiten und Stereotypien, durch familieneigene Vorstellungen und Bilder, durch eine familiäre Identität, ein Bewußtsein der familiären Zugehörigkeit und Zusammengehörigkeit. Familienmitglieder haben das Bewußtsein einer gemeinsamen Geschichte und leiten die Zielsetzungen des eigenen Lebens aus dieser Geschichte her.

Man wird einwenden, das seien romantische Ideale familiärer Idyllik, die heute keine allgemeine Gültigkeit mehr hätten. Das trifft nicht zu. Gerade Jugendliche aus zerbrochenen Familien klagen immer häufiger über die Zerrissenheit ihrer familiären Identität, gerade Jugendliche halten Eltern immer häufiger aktiv dazu an, die Familie zusammenzuhalten trotz ihrer ehelichen Streitigkeiten.

Mit der Ideenwelt, die der einzelne entwickelt, wird er immer die Ideenwelt seiner Familienmitglieder mit entwickeln. Allen Familienmitgliedern ist gemeinsam, daß sie ihr Erbe, also das, was sie von der Familie mitbekommen haben, in eigener Erfahrung und in eigener Verantwortung so gut wie möglich weiterentwickeln und die Evolution der familiären Überlieferung vorantreiben.

Jugendliche sind bemüht, das, was sie von ihren Eltern ererbt haben, sich anzueignen und es in ihrem Leben, im Beruf, in ihren persönlichen Beziehungen, in ihrem sozialen und politischen Engagement weiterzuentwickeln und zu differenzieren. Eine Möglichkeit dieses Bestrebens liegt darin, das, was sie bekommen und verarbeitet haben, einer nächsten Generation weiterzugeben und in dieser die Fortentwicklung zu stimulieren. Eltern und Kinder können in der Bezogenheit auf das familiäre Erbe aneinander schuldig werden. Eltern können die Bereitschaft des Kindes, »Ideen« aufzunehmen, ausbeuten und das Kind für ihre eigenen Bedürfnisse mißbrauchen, anstatt sich in den Dienst der Entfaltung des familiären Ideenerbes zu stellen. Kinder andererseits können die Entwicklungsanforderungen, die die Entfaltung des familiären Erbes ihnen auferlegt, von sich schieben, indem sie die Bedürfnisse der Eltern, weiterhin für sie zu sorgen und sie an sich zu binden, ausbeuten. Das Dilemma der sich gegenseitig ausschließenden Bedürfnisbefriedigung von Eltern und Jugendlichen kann durch eine übergreifende familiäre Perspektive gelöst werden: Was sich in den heranwachsenden Kindern entwickelt, hat seine Wurzeln im familiären Ideengut. Selbst wenn die Jugendlichen sich in Opposition zu den Erwartungen der Eltern setzen, wurzelt auch diese Opposition in dem, was die Eltern in sie eingegeben haben. Auch wenn es für Eltern schwierig ist, die Kinder loszulassen, werden sie das leichter tun im Bewußtsein, daß die Jugendlichen den Weg, den sie nun in eigener Verantwortung suchen, in Fortentwicklung des Ideengutes begehen, das sie ihnen vermittelt haben.

Eltern versuchen natürlicherweise, ihr familiäres Erbgut in den Kindern möglichst gut zu verbreiten. Wenn Eltern an ihre Kinder Erwartungen stellen, manches zu entfalten, was zu entfalten ihnen selbst versagt geblieben ist, braucht das noch nicht auf eine narzißtische Beziehungsstörung hinzudeuten, vielmehr können diese Erwartungen im Dienste der bestmöglichen Entfaltung und Weiterentwicklung des familiären Erbes stehen. So hat zum Beispiel die Elterngeneration in der Hochkonjunktur der Nachkriegsjahre die Gelegenheit gehabt, soziale und ökonomische Verhältnisse zu schaffen, die ihren Kindern den Zugang zu höherer Berufsbildung öffneten, die ihnen versagt geblieben ist. Das Schaffen solcher Bedingungen gab ihrem Tun Sinn und Richtung. Sie haben Verdienste für die Familie erworben. Diese Verdienste setzen die Kinder Erwartungen aus, sich wiederum eigene Verdienste in der Entfaltung des familiären Erbes zu schaffen. In Erfüllung der Erwartungen ihrer Eltern haben sie eventuell hohe Leistungen in akademischen Berufen erzielt oder waren im Geschäftsleben erfolgreich. Gleichzeitig haben sie eventuell Kinder großgezogen, die ihre Leistungen in Frage stellen und Lebensqualität vor Leistung, ökologisches Denken vor Konsum oder soziales Engagement vor individualistisches Sichdurchsetzen stellen. Ich glaube, daß diese transgenerationelle Familiendynamik nicht nur auf der Basis von Verpflichtung und Schuld (Boszormenyi-Nagy, 1981) spielt, sondern daß jeder das Erbe, das er von seinen Eltern erhalten hat, eigennützig zu entfalten bestrebt ist, womit er aber letztlich gesehen immer auch in Loyalität und Bezogenheit zu seiner Familie und seinen Ahnen handelt und nicht nur in egoistischem Interesse.

Elterliche Erwartungen sind für das Kind dann schädlich, wenn sie seine Entwicklung forcieren und vergewaltigen. Das führt meist früher oder später zu Reaktionen des Kindes, die seine Entwicklung lähmen. Eltern müssen schon früh lernen, das Kind als eigenverantwortlichen Träger des familiären Erbes zu respektieren, als ein Wesen, dessen Aufgabe nicht primär darin liegt, die persönlichen Bedürfnisse und selbstbezogenen Erwartungen der Eltern zu erfüllen, sondern seine Entwicklung gegenüber der Familiengeschichte und der Entfaltung des familiären Erbes zu verantworten.

Das Familienerbe meint nicht die in den Genen verankerten Informationen, sondern ein familiäres Ideengut, das als Vermächtnis und Auftrag zur weiteren Entwicklung von Generation zu Generation weitergegeben wird. Dieses Ideengut wird, unabhängig von elterlichen Erwartungen, zu einem festen Bestandteil im Jugendlichen. Er muß mit diesem Ideengut sein eigenes Leben bestreiten können. Angesichts der bevorstehenden Herausforderung, selbst die Verantwortung für sein Leben übernehmen zu müssen, wird er sich mit dem internalisierten Ideengut in seiner Lebensrealität zurechtfinden müssen. Dazu muß er es in einem ersten Schritt grundsätzlich in Frage stellen, ja sich eventuell in Opposition begeben, um dann schrittweise und ohne äußeren Druck von seiten der Eltern die übernommenen Ideen zu prüfen und sie sich in der eigenen Erfahrung zu eigen zu machen. Oft muß er dazu aus der Familie ausbrechen, muß auf Wanderschaft gehen, in ferne Kontinente oder in die Alternativszene, um Abstand von den Eltern zu schaffen. Dieses Prüfen, Erfahren und Aneignen vollzieht der Jugendliche nicht nur für sich allein, sondern auch als Mitglied der Familie. In ihm wird das Ideengut seiner Eltern einer Prüfung unterzogen, auf seine Brauchbarkeit untersucht, es wird gewichtet und gewertet. Für die Eltern ist die Überprüfung des familiären Ideengutes durch den Jugendlichen oft eine verletzende Phase. Der Jugendliche geht mit ihnen rücksichtslos ins Gericht und neigt oft zu einer scheinbar übertriebenen Kritik.

Der Jugendliche wird viele problematische Haltungen seiner Eltern, die sie aus Gewohnheit und Resignation nicht verändert haben, in Frage stellen.

Viele individuumzentrierte Therapeuten schaffen einen unnötigen Gegensatz zwischen Ansprüchen auf Selbstentfaltung des Jugendlichen und Ansprüchen der Eltern auf familiäre Loyalität. Geht man von der Bedürfnisbefriedigungsperspektive aus, dann können allerdings die Bedürfnisse des Jugendlichen nicht die Bedürfnisse der Eltern sein. Wenn man aber davon ausgeht, daß der Jugendliche nicht nur negative, destruktive und entwicklungshemmende Aspekte seiner Eltern internalisiert hat, sondern daß seine Substanz, sein Potential als Ganzes sich in wesentlichen Teilen unter dem »Ein-Fluß« seiner Eltern und Geschwister gebildet hat, so wird es bei seiner Selbstverwirklichung immer auch um die Fortentwicklung des familiären Erbes gehen und nie um eine Entwicklung, die losgelöst und unabhängig vom Ideengut der Familie sich vollziehen kann. Wenn der Pfarrerssohn ein atheistischer Marxist wird, so kann das die Korrektur des Sohnes angesichts einer fehlentwickelten Religiosität seines Vaters sein. Der Eifer, mit dem der Sohn sich sozial engagiert, kann aber nicht losgelöst von der Auseinandersetzung mit seinem Vater verstanden werden. Wenn die Tochter zu einer fanatischen Kämpferin für die Frauenemanzipation wird und sich in scharfen Gegensatz zu ihrer bürgerlichen Mutter stellt, so ist ihr Fanatismus nicht ohne Familiengeschichte zu verstehen. Wenn der Sohn eines Bankdirektors in die Alternativszene ausbricht und jedes Denken an Profit als Ausbeutung ablehnt, ist auch seine Entwicklung nicht zu verstehen ohne die materialistische Fehlhaltung des Vaters. Wenn in einer Familie von erfolgreichen Akademikern ein Kind keinerlei Bereitschaft zeigt, Schulen zu besuchen und strebsam zu arbeiten, handelt es sich um einen Gegensatz zur Ideologie der Familie, gleichzeitig aber auch um eine Korrektur einer fehlentwickelten Familiengeschichte. Oder wenn Jugendliche aus verwahrlosten Familien extrem autoritäre Rockerbanden bilden, schaffen sie damit eine korrigierende soziale Struktur. Jugendliche vollziehen mit ihrer Abkehr von der Entwicklungslinie ihrer Eltern eine Korrekturbewegung, die letztlich nicht nur ihnen persönlich dient, sondern der Familie als Ganzes. Oft allerdings sind Jugendliche überfordert, diese Korrektur in einem vernünftigen Ausmaß anzustreben. Oft müssen sie zumindest zunächst ins andere Extrem, in den politischen Radikalismus, in eine gesellschaftliche Verweigerungshaltung, in den Drogenkonsum und so weiter. Die Radikalität, mit der sie mit ihren Eltern brechen, bekommt eine versöhnliche Dimension, wenn das bei aller Spaltung weiterhin Verbindende aufgezeigt werden kann. Die Radikalität, in der viele Jugendliche und junge Erwachsene sich in Gegensatz zu ihren Eltern stellen, zeigt oft die immense Anstrengung, die eine derartige Korrektur des inneren Erbes erfordert. Oft besteht eine fast magische Angst, man werde trotz aller Bemühungen letztlich Opfer des gleichen Schicksals wie die Eltern.

Nicht selten sind familiäre Verfehlungen oder Katastrophen so gravierend, daß sie zu einer Korrektur mehrerer Generationen bedürfen. Die Extrementwicklung der einen Generation wird mit dem Gegenextrem der nächsten beantwortet, und es ist erst die dritte Generation, die einen gangbaren Weg der Mitte findet. Solche Dreigenerationenentwicklungen sehen wir zum Beispiel nicht selten in Deutschland beim Versuch, Verfehlungen während der Nazi-Zeit zu bewältigen.

Der Jugendliche setzt sich jedoch nicht nur mit dem internalisierten Familienerbe auseinander und versucht, von daher die Geschichte seiner Familie in andere Bahnen zu lenken, sondern Hand in Hand damit setzt er sich in der Regel intensiv mit seinen realen Eltern auseinander, im Bestreben, das Leben der Eltern zu verändern. Die »Störungen« eines Jugendlichen stören oftmals besonders seine Familienangehörigen, und das liegt durchaus in seiner Absicht. Er möchte in der Regel seine Eltern nicht einfach mit Aufregungen und Sensationen füttern, um damit ihren elementaren und affektiven Bedürfnissen zu dienen, sondern er hat oft das Bestreben, mit schockierendem Verhalten die festgefahrenen Haltungen der Eltern zu erschüttern, um sie damit zur Besinnung und Umkehr zu bringen. Die Intensität, mit der die Eltern auf sein provozierendes Verhalten ansprechbar sind, ist ihm ein Hinweis darauf, daß sich hinter ihrer oftmals starren Fassade eine Sehnsucht nach einem anderen Leben verbirgt. Fast wie ein Therapeut möchte mancher Jugendliche diese verborgene Ansprechbarkeit seiner Eltern aktivieren, ihr zum Durchbruch verhelfen und den Eltern den Weg zu einem neuen Leben weisen. Dabei erfährt der Jugendliche allerdings, daß sich das Leben der Eltern nur in engen Grenzen verändern läßt und daß es seine Aufgabe sein wird, in seinem eigenen Leben diese von den Eltern offen oder heimlich ersehnte Veränderung zu realisieren. Trotz Ausstoßung und Bruch mit seinen Eltern kann er dabei letztlich in einer viel tieferen Loyalität mit seinen Eltern verbunden sein als seine mit der elterlichen Fassade konform lebenden Geschwister.

Das Jugendalter kann als die Lebensphase gesehen werden, in der ein Mensch das, was ihm von seinen Vorfahren mitgegeben wurde, sich aneignen muß, um damit in der eigenen Lebensrealität zu bestehen. Der Jugendliche ist bestrebt, das ihm mitgegebene Potential zu entfalten und in einer sich verändernden Welt zu entwickeln. Zwei wichtige Entscheidungen, die er als junger Erwachsener tätigen muß, können solche Korrekturbestrebungen in der Realität verankern, die Berufswahl und die Partnerwahl. Die eheliche Partnerwahl ist wohl der intensivste Reiz zu einer persönlichen Korrektur des familiären Ideengutes im Erwachsenenalter. Die Geschichte der einen Familie verknüpft sich mit der Geschichte einer anderen Familie in den Personen beider Partner. Wenn durch die Partnerschaft die *Veränderung der fehlgeleiteten Familiengeschichte* nicht ausreichend gelingt, so *ergibt sich für den jungen Erwachsenen eine zusätzliche Chance in der Erziehung eigener Kinder.* Es kann versucht werden, die Kinder ganz anders zu erziehen, als man selbst erzogen worden ist, ihnen andere Werte und Normen, andere Einstellungen und Haltungen, andere Gewohnheiten nahezubringen. Es kann versucht werden, die Hypotheken, die einem von der Herkunftsfamilie aufgegeben worden sind, zumindest nicht noch einmal einer Generation weiterzugeben. *Eltern versuchen oft, in ihren Kindern jene Korrekturen der Familiengeschichte zu erreichen, die ihnen für ihr eigenes Leben nicht gelungen sind.*

Das können jene Erwartungen sein, die dem Kind keine natürliche Entfaltung ermöglichen, weil sie zu starr, zu widersprüchlich oder zu gewaltsam sind. Auch solche Erwartungen sind nicht so sehr im Narzißmus der Eltern begründet als vielmehr in der oft verkrampften Hoffnung, gewisse Fehlentwicklungen der Familiengeschichte oder gewisse familiäre Fehlhaltungen durch die neue Generation auszumerzen. Oft entsteht der Eindruck, als ob ein alttestamentarischer Fluch über der Familiengeschichte laste bis ins zehnte Glied.

Im Rahmen einer familienfeindlichen Haltung werden heute Eltern oft als unbelehrbar, stur und starr dargestellt. Eltern können viel von ihren Kindern lernen und sind gerade in heutiger Zeit oft dazu motiviert.

Von den Kindern enttäuschte Erwartungen bringen viele Eltern nicht zu verstockter Resignation. Die Grenzen, die ihnen die Kinder setzen, stimulieren oft ihre eigene Entwicklung, machen sie gelöster, schicksalsergebener und weiser. Sie werden mit den Grenzen eigener Einflußmöglichkeiten konfrontiert, damit aber auch mit den Grenzen der eigenen Verantwortlichkeit gegenüber den Kindern. Kinder erziehen ihre Eltern durch ihre Präsenz, durch die Vitalität ihres Widerstandes, sie erziehen ihre Eltern in oft harten Auseinandersetzungen. Eltern sind heute verunsicherter, sie glauben weniger, dem Kind gegenüber einen entscheidenden Wissensvorsprung zu haben, sie glauben auch weniger, auf ihre Autorität pochen zu müssen. Entsprechend sind heute die Beziehungen der Eltern zu ihren heranwachsenden Kindern oft besser als in früheren Zeiten.

Die geschichtliche Perspektive der Generationenfolge wird noch einmal deutlicher mit der Großelternschaft und der heute immer häufigeren Urgroßelternschaft. Angesichts des Ausscheidens aus dem aktiven Erwerbsleben und dem nahenden Tod vermitteln Enkel die Vorstellung des Weiterlebens, das Bewußtsein, Teil in einem ewigen Kreislauf von Geburt und Tod zu sein. Das Fruchtbarwerden entzieht Kräfte, man verbraucht sich im Geben und wird wiederum beschenkt durch die Feststellung, daß manches von einem in den Kindern und Kindeskindern weiterlebt. *Der Tod wird leichter zu akzeptieren, wenn man sich eingebunden fühlt in die Gesetze der Natur, wo alles, was fruchtbar geworden ist, stirbt und damit zum Nährboden für neues Leben wird.*

Was bedeuten diese Ausführungen nun für die Thematik

»Kinder haben«? Sowohl die Allensbacher Studie wie meine therapeutischen Erfahrungen zeigen, daß Familiengründung als Möglichkeit erfahren werden kann, sich in der Lebensrealität intensiver zu verankern, sein Leben realer zu leben, seine Kräfte fruchtbar zu machen in geschichtlichen Prozessen, die das persönliche Schicksal übersteigen. Wer Kinder hat, erfährt sich deutlicher als ein geschichtliches Wesen, als einer, der mit seinem Leben das Leben seiner Ahnen und Eltern weiterentwickelt und korrigiert, als Mensch, der in anderen sich fortentwickelt und durch diese korrigiert wird, als jemand, dessen Verwirklichung relativiert ist im doppelten Sinne – eingeschränkter in seiner Einmaligkeit und Besonderheit, aber dafür auch bezogener.

Christa Melchinger

Dank an ein behindertes Kind

Christa Melchinger, geboren 1943 in Frankfurt am Main. Journalistin für Presse und Funk, vorwiegend Literaturkritik, aber auch zeitkritische Themen, lebt in Freiburg im Breisgau.

Niemand will ein behindertes Kind haben. Ein behindertes Kind bekommt niemand gewollt. Ein solches Kind ist kein Wunschkind. Auch wenn ein Kind geplant, gewollt, gewünscht *war,* vom Moment an, in dem seine Behinderung festgestellt wird, ist es mit den Wünschen und Vorstellungen, die seine Erwartung umgaben, vorbei. Ein behindertes Kind ist ein ungewolltes Kind. Ist es das?

Das ist keine rhetorische Frage mehr; denn die Problematik stellt sich heute anders dar als vor zehn oder zwanzig Jahren, zumindest dann, wenn es sich um ein genetisch geschädigtes Kind handelt. Ein mongoloides Kind zum Beispiel muß heute nicht mehr geboren werden. Genetische Vorsorge-Untersuchungen im dritten Schwangerschaftsmonat machen es möglich, eine Schädigung des Kindes so früh zu erkennen, daß die Schwangerschaft unterbrochen werden kann. Eine klare Sache. Wie der leitende Gynäkologe der Freiburger Universitätsklinik, Professor Hillemanns, vor einiger Zeit in einem Vortrag in der Katholischen Akademie sagte: »Unsere Straßen werden wieder sauber sein.« Den Anblick von debilen Kindern brauchen wir nicht länger zu ertragen. Ganz so klar scheint die Sache aber doch nicht zu sein. Die Reaktion auf diese Meinung spricht eine andere Sprache. Da meldete sich doch tatsächlich ein junges Paar zu Wort, das die ungeheuerliche Meinung vertrat, ein als behindert diagnostiziertes Kind würden sie nicht abtreiben lassen. Sie würden dieses Kind bekommen. Und ein altes Ehepaar meinte dazu, sie hätten einen jetzt vierzig Jahre alten mongoloiden Sohn, und nach einem Leben mit diesem behinderten Menschen könnten sie das junge Paar in seiner Ansicht nur bestätigen und ermutigen.

Einzelstimmen, persönliche Auffassungen, individuelle Erfahrungen – können sie eine Entwicklung in Frage stellen, die so entscheidend dazu beiträgt, die vielen Unwägbarkeiten, die mannigfachen Ursachen von Fehlentwicklungen, von Normabweichungen, von – das setzen wir ja immer gleich – Krankheit und Leid einzuschränken, mit dem Ziel, sie eines Tages ganz vermeiden zu können? Kann das überhaupt die Frage sein? Die Entwicklung, die zum Beispiel zu Möglichkeiten wie genetischen Untersuchungen geführt hat, ist ja die Folge von einem Bewußtsein, das alle unsere Lebensbereiche regelt, das wir also nicht als Ursache einer einzigen Erscheinung isolieren können. Wie wir uns zu diesem Thema »behindertes Kind« stellen, hängt davon ab, wie unsere Einstellung zum Leben insgesamt ist. Einzelstimmen, die sich gegen eine allgemein als vernünftig anerkannte Meinung äußern und die das auf dem Grund von Lebenserfahrungen tun, wirken oft wie ein Appell zum Nachdenken, eine Aufforderung, Gewohnheiten zu überdenken, Unreflektiertes zu reflektieren, kurz: den geistig-moralischen Standort zu überprüfen.

Der folgende Beitrag ist nicht mit diesem Anspruch geschrieben worden. Er ist nicht mehr, als er ist: der Brief einer Mutter an ihre erwachsen gewordene Tochter. Aber er ist auch eine Einzelstimme und er ist auf dem Grund von Lebenserfahrungen entstanden.

Liebe Coco,
ein Brief an Dich ist kein normaler Brief; an Dich zu schreiben ist etwas Besonderes. Denn Du wirst diesen Brief nie lesen und ihn nie beantworten können.

Vor einigen Wochen bist Du einundzwanzig Jahre alt geworden. Du bist erwachsen. Bist Du erwachsen?

Lesen und schreiben hast Du nicht gelernt. Zahlen sagen Dir nichts. Du kannst eine Straße nicht allein überqueren, und sicher wird es Dir nie gelingen, eine Schleife zu binden.

Die Mindestvoraussetzungen für das, was unsere Gesellschaft ein »vollwertiges Mitglied« nennt, fehlen Dir. Du fällst aus dem Rahmen. Doch hat die Gesellschaft auch Deiner Existenz ein Etikett aufgedrückt: Du bist »behindert«, »geistig behindert«. Mit diesem Etikett lebst Du seit dem Tag Deiner Geburt. Dein Lebensweg, Deine einundzwanzig Jahre sind gepflastert mit solchen Begriffen, von denen wir, Deine Eltern, manche erst lernen mußten: Mongolismus war noch einer der verständlichsten dabei; daß die Chromosomenaberration, die Dein Anderssein zur Folge hat, auch Trisomie 21 heißt oder Down Syndrom, das zum Beispiel erfuhren wir erst später.

Dir hat das alles nichts ausgemacht. Mit diesen vielen Stempeln auf Deiner Existenz, Deinem »Erscheinungsbild«, wie es heißt, wenn von Dir medizinisch die Rede ist, bist Du munter gewachsen und erwachsen geworden. Und wir mit Dir.

Anders kann man es gar nicht sagen in diesem Fall. So unbedarft und unbeschwert, wie wir Dich bekommen haben, bekommt sicher selten ein junges Paar sein erstes Kind. So gänzlich unvorbereitet auf die Schwierigkeiten des Lebens waren Deine Eltern, daß Dein Großvater nicht lange vor Deiner Geburt Angst äußerte, »Angst um Euch, weil bei Euch alles so glatt geht«.

Dann kamst Du, und von da an änderte sich alles. Glatt ging nun nichts mehr. Du hast unser Leben zu einem großen, aufregenden Abenteuer gemacht. Und das ist es immer noch. Dein Vater hat sehr früh gespürt, in welche Richtung uns das führen würde. Als er sich nämlich auf eines unserer vielen »Warum« die etwas verlegen geäußerte Antwort abrang: »Vielleicht, damit wir gut werden.« Er meinte es ernst trotz seines verschämten Grinsens.

Oft scheint es mir heute, als seien wir dem damals erahnten Ziel noch nicht viel näher gekommen. Doch daß die Richtung stimmt, daran kann kein Zweifel sein.

Gut – nein, das sind wir nicht. Und wir, vor allem Deine Geschwister, wehren uns hartnäckig gegen eine Vorstellung, die stark verbreitet ist: daß alle behinderten Kinder engelhafte Wesen seien und ihren Angehörigen gar nichts anderes übrig bleibe, als ihnen ähnlich zu werden in ihrer steten Opferbereitschaft.

Das Gegenteil – auch diese Meinung ist weit verbreitet – stimmt ebensowenig. Geistig behinderte Kinder sind nicht »unschuldiger« als andere (oder doch nur in einem ganz speziellen, später noch zu erläuternden Sinn); aber sie sind auch nicht böser, und schuldiger sind sie schon gar nicht. Das ist alles viel komplizierter.

Als Deine drei Jahre nach Dir geborene Schwester fünf oder sechs Jahre alt war, führte sie den ersten ihrer vielen Kämpfe für Dich. Es war gegenüber den späteren ein sehr leiser, vor allem unblutiger Kampf, nur ein Wortwechsel. Ihr gleichaltriger Freund versuchte, hinter das Geheimnis »Coco« zu kommen.

»Was ist eigentlich los mit Deiner Schwester?« fragte er sie. Sie antwortete unwirsch: »Was soll schon los sein mit ihr.« – »Sie ist böse«, sagte er. »Warum ist sie böse?« – »Weil sie anders ist.« – »Jeder ist anders«, war ihre Antwort. Mit diesem Satz gewann sie

ihren ersten Kampf für Dich. Nicht immer kam sie so ungeschoren davon. Oft flossen Tränen, oft auch Blut. Doch sie hat bis heute nicht aufgegeben, und ihre Geschwister haben es ihr nachgemacht. »Anders ist nicht gleich böse«, diese Lektion haben sie früh begriffen. An Dir, Coco.

Ja, Du bist anders. Und wenn ich in diesem Brief an Dich versuchen will, Dir zu sagen, was Du für uns bist, dann muß ich hier ansetzen.

Ja, Coco, Du bist immer anders gewesen als andere, und wir sind es mit Dir. Es gibt nicht nur behinderte Kinder, es gibt auch behinderte Familien. Das, was inzwischen für uns eine Selbstverständlichkeit geworden ist, mußten wir lange und mühsam lernen. In vielen schwierigen, auch bitteren Erfahrungen. Die haben uns stark gemacht – ich hoffe, nicht hart –, und wenig kann uns heute noch unsicher machen. Neugierige Blicke, rücksichtsloses Starren, getuschelte Kommentare oder offene Aggressionen – das stecken wir weg; es geht uns nicht einmal mehr unter die Haut. Aber anderes beunruhigt uns dabei immer mehr: Wieviel nimmst Du davon wahr, wie reagierst Du darauf?

Du wartest geduldig mit mir in einer Schlange vor dem Fahrkartenschalter – geduldiger, als es eines Deiner Geschwister je tun würde. Du bist geduldiger, aber Du wirst schneller müde. Also hockst Du Dich hin. Das stört die Umstehenden. Es gibt Unruhe, der ohnehin überlastete Verkäufer wird nervös, sieht Dich und sagt so laut, daß es alle hören, zu mir: »Mit so einem Kind können Sie kommen, wenn nicht so viele Leute da sind.«

Ich schaffe es – nach so vielen Jahren schaffe ich es –, Dich ruhig bei der Hand zu nehmen und wegzugehen. Wieviel hast Du mitbekommen? Zu Hause sinne ich auf Rache. Eine massive Beschwerde bei der Direktion ist das mindeste. Ich sehe den Mann vor mir, sein zorngerötetes Gesicht, und es fällt mir dabei die alte Dame aus der Straßenbahn ein. Du warst noch ziemlich klein, standest mit mir in einer überfüllten Bahn, und als sie anfuhr, stolpertest Du, und mit Deinen nassen Stiefeln beschmutztest Du den Mantel der Frau. Ein solcher Schwall von Beschimpfungen fiel über uns, daß Du zutiefst erschrocken in meine Arme flüchtetest. Damals reagierte ich noch wie Deine Schwester und zog mit gezücktem Schwert für Dich zu Felde. Ich wollte gerade zum Gegenangriff starten und der alten Dame ebenso heftig meine Meinung sagen, als Du, Dich mit der einen Hand an mir festhaltend, einen Schritt auf Deine Feindin zu machtest, ihre Hand ergriffst und sie anlächeltest. Dann mitten in ihr plötzliches Schweigen hinein sagtest Du laut und deutlich: »Willst mein Freund sein?«

Als sie vor Verblüffung nach Luft schnappte, drücktest Du ihr einen Kuß auf die Hand, lächeltest sie noch einmal an und wandtest Dich ab. Damit war die Sache für Dich erledigt. Bei der nächsten Station verließ die alte Dame fluchtartig ohne ein weiteres Wort die Straßenbahn. Daran mußte ich jetzt denken, als ich an meinem Beschwerdebrief bastelte. Hatte ich denn nichts gelernt? So wenig von Deiner Botschaft begriffen, daß ich Dich jetzt mit einer Beschwerde rächen wollte? Das mit der älteren Dame in der Straßenbahn war ja kein Einzelfall geblieben, wie oft hast Du so auf die Ablehnung und die Aggressionen reagiert, die Du nur durch Dein Erscheinen hervorriefst.

Einmal soweit mit meinen Gedanken, konnte ich den Brief nicht mehr schreiben. Aber was tun? Das Verhalten des Beamten konnte nicht unbeantwortet bleiben. Dich wollte ich seiner Unbeherrschtheit nicht noch einmal aussetzen. Ich überlegte, wie ich in Deinem Sinn auf seine feindselige Haltung reagieren könnte. In Deinem Sinne? Nein, die Hand würde ich ihm nicht küssen, Coco, soviel wir auch von Dir gelernt haben, in allem, was mit Menschenliebe zu tun hat, bleibst Du *der Meister. Aber warum nicht hingehen und ihm alles erzählen, was mir bis dahin durch den Kopf gegangen war, von dem Beschwerdebrief und warum ich ihn fallen ließ und wie sehr die Menschen, die mit Dir leben, von Dir lernen können? So geschah es dann auch, und es wurde ein gutes Gespräch zu einer guten Stunde, und ich konnte sicher sein, daß diesem Mann keine unbedachten Äußerungen zu behinderten Menschen mehr unterlaufen würden.*

Böses mit Gutem vergelten, die zurückweisende Hand ergreifen, den bösen Blick mit einem Lächeln beantworten, Liebe geben, auch wenn sie nicht erwidert wird. Wozu der »normale«, »gesunde« Mensch unfähig ist, was er als ein Unerreichbares ersehnt: vorbehaltlose Liebe, Liebe ohne Erwartung, aber auch ohne Vorwurf, Liebe, die Gegenliebe nicht braucht – das ist Deiner und Deiner Brüder und Schwestern besondere Stär-

ke. Es ist nicht nur eine Eigenschaft, es ist das ganze *Wesen des mongoloiden Menschen. Seine stille, entwaffnende Stärke.*

Aber ich frage mich – und ich frage Dich: Reicht dieser Schutz aus in einer Welt, in der alles, was Du verkörperst, so wenig gilt: Freundlichkeit, Zärtlichkeit, kindliche Unschuld und Spontaneität, Einfühlungsvermögen, Phantasie und Einfallsreichtum, Schamhaftigkeit und Verschmitztheit – und in der alles, was Dir fehlt, so wichtig ist: planen und organisieren, berechnen und argumentieren, also Scharfsinn und Geschäftstüchtigkeit, aber auch Intellekt und Sex – die Idole des modernen Bewußtseins?

Ja, Coco, so gesehen, bist Du, sind Deine Schwestern und Brüder nicht »normal«: Euer Verhalten ist Offenheit, die nichts erwartet. Es ist nicht abwegig, zu sagen, daß Ihr Mongoloiden nur deshalb nicht Personifikationen des Gebots der Nächstenliebe seid, weil Ihr gar nicht anders könnt als lieben (und das ist ja wohl nicht gemeint). Es geht gar nicht anders, ob man will oder nicht, man muß bei Eurer Erscheinung an den Menschen vor dem Sündenfall denken – mit dem entscheidenden Unterschied: Der Baum der Erkenntnis bleibt Euch verborgen. So bleibt Ihr auch verschont vor manchen Folgen des Falls. Die großen Ängste und Traumata des »Gesunden« scheint Ihr nicht zu kennen: Angst vor dem Tod, Schuld, Gewissen, Verantwortung. Die Religion bleibt Euch ebenso fremd wie in den meisten Fällen die Sexualität. Doch mit all dieser Unschuld lebt Ihr nicht in einem Garten Eden, es ist ein sehr menschlicher Garten, der Euch umgibt. Wir sind es, die die Verantwortung dafür tragen, daß er bewohnbar ist für die, die schuldlos sind an seiner Unwirtlichkeit. Wir, die »Gesunden«, »Normalen«, die, wenn sie ihre Sehnsüchte prüfen, viel von dem darin finden, was uns in mongoloiden Menschen entgegentritt. Ist es das, was so schwer zu ertragen ist für viele an Eurem Anblick – das ihnen Versagte? Heiterkeit ohne Überwindung von Furcht, Glück ohne Schmerzbezwingung, Liebe und Zuwendung ohne Einschränkung? Nun, ich denke, es ist klar, was wir versuchen: Wir nennen es eine Krankheit, Retardierung, Entwicklungshemmung, wir sehen einen katastrophalen Mangelzustand, sehen fehlen, wovon wir glauben, daß es den Menschen zum Menschen mache, den gesamten Bereich des abstrakten Denkens zum Beispiel, die uns so unentbehrliche Intellektualität.

»Adam« bedeutet in hebräischer Sprache »Mensch«. Erst nach der Vertreibung aus dem Paradies kann ein Eigenname daraus werden. Auf dem Weg von dem paradiesischen Allgemeinen, der glücklichen Identität von allem mit allem, zur Individualität, zum schmerzgeborenen Ich – irgendwo auf diesem Weg entsteht der mongoloide Mensch. Unübersehbar das Paradiesische, das ihm noch anhaftet, in der Form seiner lebenslangen Kindlichkeit, seiner unversiegbaren Liebesfähigkeit, die aber, gebunden an die Leiblichkeit, in der sie auftritt, durch die sehr irdische, von Gottes Garten weit entfernte Umwelt, in der sie sich bewegt, eine besondere menschliche Färbung erhält: »verschmitzt und verschämt« ist die Formel, mit der ein erfahrener Heilpädagoge die Grundzüge mongoloiden Verhaltens benannt hat.

Es ist ein so typisches Verhalten, daß wir daran zum Beispiel die Tochter eines englischen Arbeiters und den Sohn eines schwarzen Arztes ebenso sicher als mongoloid erkennen wie an ihrer Physiognomie. Eure große Schamhaftigkeit ist, nach meiner Beobachtung, Eure Antwort auf die fremde Welt, in der Ihr leben müßt. Ja, auch unter den günstigsten Voraussetzungen bleibt sie eine Euch fremde Welt. Unnormal auch dies: mit Scham zu reagieren, wo man sich ausgeschlossen fühlt. Scham statt Aggression.

Noch deutlicher, so scheint mir, wird Eure Gefühlsüberlegenheit in der Verschmitztheit, eine Überlegenheit, die, da unbewußt, so ohne jede Überhebung ist, daß sie sich eigentlich kaum nachvollziehen läßt. Sicherheit des Gefühls in der Freude am Spiel, immer bereite und offene Freundlichkeit dem anderen gegenüber, völlig frei von Vorsatz, Absicht oder Zweck. Verschmitztheit statt Raffinesse zum Beispiel.

Ja, Coco, Dein Anderssein hat viele Seiten. Das macht das Zusammenleben mit Dir zu einem großen Abenteuer: spannend, anstrengend, schwierig, schön. Nie langweilig, oft lustig, mit vielen Überraschungen, guten und auch bösen. Es ist ein schönes und ein schmerzliches Leben. Und das Schöne hängt mit dem Schmerzlichen ganz eng zusammen.

Durch Dein Anderssein hast Du uns eine ganz neue Welt eröffnet. Du hast uns in diese Welt mit hineingenommen und uns hier das Maß finden lassen für alles, was an Liebe und Güte in der Welt ist. Aber wir haben hier auch die Grenze erfahren, bis zu der wir mit Dir gehen können. Und diese Erfahrung, daß es eine Grenze gibt zwischen uns, die ist sehr hart. Diese bittere Erfahrung betrifft vor allem Deine Mutter. Sie teilt sie mit vielen Müttern geistig behinderter Kinder, mit den Müttern mongoloider Kinder vor allem.

In vielen Gesprächen mit anderen Eltern haben wir versucht, uns über unsere Aufgabe klarzuwerden. Darüber, was es heißt, für einen Menschen wie Dich die Verantwortung zu tragen.

Ich glaube, in einen Brief an Dich, in dem ich unser gemeinsames Leben bis heute überdenke, gehört das auch hinein, was wir in der Auseinandersetzung mit anderen betroffenen Familien gelernt haben.

Lange bevor ein Kind geboren wird, ist ja entschieden, wie die Mutter sich zu ihm, wie sie sich mit ihm zur Umwelt verhalten wird. Das gilt für die Mütter behinderter Kinder ebenso wie für die anderen. Es gehört ganz allgemein zum Schicksal von Eltern, daß sie Kinder haben, die ihren Erwartungen nicht entsprechen. Die meisten Eltern jedoch haben im Laufe der Zeit genügend Möglichkeiten, ihre Vorstellungen zu korriegieren. Nicht immer gelingt es rechtzeitig und im rechten Maße. Oft ist es zu spät, so dann, wenn das Kind vor der geballten Gewalt elterlicher Anforderungen (die zu erfüllen es sich außerstande fühlt) längst in die Opposition oder gar Gleichgültigkeit geflüchtet ist. Spätestens dann ist die Zeit da, wo Eltern sich eingestehen müssen: Das Kind ist, wie es ist. Es ist anders, als wir es wollten. Daran ist nichts zu ändern.

Für Eltern, denen ein anomales Kind geboren wird, steht dieser Satz am Anfang ihres Lebens als Mutter oder Vater dieses Kindes. Er begleitet sie von da an, täglich, unausweichlich und bis in ihre Träume. Zum ersten Mal ins Bewußtsein gedrungen, löst er einen schweren Schock aus. Für viele Eltern den schwersten ihres Lebens.

Natürlich ist, daß Eltern normaler Kinder die bittere Einsicht, es sei nichts zu ändern, zu einer Zeit kommt, die ihnen zugleich einen Trost bietet: Die Kinder sind alt genug oder werden über kurz alt genug sein, ihren eigenen Weg zu gehen. Die – als unerfüllbar erkannten – Ansprüche werden damit abgelegt (nicht vergessen) und die Kinder in die Welt ihrer eigenen Erwartungen, Wünsche, Vorstellungen entlassen. Der Gedanke: Können wir sie schon nicht selig machen nach unseren Vorstellungen, sollen sie versuchen, es mit ihren zu werden – dieser Gedanke enthält zwar viel Resignation, oft auch Bitterkeit, aber er ist auch tröstlich und erleichternd, insoweit er die Befreiung von Verantwortungen und Pflichten ausdrückt.

Dieser Trost ist den Eltern behinderter Kinder versagt, ja der Gedanke daran ist ihnen die Quelle ihrer tiefsten Sorge und Hoffnungslosigkeit. Denn ihr Kind ist nicht nur anders, als sie es sich wünschten, und dieses Anderssein ist nicht nur absolut, in keiner Weise ihrem Willen zugänglich, es erfüllt sich geradezu in der Unfähigkeit ihres Kindes, jemals seinen eigenen Weg zu gehen wie ein normales Kind, eben jemals in die Welt eigener Vorstellungen einzutreten, ja vielfach in der Unfähigkeit, eigene Vorstellungen (das, was der normale Mensch darunter versteht) überhaupt zu bilden.

Mütter, denen ein mongoloides Kind geboren wird, sind auf Grund der Eindeutigkeit der Diagnose hiervon in besonderem Maße betroffen. Die Zerstörung von Erwartungen, Wünschen, Hoffnungen, durch die man sich gehalten wußte im Einklang mit seiner Umwelt, geschieht so jäh und unerwartet (die Art und Weise, in der die Eltern »aufgeklärt« werden, ist meist nicht dazu angetan, den Schock zu mildern, im Gegenteil), trifft sie so unvorbereitet, daß die Nachwirkungen oft ein Leben lang zu spüren sind. »Man fällt in ein tiefes Loch«, so beschreibt eine Mutter diese plötzliche Leere.

Wenn sie eines Tages aus dem Dunkel dieses ersten Schocks herausgefunden hat – manchmal dauert es Jahre – und sich umsieht, dann findet sie sich in den meisten Fällen allein, isoliert, ausgeschlossen – so lauten die am häufigsten geäußerten Empfindungen. Sie findet sich wieder jenseits ihrer gewohnten Welt, in der sie sich bis zur Geburt ihres Kindes heimisch fühlte, außerhalb der Normen, nach denen sie bis dahin lebte, ausgestoßen aus der Gesellschaft, deren Teil sie bis dahin war. Sie ist allein mit ihrem Kind. Später, auch bis dahin kann viel Zeit vergehen, treten dann vielfach eine ganze Reihe von Gestalten aus dem Nebel, die sie zuerst gar nicht recht wahrnehmen kann, so sehr ist sie in dem Gefühl verlorener Sicherheit befangen: andere Mütter mit ebensolchen Kindern, sie vor allem, aber auch vielleicht das eine oder andere der gesunden Kinder, manchmal ein bis dahin wenig beachteter Mensch, neue, durch die Not gewonnene Freunde, aber auch die Väter. Oft sind die Väter die ersten, die aus dem Nebel auftauchen, unentbehrliche Hilfe für die orientierungslos gewordene Mutter, ebensooft sind sie es aber auch, die ihre Frauen noch tiefer hineinstoßen, ihnen die notwendigen Brükken nach außen versperren. So bevölkert sich im Lauf der Zeit die Leere, und je länger und genauer die Mutter ihr Problem anschaut, desto deutlicher wird sie sehen, daß Gestalten zwischen beiden Bereichen, ihrer und ihres Kindes Welt und der Welt »draußen«, hin und her wechseln, Brücken bilden, vermitteln: Erzieher zum Beispiel, Pädagogen, solche von Berufs wegen, und auch andere, deren Natur es ist.

Zunächst aber, in der ersten Zeit, ist die Mutter allein. Allein mit ihrem Kind. Dieses Alleinsein mit dem Kind, für eine junge Mutter eine selbstverständliche Quelle des Glücks und der Freude, ist für die Mutter des anomalen Kindes in den allermeisten Fällen von niederdrückender Traurigkeit und tiefer Mutlosigkeit. Es hat etwas Grausames und Unheimliches, etwas von Strafe. Das, was auf diese Frauen zukommt, aus ihrer Umgebung (oft genug aus ihrer nächsten, der Familie), das erfüllt sie keineswegs alle mit dem heiligen Zorn, der angebracht und berechtigt wäre, mit dem aufrechten Gefühl, Unrecht zu leiden. Oft unbewußt, nehmen sie vielmehr die Zurückweisung an, verhalten sich so, wie man es von Menschen erwartet, die Unrecht getan haben, nicht wie Menschen, die Unrecht erleiden.

Wo Muttersein als Leistung gewertet wird, gar als einzige dem Wesen der Frau entsprechende Leistung, da wird auch die Geburt eines behinderten Kindes als Versagen, als persönliches Versagen dieser Frau gewertet, oft genug von ihr selbst.

Die Sätze, oft geäußert, wenn über die bitteren Erfahrungen mit der Umwelt die Rede ist: »Man muß die Leute verstehen«, »Man muß sich an ihre Stelle versetzen«, »Ich würde vielleicht auch so reagieren«, diese Sätze enthalten viel von dem Selbstzweifel, den Selbstvorwürfen, die viele Mütter heimsuchen.

Das, was am meisten auffällt bei den Müttern mongoloider Kinder, was als ein gemeinsames Merkmal für die Mehrheit von ihnen gelten kann, die mangelnde Selbstsicherheit, das gebrochene Selbstvertrauen, die Unsicherheit, die Verbitterung, die Resignation, eine unfrohe, verkniffene Ergebenheit, das hat hier seine Ursache. Büßen und nicht wissen wofür. Versagt haben und nicht wissen wodurch. Gescheitert sein und nicht wissen woran. Geschlagen sein und nicht wissen von wem und wozu.

Dieses Nichtwissen taucht als ein großes Leidensmoment in fast allen Gesprächen mit Familien und Müttern geistig behinderter Kinder auf. Immer wieder betonen die Frauen das Grauen, das ihnen aus den unbeantworteten Fragen zufließt: Woher kommt das? Was ist da geschehen in mir, daß so etwas zustande kommt? Dieses Grauen vor sich selbst, vor dem eigenen Körper, mündet nicht selten in ein Grauen vor dem eigenen Kind. Wie viele ihrer Sätze enden mit den Worten: »Wir wissen ja nicht –«

Die Situation, in der diese Frauen leben, ist konfliktgeladen. Immer folgt dem ersten Schock eine nach Eigenart und Einsicht der Betroffenen verschieden starke Abwehr. Meistens überwiegt dabei zunächst die Erschütterung der eigenen Sicherheit – »Ich verlor den Boden unter den Füßen« – die Sorge um das Kind. Es läßt sich immer wieder feststellen, daß da, wo die Angst um das Kind im Vordergrund steht, der Sturz aus den gewohnten Bezügen viel weniger stark empfunden wird und auch später der Konflikt mit der Umwelt in viel leichteren Formen verläuft – wobei hier nicht entschieden werden soll über die Ursache: Ist es die gesicherte Identität der Mutter, ihrer Persönlichkeit, die es gar nicht zu diesem tiefen Sturz ins Leere kommen läßt, und kann daher von vornherein das Kind und sein Schicksal im Vordergrund stehen, oder ist die Hilfsbedürftigkeit des Kindes ein so starker Appell an die Mütterlichkeit mancher Frauen, daß die Geburt eines anomalen Kindes nicht als eine so tiefe Verletzung empfunden wird?

Die Mehrzahl der Mütter wehrt sich mit allen Kräften gegen die Rolle als Außenseiter. Dabei kommt es zu ganz erstaunlichen Formen von Verdrängungen, und es sagt überhaupt nichts aus über die Wirklichkeit, wenn manche Mutter mit Überzeugung versichert, sie fühle sich in keiner Weise als Außenseiter. In welcher Weise auch der Kampf gegen die Wahrheit stattfindet, er ist aussichtslos, die Resignation eine Frage der Zeit. Dies ist das Verhaltensmuster, das den meisten Fällen zugrunde liegt. Doch ist das, was sich innerhalb dieses Schemas abspielt, so unterschiedlich, daß sich für manche Eltern hierin ihr Leben und das ihres Kindes erschöpft, während andere von hier aus ihren Anfang nehmen und in eine Welt vordringen, die weit ab liegt von allem Gewohnten und weit hinausführt über alles, was ihnen die Welt der Normen und des Normalen an Erfahrungen bietet.

Es gibt eine Statistik, nach der die Selbstmord- und Scheidunsquote von Müttern mongoloider Kinder besonders hoch ist, deutlich höher als bei Müttern anders behinderter Kinder. Diese Beobachtung leuchtet nicht ohne weiteres ein. Die Behandlung mongoloider Kinder ist meist viel einfacher als die Behandlung Behinderter im allgemeinen. Gewöhnlich erreichen sie einen Grad an Selbständigkeit, der ihnen das Leben in der Familie ohne weiteres gestattet und bei größeren Kindern auch zumeist ohne allzu schwere Belastung der Eltern möglich ist. Eine gewisse Hilfsbedürftigkeit bleibt freilich auch in den besten Fällen.

Sicher, der Mongoloismus ist eine sehr schwere Behinderung. Aber hinzu kommt – und das ist entscheidend – die außerordentliche Liebenswürdigkeit der mongoloiden Kinder, ihre Freundlichkeit und Offenheit, ihre Kontaktfähigkeit und Höflichkeit, ihre Hilfsbereitschaft und Fürsorglichkeit, ihr harmonisches und Harmonie schaffendes Wesen. Sie sind oft die Lieblinge ihrer Erzieher, beliebter Mittelpunkt unter den Kameraden und in der Familie.

Was könnte es also sein, das anscheinend die Last, ein behindertes Kind zu haben, dann schwerer wiegen läßt, wenn es ein mongoloides Kind ist? Was ist es, das anscheinend in vielen Fällen auch diese liebenswerten Eigenschaften nicht auszugleichen vermögen? So viele Mütter ich auch mit dieser Statistik konfrontierte, keine hatte eine schlüssige Erklärung dafür. Ihr Verhalten jedoch gab Hinweise genug. Das Leiden an der Umwelt vor allem steht hinter fast jedem Wort, das sie sagen: Das Leben dieser Mütter ist geprägt davon, daß sie

Kinder haben, die nicht nur anders sind, als erwartet, gewünscht, erhofft, die nicht nur nie anders werden können, als sie sind, sie haben Kinder, denen das Anderssein ins Gesicht geschrieben steht, unauslöschlich in ihr ganzes Erscheinungsbild so eingeprägt ist, daß sie gleichsam eine besondere Art Mensch bilden.

Da diese äußerliche Auffälligkeit in Aussehen, Bewegung, Gestik nicht – wie etwa beim gelähmten Kind im Rollstuhl – mit einer auf den ersten Blick erkennbaren und einzuordnenden äußeren Hilflosigkeit – »krank« – einhergeht, kann der unvorbereitet mit einem mongoloiden Kind Konfrontierte die eigene Hilflosigkeit – »Wie verhalte ich mich?« –, die aus der Unsicherheit entstehende Abwehr nicht in eingeübte Verhaltensweisen wie Mitleid und Hilfsbereitschaft ableiten. Die Abwehr wird spürbar, sichtbar, wenigstens als Verlegenheit, oft genug als Aggression. »Sobald ich mit dem Kind in die Öffentlichkeit gehe, begebe ich mich auf ein Pulverfaß«, so sagte es eine Mutter einmal. Es gibt viele Mütter, die das Verhalten der Umwelt für ihr größtes Problem halten. Es gibt noch andere.

In der Mehrzahl der Fälle hat das mongoloide Kind Eltern, die bei seiner Geburt zwischen fünfunddreißig und fünfundvierzig Jahre alt sind. Zum einen ist die Zahl der Eltern, bei denen es sich um ein nicht geplantes, nicht erwünschtes Kind handelt, in diesem Alter sicher höher als im Durchschnitt. Wir wissen, welch ein großes Handicap es für den Lebensweg eines Menschen bedeutet, Folge eines »unglücklichen Zufalls« zu sein (ob er davon weiß oder nicht), und es braucht nicht viel Phantasie, um sich vorzustellen, was es bedeutet, wenn dieser Mensch ein von Geburt an Behinderter ist. Die Gespräche mit den Müttern machen deutlich: Die Belastung der Ehe, der Familie durch Schuldgefühle, Schuldvorwürfe – eingestandene oder verborgene – ist sehr groß. Eltern um die Vierzig, also in der Lebensmitte, haben meist ihren eigenen Standort längst fixiert, das Bewußtsein von ihrer Rolle auf dieser Welt so verfestigt, daß die Vorstellung, etwas könne dieses Leben aus seinen festen Bahnen werfen, absurd erscheinen muß. Diese Haltung gewinnt um so größere Bedeutung, als gerade dieses Alter mit den großen Lebenstäuschungen und Lebensenttäuschungen, mit dem Eingestehen von Illusionen, mit Versagen und Scheitern fertig zu werden hat. Die Grenzen der eigenen Kraft und Fähigkeit müssen jetzt akzeptiert werden. Es herrscht im allgemeinen in dieser Zeit eine starke Abwehrhaltung gegen Verunsicherungen jeder Art.

Das behinderte Kind, das in diese Situation hineingeboren wird, kann sehr schnell als eine Verkörperung dieser Krise, unter Umständen gar als ihre Prolongierung ins Lebenslängliche empfunden werden. Es kann freilich auch das Gegenteil bewirken. Einen neuen Anfang setzen. Aber der Boden für eine verhängnisvolle Entwicklung ist da. Man muß hinzudenken, was es für eine Mutter in diesem Alter bedeutet, nicht nur noch einmal von vorn anzufangen mit einem Säugling und Kleinkind, nachdem die anderen Kinder bereits ihrer Fürsorge entwachsen sind, sondern erkennen zu müssen, daß sie von nun an, solange sie lebt, an einen Menschen gebunden sein wird, der hilfsbedürftig bleibt wie ein Kind.

Dies alles muß man zusammensehen, um den Hintergrund für die genannte Statistik zu verstehen. Sicher haben junge Menschen, denen vielleicht als erstes ein mongoloides Kind geboren wird, eine größere Chance, mit ihrem Kind, an ihrem Kind zu wachsen, hineinzuwachsen in ein Leben, in dem das Kind in seiner Art ihnen ein unersetzlicher Lehrer sein wird. Allerdings kann sich in diesen Fällen wiederum als besonders belastend der Wunsch nach weiteren Kindern auswirken, kann unter Umständen junge Eltern schweren Konflikten aussetzen. Mehr noch als die Kinder selbst – das ist der Eindruck aus vielen Gesprächen – erleiden ihre Mütter das Schicksal von Außenseitern. Ausgeschlossen zu sein, das ist ihnen von ihren schweren Erfahrungen die schwerste. Wenn man genau hinhört, so scheint mir, wird hinter den Worten, mit denen sie davon sprechen, aber noch eine weitere Dimension des Leidens deutlich.

Die Mütter mongoloider Kinder erleiden ein doppeltes Außenseitertum. Nicht nur daß sie von ihrer Umwelt als Mütter von Kindern, die anders sind, mit diesem Anderssein identifiziert werden, nicht nur, daß sie in vielen Fällen dieses Außenseitersein annehmen, mit Schuldbewußtsein darauf reagieren, mit Gefühlen der Minderwertigkeit, des Versagens – mit der Geburt ihres Kindes machen sie eine noch schmerzlichere Erfahrung. Sie, die Fremde geworden sind in ihrer gewohnten Welt, sind letzten Endes auch Fremde in der Welt ihres Kindes.

Diese Mütter sind ständig dabei, Fremdheiten gegeneinander abzuwägen. Zweifellos zählt in vielen Fällen die Fremdheit dem eigenen Kind gegenüber schwerer als das gesellschaftliche Außenseitertum. Es ist eine tragische Situation, da sich die Mutter ja gerade durch die Haltung ihrer Umwelt zu betonter Identifikation, manchmal gar kämpferischer Solidarität mit ihrem Kind aufgerufen fühlt. Meistens ist sie instinktiv und spontan dazu bereit. Hier zum Äußersten getrieben, stößt sie aber an jene schmerzliche Grenze im Erkennen: Ihr Kind ist nicht nur anders als andere Kinder, es ist anders als sie selbst. Und zwar ist es anders nicht in dem Sinne, in dem alle Kinder anders sind als ihre Eltern und anders, als diese sie sich erträumten; das mongoloide Kind ist von einer wesentlichen Andersartigkeit, an der gemessen andere behinderte, auch schwerer behinderte Kinder den normalen Menschen näher stehen als die mongoloiden.

Alles hängt davon ab, wie die Mutter mit dieser extremen menschlichen Erfahrung, der Fremdheit, die in ihrem Fall zuzeiten die Form einer Selbstentfremdung annehmen kann, fertig wird. Wird sie ihr ausweichen, wird sie daran scheitern, oder wird sie daran wachsen? In ihre Rolle hineinwachsen: denn sie ist die ideale Person für die Mittlerfunktion.

Es ist die gleiche Aufgabe, die auch die Mütter normaler Kinder haben: zwischen dem Kind und der Welt draußen zu vermitteln, solange es ein »Draußen« gibt für das Kind. Die Mutter eines anomalen Kindes muß wissen, daß es lebenslang eines Mittlers bedarf und daß ihre mütterliche Hilfe nicht auf das Ziel der Selbständigkeit im Sinn einer dem Erzieher gleichartigen, vergleichbaren und ihm damit auch entwachsenen Persönlichkeit hinarbeiten kann. Im Gegenteil. Die Andersartigkeit des Mongoloiden, ja des geistig behinderten Menschen überhaupt, wird mit zunehmendem Alter deutlicher, spürbarer, und er ist für eine Erziehung, in der es um ein angepaßtes, unauffälliges Verhalten geht, je älter desto weniger geeignet.

In der rechten, das heißt dem behinderten Kind gemäßen

Weise wird die Mutter und später der Erzieher seine Vermittlerrolle anders sehen: Am Anfang steht der unbedingte Respekt vor dem Anderssein. Er schließt das Wissen mit ein, daß ich als Mutter zunächst der Welt meines Kindes, aus der mir über die gewohnten Wege der Information kaum Auskünfte zukommen, unwissend gegenüberstehe. Alles, was ich von meinem Kind erfahre, kommt über eine einzige Brücke: Liebe und Zuwendung, ähnlich wie beim normalen Säugling und Kleinkind, und doch anders, da mir die üblichen Vergleichsmöglichkeiten, der ständige Rückgriff auf Erfahrungen verschlossen sind. Doch wird mir mit der Zeit das Kind selbst, in der Art, wie es sich meiner Zuwendung öffnet, nicht wenige Informationen vermitteln, vor allem werde ich ein Gespür dafür bekommen, wo Hilfe wirklich not tut und wo Hilfe das Kind belastet, ihm einen Zwang bedeutet. Immer wieder werde ich die Erfahrung machen müssen, daß ich weitgehend auf mich allein gestellt bin. Wenn schon Richtlinien für die Erziehung normaler Kinder fragwürdig sind, so erst recht für die Erziehung behinderter Kinder.

Der Gleichartigkeit im äußeren Erscheinungsbild mongoloider Kinder entspricht eine ebenso auffällige Gleichförmigkeit in vielen Wesenszügen: die Trägheit etwa, die Antriebsschwäche oder die Anspruchslosigkeit, die Freundlichkeit oder das Bedürfnis nach Zärtlichkeit – das sind Eigenschaften aller Mongoloiden.

Diese äußere wie innere Gleichartigkeit ist eine Folge der fehlenden Differenziertheit. Wobei wir nicht einmal sicher sein können, ob uns nicht die geringe verbale Ausdrucksfähigkeit der Kinder einen Mangel vortäuscht, der gar nicht vorhanden ist. Für den emotionalen wie kreativen Bereich zumindest ließe sich das mit guten Gründen vermuten. Wie dem auch sei, die auffallende Gleichförmigkeit verdeckt oft den Blick für die Persönlichkeit, die Individualität des einzelnen Mongoloiden. Als Mutter wird mir der Hinweis auf diese oder jene Eigenart, die als typisch mongoloid gilt, nützen, mir vielleicht falsche Reaktionen ersparen oder sie mir entdecken, individuelle Eigenarten meines Kindes muß ich hinter den allgemeinen mongoloiden Zügen selbst aufspüren.

Man könnte denken, daß die Unterschiede in der Behandlung geistig behinderter und normaler Kinder nur graduelle sind. Und man könnte dabei vor allem auf die Tatsache verweisen, daß die Vermittlerrolle des Erziehers beim normalen Kind ihr Ende mit der Selbständigkeit des Kindes findet, das behinderte Kind aber zeitlebens auf vermittelnde Hilfe angewiesen bleibt. Hinter Überlegungen dieser Art steht die Auffassung vom mongoloiden Menschen als einem lebenslangen Kleinkind: Man erklärt sich die Situation des geistig Behinderten so, als sei hier ein Mensch auf einer kindlichen Entwicklungsstufe stehengeblieben. Wir wissen inzwischen, daß diese Auffassung nicht nur falsch, sondern verfälschend ist, da sie den Weg zur Eigenart dieser Menschen verstellt. Ihr können wir nur nahe kommen, wenn wir bereit sind, soweit wir vermögen, die gewohnten Bahnen unseres Denkens, die Normen, nach denen wir Urteil zu fällen und Erfahrungen anzuwenden gewohnt sind, zu verlassen – das heißt, den Vergleich mit der normalen kindlichen Entwicklung zu vermeiden.

»Was in Ihrem Leben wäre anders verlaufen, wenn dieses Kind als ein normales zur Welt gekommen wäre?« Wenn man diese Frage den Eltern geistig behinderter Kinder stellt, dann ist die Antwort oft ein tiefer Seufzer: »Ja, sehr viel«, »alles«. Im Verlauf des Gesprächs wird dann schnell deutlich, was gemeint ist: Besser wäre es geworden, viel besser, richtiger, so wie es hätte sein sollen.

Das behinderte Kind als Hindernis – das Lebensgefühl der meisten Eltern wird davon ausgefüllt. Es gibt viele Wege an diesem Hindernis vorbei. So viele Wege, wie es Eltern gibt, die sich durch das anomale Kind in ihrem Leben behindert fühlen. Die Abwehr von gewohnheitszerstörenden Einbrüchen in ein Leben nimmt um so deutlichere Formen an, je stärker dieser Einbruch empfunden wird. Die Geburt eines nicht normalen Kindes ist ein sehr tiefer Einschnitt in das Gefüge aus Gewohnheit, Anpassung, Konformität und wird von den Betroffenen entsprechend beantwortet. Die Situation zu ignorieren ist eine Form davon ebenso wie die übersteigerte Fürsorge, die Resignation bis hin zu Lethargie und Apathie ebenso wie die Wehleidigkeit, das Selbstmitleid, die Isolierung und Einsamkeit ebenso wie die hektische Betriebsamkeit, das Ablenken um jeden Preis, die rastlose Aktivität im Suchen und Ergreifen jeder Art von »Förderungsmöglichkeit« ebenso wie das Abschieben ins Heim.

Es lassen sich auch subtilere Formen der Abwehr beobachten: der Hochmut zum Beispiel, in den der Schmerz über den Schicksalsschlag abgeleitet wird: Die Unvergleichlichkeit des eigenen Leidens erhebt einen über das Leiden anderer. In dieser Haltung wird etwas deutlich, was, wie ich glaube, nicht mehr nur damit erklärt werden kann, daß das Kind als Hindernis empfunden wird. Der Eindruck ist nicht so selten, daß sich der solchermaßen vom Schicksal Getroffene gleichsam zum Leiden legitimiert fühlt. Dieses Bewußtsein schafft einen fruchtbaren Boden für jene Alibis, die sich so oft zu den großen Lebenslügen auswachsen. Das Kind wird als Vorwand benutzt, hinter dem sich manches ungestraft ausleben läßt, das unter anderen Umständen schlimme Folgen hätte, es wird zur Entschuldigung für vieles, das nicht erreicht wurde, für Versagen, Scheitern; in vielen Fällen ist der Hinweis auf die Belastung durch das Kind willkommen und schnell bei der Hand, um sich von Vorwürfen, von Schuld, von Verantwortung für die Fehler eines Lebens zu entlasten.

Sicher ist eine Haltung sehr selten, in der das mongoloide Kind in seiner Eigenart nicht nur bejaht, sondern in der sein Leben als eine unvergleichliche Gelegenheit begriffen und ergriffen wird, dem »normalen« Leben, dem Leben in der Norm, eine Dimension hinzuzufügen, in der möglich erscheint, was ihm versagt ist. Nicht vielen Eltern scheint es gegeben, diese unvergleichliche Chance zu ergreifen, die ihnen mit ihrem geistig behinderten Kind geschenkt wird. Aber, auch das muß betont werden, nur wenige Eltern erscheinen ganz unberührt davon. Zumindest gelegentlich klingt in vielen Gesprächen eine Ahnung von dem auf, was »so ein Kind« in die Welt bringt. Diese Haltung dem mongoloiden Menschen gegenüber schließt das Staunen vor dem Wunder seiner Erscheinung mit ein: In ihm sehen wir etwas von unseren besten Möglichkeiten verwirklicht.

Und so kann ein Brief an Dich, Coco, zu Deinem einundzwanzigsten Geburtstag, nicht anders enden als mit einem Dank für diese einundzwanzig Jahre. Für die vielen heiteren und glückli-

chen ebenso wie für die vielen schmerzlichen und schwierigen Tage mit Dir, ja auch und gerade für sie; denn nicht nur, daß jeder Schmerz, den wir durch Dich erlitten haben, tausendfach vergolten wurde durch die Liebe, die Du uns entgegenbringst – Du hast uns ja nie vorsätzlich weh getan, und das ist nun wirklich ein besonderer Grund zur Dankbarkeit, mit einem Menschen leben zu dürfen, der das nicht kann: dem anderen willentlich Leid zufügen, und der dafür die unvergleichliche Fähigkeit hat, das Leid anderer mitzutragen. In der schmerzlichsten Zeit, die wir miteinander erlebt haben, nach dem plötzlichen Tod Deines Vaters, da flüchteten alle, die Kleinen wie die Großen, zu Dir; Du lehrtest uns durch die unerschütterliche Sicherheit, mit der Du die Verbindung mit dem, der da gegangen war, weiterlebtest, daß die Liebe nicht aufhört mit dem Tod. Das hast Du geschafft, heiter-gelassen, ohne jede Anstrengung, unvergessen für alle, die es erlebten – und kannst doch keine Schleife binden und kein Wort lesen, und Zahlen sagen Dir nichts. Aber daß Du erwachsen bist, daran besteht für uns kein Zweifel. Und so bin ich auch sicher, daß wir die Probleme, die jetzt auf uns zukommen, wenn Du, ja auch Du, Dich nun von der Familie lösen und Deinen Platz in der Welt suchen wirst – daß wir diese Probleme mit Deiner Hilfe bewältigen können. Es wird eine neue, spannende Zeit mit Dir werden. Ich freue mich darauf!

Verena Kast

Wenn Kinder sterben

Verena Kast, geboren 1943. Psychotherapeutin in eigener Praxis in St. Gallen, Dozentin am C. G. Jung-Institut in Zürich und Privatdozentin an der Zürcher Universität. Veröffentlichungen unter anderem: Trauern. Phasen und Chancen des psychischen Prozesses, 1982; Paare. Wie Götter sich in Menschen spiegeln, 1984.

Eine Mutter, die vor sieben Jahren ihr damals fünfjähriges Kind verloren hatte, sagt noch heute: »Ich denke immer noch an dieses Kind. Es beschäftigt mich noch immer. Unsere anderen Kinder machen uns viel Freude, sie scheinen das Ganze auch besser verkraftet zu haben als wir. Aber mein Mann und ich, wir kommen nie wirklich darüber hinweg. Es ist wie eine Wunde, die sich nie richtig schließt. Ein Kind dürfte doch einfach nicht sterben. Wir fragen uns heute noch, ob wir nicht doch besser hätten aufpassen können (das Kind lief in ein Auto hinein) oder ob wir für etwas gestraft werden sollten.«

In der Aussage dieser Mutter ist vieles enthalten, was ich als Psychotherapeutin im Zusammenhang mit dem Verlust von Kindern immer wieder zu hören bekomme. Der Tod eines mit uns in irgendeiner Weise verbundenen Menschen ist immer schwer zu akzeptieren. Den Tod eines Kindes können wir aber fast nicht verkraften.

Wir wissen, daß alte Menschen sterben. Auch das erfüllt uns mit Trauer; aber wir können akzeptieren, daß das der Gang des Lebens ist. Da ist ein erfülltes Leben, der alte Mensch ist vielleicht gar in einem guten Sinne lebenssatt, und dann stirbt er. Der Kreislauf seines Lebens hat sich geschlossen, das Leben ist ein abgerundetes Ganzes. Dennoch haben die Zurückbleibenden die Beziehung zu ihm und die daraus erwachsenden Möglichkeiten und Probleme, wie sie war, verloren; sie müssen sich von diesem Verstorbenen in einem Trauerprozeß ablösen.

Gerade dieses Gefühl des abgerundeten Lebens fehlt uns natürlich, wenn ein Kind stirbt. Da wird ein Leben, von dem wir denken, daß es sich entfalten können müßte, ein Leben in der Phase des Aufbrechens, bereits wieder gelöscht, manchmal sogar schon im Mutterleib. Und die ganze Zukunft, die wir mit diesem Kind verbinden, kann nicht gelebt werden. Das widerspricht unserer Vorstellung von der Zeit des Todes. Wir sprechen deshalb auch vom »Tod vor der Zeit« und meinen damit nicht nur den Tod von Kindern, sondern auch den Tod von erwachsenen Menschen, der uns zu früh einzutreten scheint.

Kinder sind ein Versprechen für die Zukunft, und sie haben im allgemeinen auch die Zukunft vor sich, ihnen »gehört die Zukunft«. Das ist auch daran ersichtlich, daß sich schon um das

Kind im Mutterleib viele Phantasien ranken, Phantasien, die dann im Laufe des realen Lebens des Kindes mit seinen realen Möglichkeiten zusammenprallen. Aber auch im Umgang mit Kindern fällt immer wieder auf, daß nicht so sehr von der Vergangenheit gesprochen wird, sondern von der Zukunft. Wir fragen, wie das Kind sich einmal sein Leben vorstellt, wir fragen es nach seinen Visionen von seinem zukünftigen Leben. Mit der Zukunft, die die Kinder verkörpern, sind Hoffnungen verbunden, ausgesprochene und unausgesprochene. Sehr oft hoffen wir doch, daß im Leben der Kinder sich erfüllt, was uns versagt geblieben ist. Auch möchten wir durch unsere Kinder hindurch weiterleben, wenn wir einmal gestorben sind.

Wenn ein Kind stirbt, sterben alle diese Hoffnungen mit, die Hoffnungen, die wir für das Kind hatten, die Hoffnungen, die wir für uns mit der Existenz des Kindes verbunden haben. Wir sind sehr getroffen in unserem Weltverständnis, das dem Kind die Zukunft, das Gestalten der Zukunft zugesteht, das es als Träger von einer Fülle von neuen Lebensmöglichkeiten sieht, die dann, in der Auseinandersetzung mit dem realen Alltag des Kindes, die Gestalt seines je eigenen Lebens annehmen. In dieser unserer ganzen menschlichen Gewißheit, daß Anfangssituationen sich entfalten dürfen, werden wir verunsichert, wenn ein Kind stirbt, es gibt uns ein Gefühl der Ungerechtigkeit, vielleicht sogar der Wut auf ein Leben, das Kinder sterben läßt. Natürlich wissen wir, daß Menschen zu jeder Zeit ihres Lebens sterben können; aber stillschweigend nehmen wir doch an, daß es dann sein wird, wenn sie alt und lebenssatt sind.

Sterben Kinder, dann haben wir den Eindruck, daß etwas nicht stimmt, vielleicht auch, daß wir etwas falsch gemacht haben. Wir beginnen, unsere Schuld an diesem Tod zu suchen. Es gehört ja auch zu unserem Leben, daß wir Kinder schützen, daß wir diese aufbrechenden Lebensmöglichkeiten sorgsam hüten, dem Kind auch vermitteln, wo ihm Gefahren drohen. Aber auch dann, wenn ein Kind etwa an einer Krankheit stirbt, vor der wir es nach menschlichem Ermessen nicht schützen konnten, fragen wir uns, was wir falsch gemacht haben, oder wir fühlen uns bestraft.

Dazu noch einmal die Mutter, die ich eingangs zu Wort kommen ließ: »Man muß doch irgendeine Erklärung dafür haben, wenn ein Kind stirbt. Ich fühle mich einfach bestraft. Man hat mir das Kind weggenommen. Ich fühlte mich nicht vom Autofahrer bestraft, der konnte nichts dafür – und der ist auch bestraft. Dem geht es auch heute noch nach. Ich fühle mich vom Schicksal bestraft, oder von Gott. Aber ich weiß heute noch nicht, wofür. Die Strafe steht in keinem Verhältnis zu den Vergehen, die ich in meinem Leben begangen habe.«

Wir können nicht akzeptieren, daß ein Leben auch früh abgerundet sein kann, und deshalb suchen wir Sinnzusammenhänge. Und da offenbar als Strafe erlebt werden kann, wenn einem ein Kind durch den Tod weggenommen wird, so wie man uns als Kinder zur Strafe vielleicht auch etwas weggenommen hat, wird ein Grund gesucht, warum man bestraft werden sollte, wird eine Macht gesucht, die bestraft, sucht man Gründe bei sich, womit man eine Strafe verdient hat. Das zeigt, wie sehr uns ein solcher Verlust quält, aber auch, wie sehr wir einer Erklärung bedürfen, um den Sinn eines solchen Todes zu verstehen, anders ausgedrückt: Wie unsinnig er uns erscheint.

Diese Reaktion zeigt uns aber auch, wie sehr wir uns für unsere Kinder verantwortlich fühlen, wie sehr wir eine Verantwortung übernehmen, die unsere Kräfte weit übersteigt. Bestimmt ist es unsere Aufgabe, die Kinder zu schützen; aber es liegt niemals in unserer Hand, sie vor allem zu bewahren. Wir wissen auch letztlich nie, was ihr Schicksal ist. Das Erleben, daß ein Kind vor der Zeit stirbt – nach unserem Ermessen –, daß hier ein Mensch stirbt, mit dem man noch vieles erleben möchte, mit dessen Leben man immer mehr noch verwachsen möchte, aber auch, daß hier ein Mensch stirbt, der das in ihm angelegte Leben noch gar nicht zur Entfaltung gebracht hat, macht es so schwierig, den Verlust eines Kindes zu betrauern. Die fast immer damit verbundenen Schuldgefühle – schuldig bleiben wir einander stets etwas –, die dazukommen, machen es fast unmöglich, in den Verlust einzuwilligen. Das bedeutet aber auch, daß immer ein Schatten über unserem Leben hängt, daß dieser Verlust uns innerlich immer bestimmt.

In einem Trauerprozeß, wie er üblicherweise beobachtet werden kann, folgt einem ersten Erstarrtsein über den Verlust, einer Phase, in der man den Verlust als unwirklich abtut, eine

Phase, in der die verschiedensten Emotionen aufbrechen: Schmerz über den Verlust, Wut, Gefühle der Angst und der Schuld, aber auch Gefühle der Liebe zum Verstorbenen. Diese Phase kehrt immer einmal zyklisch wieder. Sie mündet in eine dritte Phase, in der man herauszufinden versucht, was durch das Leben mit dem Verstorbenen im eigenen Leben sich verändert, was der verstorbene Mensch in unser Leben gebracht, was er aus uns herausgeliebt hat. Dazu ist es notwendig, daß wir uns den Lebensweg, den wir mit einem Verstorbenen gegangen sind, in unserer Erinnerung zurückrufen, mit den Schwierigkeiten, mit den besonders geglückten Begegnungen, aber auch mit dem gelebten Alltag. In dieser Phase werden auch Wünsche, die der Verstorbene uns eigentlich erfüllen sollte, deutlich als eigene Wünsche erlebt, die wir vielleicht auch selbst erfüllen sollten.

Hier stellt sich beim Betrauern des Verlustes eines Kindes ein sehr großes Problem: Wir können unmöglich diese ganze Hoffnung auf Zukunft, die wir mit dem Leben eines Kindes verbinden, in unserem Leben selbst einlösen; denn das Kind ist ja das Versprechen für einen Neubeginn des Lebens, der für die Eltern in dem Maße nicht mehr möglich ist.

Aus dieser Situation heraus wird recht oft die Hoffnung auf einen Neubeginn dann auf ein anderes Kind übertragen. So erzählt ein 45jähriger depressiver Mann: »Ich hatte einen Bruder, der starb mit drei Jahren an einer geheimnisvollen Krankheit. Kurz darauf wurde die Mutter mit mir schwanger. Ich erlebte von frühester Kindheit an, daß ich immer mit dem verstorbenen Bruder verglichen wurde, immer wurde mir gesagt, er wäre so viel fröhlicher, so viel mutiger, so viel intelligenter als ich gewesen. Noch heute kommt es mir vor, als hätten die Eltern für diesen wunderbaren Bruder, der ihnen genommen wurde, einen schlechten Ersatz bekommen.«

Das ist eine Erfahrung, die oft geschildert wird. Ein Kind ist gestorben, die Eltern bekommen wiederum ein Kind, sind glücklich darüber, erwarten dann aber unbewußt, daß dieses Kind das verstorbene ersetzt, und lassen dem nachgeborenen Kind nicht die Möglichkeit, sein eigenes Wesen wirklich zu zeigen, das ja durchaus sehr verschieden sein kann von dem des verstorbenen Kindes. Das bedeutet aber für ein Kind, daß es von Anfang an nicht es selbst sein darf.

Dazu kommt, daß bei der Trauer um Kinder sehr oft auch gerade in dieser dritten Phase, in der es darum ginge, Schwierigkeiten, die man mit einem Kind gehabt hat, sich noch einmal bewußt einzugestehen, gerade das nicht zugelassen wird. Noch deutlicher und vor allem länger als in den Trauerprozessen um erwachsene Menschen wird das verstorbene Kind idealisiert, sieht man, ist es einmal tot, nur noch seine besten Seiten. Auch werden Verstorbene ja nicht mehr älter: Das bedeutet in dem geschilderten Fall, daß der quengelnde Dreizehnjährige mit dem in der Erinnerung nur sonnigen Dreijährigen verglichen wurde. Der Mann erinnert sich daran, wie sein Vater ihm einmal, als er in der Pubertät einen Anflug von Revolte zeigte, sagte: »Peter (Name des verstorbenen Bruders) hätte uns in der Pubertät niemals diese Schwierigkeiten gemacht. Mit ihm wäre alles glatt verlaufen, er hätte meine Interessen geteilt, hätte mir bei meinen Arbeiten geholfen.« Solche Aussprüche, die den Analysanden hilflos machten, ohnmächtig und wütend zugleich, zeigen, wie sehr ein verstorbenes Kind in der Phantasie mitlebt, wie sehr aber auch die idealisierte Erinnerung eine phantasierte Entwicklung bestimmt.

Auch bei Eltern, die ein nächstes Kind zum Ersatz für ein verstorbenes Kind erklären, findet nicht wirklich eine Ablösung statt, wird letztlich nicht in den Verlust eingewilligt. Dieses Einwilligen in den Verlust ist aber eine Voraussetzung dafür, daß Eltern sich wirklich ablösen können, daß die verstorbenen Kinder auch wirklich losgelassen werden können. Das meint natürlich nicht, daß sie dann vergessen sind. Verstorbene Kinder, die vergessen sind, sind Anzeichen dafür, daß man dieses schreckliche Erlebnis einfach verdrängt hat, abgespalten hat als etwas, von dem man nicht sprechen, was man eigentlich gar nicht wissen darf. Da erfahren dann plötzlich erwachsene Kinder, daß sie eigentlich noch eine Schwester gehabt haben, daß sie aber »vor ihrer Zeit« gestorben ist. Natürlich spielen auch diese verschleierten Verluste, mehr noch als die, von denen man sich nicht lösen kann, eine große Rolle im Leben der Familien. Da ist ein belastendes Geheimnis, das nicht offengelegt wird – und das stört.

Der Tod eines Kindes, ob man sich nun vom Kind ablösen kann oder nicht, belastet immer den Umgang mit den lebenden Kindern. Diese werden besorgter behandelt, als wenn die Familie keinen Verlust eines Kindes kennt. Das kann sich natürlich positiv auswirken, kann aber auch dazu führen, daß zuviel Besorgtheit und damit auch zuviel Ängstlichkeit in die Beziehung zu den Kindern hineingetragen wird. Von den Eltern her verständlich aus der Sorge heraus, ihre Kinder noch besser schützen zu wollen. Von den Kindern her wird diese Ängstlichkeit als für sie hemmend empfunden, sie erleben, daß man im Leben immer aufpassen muß, daß man sich nicht einfach einmal dem Leben hingeben darf.

Das ist wohl die schwerstwiegende Folge des Verlustes eines Kindes für die Geschwister dieses Kindes: Sie erfahren sehr früh, daß es Tod gibt, auch für sie als Kinder, nicht nur für erwachsene Menschen, sie spüren eine Bedrohung, die das Vertrauen ins Leben erschwert.

Eine junge Frau hatte in der zwanzigsten Schwangerschaftswoche eine Fehlgeburt. Sie war sehr enttäuscht, hatte sie sich doch das Kind sehr gewünscht. Sie schämte sich aber auch, weil sie das Gefühl hatte, als Mutter versagt zu haben, nicht einmal fähig zu sein, ein Kind lebendig auf die Welt zu bringen. Das Kind hatte sie nicht gesehen. Man wollte sie offenbar nicht mit dessen Anblick konfrontieren, man wollte sie schonen. In der Folge begann sie immer mehr, sich mit diesem verlorenen Kind zu beschäftigen. Sie hatte sich während der Schwangerschaft schon immer das Kind vorgestellt, wie es in ihr wuchs, hatte schon viele Phantasien darüber, wie das Leben mit diesem Kind sein sollte. Sie freute sich nicht nur auf das Kind, sie hatte auch Angst vor den Veränderungen, die sich ergeben würden. Sie fragte sich, wie dieses Kind dann wohl aussehen werde. Ihr Mann und sie holten die eigenen Kinderbilder hervor und beschäftigten sich indirekt auch mit der frühesten Zeit ihres eigenen Lebens und dem des Partners.

Jetzt – nach dem Verlust – wußte sie plötzlich nicht mehr so recht, wie sie sich dieses Kind vorstellen sollte. Sie hatte den Eindruck, alles um dieses verlorene Kind sei so irreal geworden. Ein Jahr später wurde sie wieder schwanger. Da wurde sie plötzlich von Ängsten geplagt, sie könnte ein Monstrum im Bauch haben, ein ganz und gar anormales Kind. Mit diesen Ängsten kam sie in die Therapie. Jetzt erst wurde deutlich, daß sie das Kind, das sie verloren hatte, in ihrer Phantasie als etwas Monströses sah, als etwas Geheimnisvolles, Unheimliches, Erschreckendes. Hätte sie das tote Kind gesehen, hätte ihre Phantasie einen realen Ansatzpunkt gehabt, hätte sie wohl auch bewußter Abschied nehmen können. Nun aber fixierte sich die Angst davor, daß sie das Kind wiederum verlieren könnte, in diesen Bildern von einem Monstrum, die sie natürlich wiederum erschreckten. Solche Erfahrungen, die nicht vereinzelt dastehen, regen an, Müttern Gelegenheit zu geben, auch ihre totgeborenen Kinder zu sehen, um von ihnen Abschied nehmen zu können.

Das gilt ebenso, wenn ein Kind bei oder kurz nach der Geburt stirbt. Eine Mutter, die drei lebende Kinder hat, deren erstes Kind aber tot geboren worden ist, sagt noch fünfzehn Jahre nach dieser Totgeburt bedauernd: »Ich sehe nur ein Kindersärglein vor mir, wenn ich an mein erstes Kind denke, und ich weiß heute eigentlich noch nicht, ob das Kind wirklich gestorben ist, oder ob man es mir einfach entführt hat.«

Das ist ein deutlicher Hinweis darauf, daß diese Frau nicht wirklich trauern konnte; sie ist in der Trauer um dieses Kind in der ersten Trauerphase geblieben, in der das Gefühl dominiert, der Verstorbene sei gar nicht tot. Wenn nicht Abschied genommen werden kann, wenn das tote Kind nicht erlebt werden kann als totes Kind, dann bekommt es keine Realität. Die konkrete Realität ist hier auf den Kindersarg übertragen worden, den die Mutter gesehen hat. Auch sie hätte es wohl viel leichter gehabt, hätte man ihr das tote Kind gezeigt und hätte man sie sich zusammen mit ihrem Mann von ihm verabschieden lassen.

Natürlich ist der Moment, wenn Eltern ihr totes Kind sehen, sehr schmerzhaft. Aber hier setzt ein heftiger Trauerprozeß ein, der mithilft, den Verlust zu verarbeiten. Hier werden Eltern auch damit konfrontiert, daß das Kind wirklich tot ist, hier können sie auch liebevoll Abschied nehmen. Wenn Eltern die totgeborenen Kinder nicht gezeigt werden, dann hängt das damit zusammen, daß man sie schonen, daß man ihnen diesen schmerzhaften Moment ersparen will. Diesen Schmerz kann man ihnen aber nicht ersparen, mit dieser Schonhaltung schafft man ihnen im Gegenteil viele Probleme für die nachfolgende Trauerarbeit, die für die psychische Gesundheit sehr wichtig ist.

Man sollte meinen, daß das Erlebnis des Todes eines Kindes die Eltern in ihrem Leiden noch mehr zusammenwachsen lassen müßte. Sehr oft tritt jedoch das Gegenteil ein. Der Verlust belastet zusätzlich die Partnerschaft.

Dazu ein Beispiel: Eine Frau kommt in Therapie, weil sie von Zeit zu Zeit ein körperlich nicht erklärbares Zittern am ganzen Körper befällt. Auf den großen zeitlichen Abstand der Geburt ihrer beiden Kinder angesprochen, erzählt sie davon, daß sie vor vielen Jahren ein Kind verloren hat. Es war ein besonders lebhaftes und trotziges Kind gewesen, das ihr viel Mühe bereitet hatte, im Gegensatz zu einem älteren Geschwister, das sehr gefügig gewesen sei. Dieses Kind habe sich auf einem Spaziergang auf einer wenig befahrenen Straße von ihrer Hand losgerissen, da sei gerade ein Motorrad gekommen und habe das Kind gestreift. Es fiel so unglücklich mit dem Kopf auf den Randstein, daß es auf der Stelle tot war. Aber das sei jetzt ja schon Jahre her. Sie habe dann auch noch einmal ein Kind bekommen. Bloß die Beziehung zu ihrem Mann habe sich seither massiv verschlechtert, sie hätten sich kaum mehr etwas zu sagen.

In einem Gespräch mit dem Paar stellte sich heraus, daß der Mann der Ansicht war, er habe um das Kind getrauert, für ihn sei das alles vorbei; seine Frau sei damals wie versteinert gewesen, es sei schon denkbar, daß sie noch trauern müßte. Ich bat die beiden, Fotos von diesem Kind zu den Gesprächen mitzubringen. Es gab keine Fotos bei ihnen im Haus, sie hatten sie nach der Beerdigung verbrannt. Eine Großmutter hatte Fotos. Die beiden sahen die Fotos an – eines, auf dem das Kind freudestrahlend auf den Vater zulief. Da brach es aus dem Vater heraus: »Du hast nicht aufgepaßt, dieses Kind war mein ein und alles, du hast es mir nicht gegönnt, du hast genau gewußt, was es für mich bedeutet hat. Du bist schuld daran, daß das Kind gestorben ist.«

Durch diesen Ausbruch wurde deutlich, daß der Tod dieses Kindes zwischen den beiden stand, daß der Mann aber auch mit einer ungeheuren Härte die ganze Schuld am Tod des Kindes seiner Frau zuschob, ihr eigentlich zu verstehen gab, daß sie aus Eifersucht nachlässig gewesen sei.

Für die Frau war dieser Ausbruch ihres Mannes entlastend und belastend zugleich. Entlastend, weil endlich die »frostige Wand« zwischen ihnen nicht mehr bestand; belastend, weil sie alle Schuld am Tod des Kindes zugeschoben bekam. Sie wehrte sich dagegen, räumte aber ein, daß es für sie schwer gewesen sei, sich in dieses Kind einzufühlen, daß sie wirklich manchmal eifersüchtig gewesen sei auf ihren Mann, der so viel besser mit diesem Kind als mit ihr habe umgehen können. Wenn sie jetzt zurückdenke, dann denke sie auch, sie hätte wohl noch mehr aufpassen müssen; aber sie habe doch an nichts Böses gedacht. Während die Frau dies sagte und Schuldgefühle formulierte, die sie jahrelang einsam mit sich herumgetragen hatte, saß der Mann unbewegt da und formulierte immer wieder, fast versteinert: »Das gibt es einfach nicht. Man muß immer aufpassen, du hast es absichtlich getan.«

Ich deutete ihm seine unmenschlich fordernde Haltung der Frau gegenüber als Ausdruck seines großen Schmerzes, den er nicht zulassen könne; es könne doch nicht sein Ernst sein, daß er meine, daß man ein so lebendiges Kind immer unter Kontrolle halten könne. Und die Frage von Leben oder Sterben könne auch nicht nur eine Frage der Kontrolle sein. Da brach wieder der Schmerz aus ihm heraus, diesmal drückte er aber vor allem aus, was er alles mit diesem Kind verloren hatte. Für ihn war das Kind die Verkörperung eines Lebensmutes, den er bei sich immer vermißte und der auch ihn erfaßte, wenn er mit dem Kind beisammen war. Auf diesen Ausbruch hin suchte die Frau auch nicht mehr Schuldgefühle, sondern begann ebenfalls, von diesem Kind zu erzählen. Auch sie redete sich in Begeisterung hinein. Jetzt betrachteten sie miteinander die Fotos, fingen an, einander zu erzählen: »Weißt du noch ...« Viele Erlebnisse mit dem Kinde wurden lebendig, viele Schwierigkeiten auch, die sie mit ihm hatten. Bei diesem Erinnern stellte sich dann heraus, daß die Mutter auch sehr viel Freude an diesem für sie schwierigen Kind gehabt hatte und der Vater durchaus auch Schwierigkeiten, trotz der großen Freude.

Als dem Mann auch emotionell einfühlbar geworden war, daß seine Frau genauso wie er sehr viel mit diesem Kind verloren hatte, hörte er auf, ihr immer wieder zu sagen, daß sie schuld sei an allem. Sie konnten einander versichern, daß *beide* sehr viel verloren hatten, und den Schmerz darüber zulassen. Jetzt konnten sie miteinander weinen, mußten ihren Schmerz nicht gegeneinander abschirmen. In einer nächsten Phase versuchten sie herauszufinden, was dieses Kind in der kurzen Lebenszeit, die ihm vergönnt war, in den Eltern alles bewirkt, alles verändert hatte. Den beiden wurde dabei bewußt, daß das Kind am ehesten mit ihnen weiterlebt, daß sein Leben am sinnvollsten noch ist, wenn sie das, was das Kind in ihnen ausgelöst hat, so gut wie möglich in ihrem Leben mitleben lassen.

Bei einem so frühen Tod verlieren nicht nur Eltern ein Kind, Geschwister verlieren dann den Bruder oder die Schwester. Der achtjährige Heinz hatte Leukämie. Er starb, als er zehn Jahre alt war. Er hatte einen älteren Bruder und eine jüngere Schwester. Während der Krankheit begannen die Geschwister, mit heftiger Eifersucht auf den Bruder zu reagieren. Auf ihn wurde Rücksicht genommen, er bekam Geschenke von allen möglichen Seiten, sie nicht. Sie mußten immer in die Schule gehen, er nicht. Seinetwegen waren die Eltern ständig bedrückt, wurden Ferienpläne kurzfristig geändert und so weiter. Es gab aber auch andere Situationen. Etwa: wenn Heinz seinen Geschwistern sein Lieblingsspielzeug »vererbte«, falls er sterben sollte, und wenn alle drei darüber sprachen, wie es wohl im Himmel sein werde. Aber Heinz war den Geschwistern doch eher fremd geworden, sie gingen, sooft sie konnten, außer Haus und spielten mit anderen Kindern. Der ältere Bruder schloß sich dabei auffallend an einen Freund von Heinz an.

Als Heinz starb, atmeten die Geschwister innerlich auf und erinnerten die Eltern daran, daß sie jetzt wieder leben möchten wie eine normale Familie. Doch der größere Bruder bekam plötzlich Schuldgefühle. Mit seiner Großmutter sprach er darüber, daß er doch manchmal gewünscht habe, daß sein Bruder entweder wieder ganz gesund werde oder sterbe. Ob dieser Wunsch vielleicht schuld sei, daß Heinz gestorben sei? Die Großmutter nahm seine Sorge liebevoll auf, sagte ihm, daß solche Gedanken verständlich seien in dieser Situation, daß es auch einfühlbar sei, daß sie eifersüchtig auf Heinz gewesen seien, daß diese Wünsche aber sicher nichts zum Ausgang der Krankheit beigetragen haben... Die Kinder wollten genau wissen, was mit Heinz im Grab nun weiter geschehe und wo seine Seele sein könnte... Mit den Eltern sprachen sie erst sehr viel später über Heinz. Auffallend war, daß sie die Spielsachen, die ihnen Heinz vererbt hatte, mit größerer Sorgfalt behandelten als ihre eigenen. Der ältere Bruder behielt ein sehr nahes Freundschaftsverhältnis zum Freund des verstorbenen Bruders. Es sieht so aus, als würde dieser ihm seinen Bruder ersetzen. Das scheint ein bei Kindern sehr oft zu beobachtendes Verhalten zu sein – wie überhaupt auffällt, daß Kinder sich sehr dem Leben zuwenden, wenn der Tod in ihrer Familie erlebt wird. Es werden aber immer wieder auch Fragen nach dem verstorbenen Geschwister gestellt, Fragen danach, ob sie selbst ebenfalls in Gefahr sind zu sterben und so weiter.

Mir scheint wesentlich zu sein, daß man sich in der Familie mit diesen Fragen so intensiv wie möglich auseinandersetzt, auch wenn dies die Eltern, die selber noch unter dem Verlust leiden, zu überfordern scheint. Diese Fragen bieten der Familie als ganzer Gelegenheit, miteinander die Gefühle des Schmerzes immer wieder auszudrücken, aber auch Erinnerungen an das verstorbene Kind lebendig werden zu lassen. Zudem wird so den Kindern vermittelt, daß auch schwere Erlebnisse miteinander geteilt werden können – und dann doch etwas leichter zu ertragen sind.

Christa Dericum

Adoption beendet

Christa Dericum, Dr. phil., lebt im Allgäu und in Schwerte. Studierte Geschichte, Soziologie und Kunstgeschichte in Heidelberg und Ann Arbor, Michigan/USA. Verlagslektorin und Rundfunkredakteurin; seit 1968 freie Schriftstellerin. Schwerpunkt Sozial- und Kulturgeschichte des Mittelalters und der beginnenden Neuzeit, Demokratiegeschichte und Anarchismus. Schrieb unter anderem: Fritz und Flori – Tagebuch einer Adoption, 1976.

Da weiß man ja nie, was für ein Blut das ist«, sagten die einen; »Sie werden das schon schaffen«, die anderen – und meinten das Milieu. Wir setzten aufs Milieu. Wir waren entschlossen, zwei Kinder zu adoptieren, gleichzeitig.

In der Zeitung, die die beiden in der Heiligabendausgabe vorgestellt hatte, hieß es: »Wer aber zwei kleine Söhne haben will ...« Wir *wollten* zwei kleine Söhne haben. Der eine war fünfeinhalb, der andere dreieinhalb Jahre alt. Sie hatten dieselbe Mutter. Die Frau hatte die Kinder jeweils nach der Geburt im Krankenhaus zurückgelassen und war irgendwohin gegangen. Sie war geschieden und nirgends registriert. Fritz war ihr achtes, Flori ihr zehntes Kind. Vom Vater oder den Vätern der Söhne weiß man nichts. Die Kinder kamen in dasselbe städtische Heim. Sie waren evangelisch getauft. Bis zum Tag ihrer Begegnung mit uns wußten sie nicht, daß sie Brüder waren.

Wir wollten sie haben, das stand fest, nachdem wir sie zum ersten Mal gesehen hatten. Fritz, mit strähnigen, dunkelblonden Haaren und grüngrauen Augen, hockte ängstlich auf seinem Bett, schmal, viel kleiner als seinem Alter entsprechend. Was er sagte, konnten wir nicht verstehen. Er spreche noch schlecht, sagte die Heimleiterin. Der dunkellockige Flori schaute uns mit großen schwarzen Augen an. Dann kroch er unter sein Bett und verlangte wortreich von seinem zukünftigen Papi, er solle ihn da rausziehen. Die umstehenden Kinder übersetzten uns seine Sprache.

Die emotionalen Störungen waren unverkennbar, und wir wußten wohl, daß die Schwierigkeiten groß und die Prognosen schlecht waren. »Kinder jenseits des dritten Lebensjahres haben kaum eine Chance, die Entwicklungsrückstände aufzuholen«, sagte uns eine Psychologin, die mit emotional gestörten Kindern arbeitete. Sie verwies auf die umfangreiche Literatur. Was wir lasen, war entmutigend: Unsere Kinder hatten fast alles entbehren müssen, was einem Kleinkind in einer normalen Familie selbstverständlich zukommt: die Wärme von Umarmung und Körperberührung, Geborgenheit, Zuwendung, Hilfe, wenn sie sie brauchten, Verläßlichkeit in der Begegnung mit stets wiederkehrenden Personen, »Bezugspersonen« genannt. Umsorgt und behütet dabeisein, wenn Erwachsene und ältere Kinder ihren alltäglichen Verrichtungen nachgehen, sprechen hören, lachen, singen, schimpfen, Zeichen der Trauer spüren, angesprochen sein und einbezogen – dies alles ist ihnen entgangen. Der Kleinere war mit seinen dreieinhalb Jahren noch nie in einem Geschäft, er hatte keine Lichtschalter betätigt, wußte nicht, was ein Herd ist und was ein Hammer, geschweige denn ein Nachbar, Großvater oder Bruder. Nur was mit Reinlichkeit zu tun hat, kannten beide genauestens: nicht in die Hosen machen, runterspülen, Hände waschen, nicht schmutzig machen, abwischen, saubermachen, Staub saugen, wischen, Betten machen, Pißpott leeren. Für all dies hatten sie Wörter und Namen, und die hierfür zuständigen Personen blieben die ganzen ersten Lebensjahre lang für die dreiundzwanzig Kinder in der Gruppe die einzigen Bezugspersonen. Spielen und aufräumen war ein anderer Bereich, aber nur am Rande, denn aus dem Spielen wurde meistens nichts, weil zu viele Kinder dieselben Sachen haben wollten.

Fritz hatte einen Intelligenzquotienten von 73. Das sei hart an der Grenze zum Schwachsinn, sagte man uns. Aber lassen sich die Bedingungen mitmessen, unter denen die Kinder leben? Was bedeutet der Intelligenzquotient? Steht er denn ein für allemal fest?

Wir betonten, daß wir nichts darauf geben. »Wissen Sie denn nicht, daß bei den schweren Schädigungen, die die Kinder erlitten haben, alle Mühe umsonst ist?« fragte eine andere Psychologin. »Das kann keine Familie leisten, das funktioniert nur in Großorganisationen wie im Kloster, beim Militär, allenfalls in einer Großfamilie.«

Was sollten wir darauf erwidern? Sollten wir die Kinder lassen, wo sie waren, und auf Verbesserung der Heimerziehung hoffen? Wir glaubten nicht an solche Prognosen. Wir schlossen uns anderen Meinungen an, solchen, die vom Umsetzen kranker Pflänzchen in neuen, fruchtbaren Boden sprachen oder schlicht von liebevoller Umgebung, von Gesundung und Geduld und davon, daß es eben doch lohnend sei, einen solchen Versuch zu wagen.

Fritz und Flori hätten auch einzeln in Pflege genommen werden können, doch das Jugendamt fand, es sei besser, sie zusammen aufwachsen zu lassen, wenn sie schon Brüder sind und miteinander im selben Heim waren. Wir hatten uns um beide beworben. Wir waren nicht mehr so ganz jung und hatten kein eigenes Kind. Wir waren Schriftsteller und arbeiteten zu Hause.

Es dauerte keine vier Wochen, da tobten die beiden Söhne durchs Haus und veränderten unser ganzes Leben. Es war ganz anders, als wir es erwartet hatten. Unsere Tage zählten nicht genügend Stunden, die Nächte fielen aus. Wochen- und monatelang begleiteten wir die Kinder Minute für Minute auf ihren Streifzügen durch das Haus und in die Umgebung. Wir konnten sie keinen Moment allein lassen. Sie hatten Angst, schrien nach uns. Die neue Umgebung war zu fremd.

Sie faßten alles an, stießen um, was umzustoßen war, drehten an Schaltern und Knöpfen, schmissen Musikinstrumente und Kochtöpfe die Treppen hinunter und ergötzten sich an dem Krach. Ihre Hände waren vorsichtiges Betasten nicht gewöhnt, sie hatten sorgfältigen Umgang mit Zerbrechlichem ebensowenig geübt wie das Schließen von Fenstern und Türen. Mit schnellen, eckigen Bewegungen hämmerten ihre Fäuste auf Gegenstände ein und trafen uns erbarmungslos, wenn wir diese retten wollten. Dreieinhalb- und Fünfeinhalbjährige haben viel Kraft.

Nachts konnten sie nicht schlafen. Beruhigungsmittel halfen nicht, im Gegenteil, wir fanden sie lebhafter und »aufgedrehter« als zuvor. Bis zu neun Mal kamen sie an unser Bett, aufgeschreckt und voller Sorge, wir könnten weg sein. Alle waren wir aufgeregt, keiner schlief, auch nicht, als wir alle vier in einem Zimmer blieben. Wenn ich mein Nachtlager im Kinderzimmer aufschlug, gab es Streit, wer mehr von mir hat. »Sie muß in die Mitte«, das war klar; aber der etwas größere Fritz blieb in Floris Augen im Vorteil, weil er eben mehr von meiner Seite in Anspruch nehmen konnte, ein paar Zentimeter mehr Berührung. Daß Flori dafür auf meinem Bauch lag, wohlig ausgebreitet, die Hand an meinem Hals, den Kopf auf der Brust, das wurde nicht in Rechnung gestellt.

Das erste halbe Jahr hieß das: gespannte Aufmerksamkeit Tag und Nacht, vierundzwanzig Stunden ohne Unterbrechung.

Wir lebten nun zu viert in unserem geräumigen Haus, das, vollgestopft mit Büchern, bisher Heimat für politisierende Intellektuelle war, nicht aber für kleine Kinder mit ausgeprägten Bedürfnissen. Wir kannten diese Bedürfnisse ebensowenig wie sie die unseren, die wir wohl auch nicht kannten. Sie wußten nicht, was mit ihnen geschah, als sie aus ihrer Umgebung mit zwei ineinandergehenden Zimmern, mit Bad für einundzwanzig Kinder zwischen zwei und fünf, gerissen wurden, jetzt nur noch sie beide mit uns.

Die Psychologin, die die Adoptionsvermittlung begleitete, sagte uns, wir sollten möglichst bald mit didaktischen Spielen anfangen, auch die Feinmotorik üben und »den Kindern das Selbstbewußtsein vermitteln, daß sie etwas allein können«. Wir kauften Spielzeug und Bücher und versuchten zu tun, was uns geraten wurde. Ich war unsicher, und ich brachte die Lernspiele oder das nach bestimmten Vorgaben erwartete Verhalten der Kinder nicht zusammen mit deren wirklichen Reaktionen. Sie wollten nicht am Tisch sitzen und Plättchen legen. Sie schmissen Karten und Bücher durchs Zimmer, und ich brauchte lange, bis mir klar wurde, daß sie sich die Sachen gegenseitig wegnahmen, damit der andere nicht damit spielen konnte. Das war eingeübt und schien auch Spaß zu machen, denn beide lachten. »Das muß so sein«, erklärte der Jüngere. Im Kinderheim hatten wir niemals spielende Kinder gesehen; eine der Erzieherinnen sagte, es seien eben zu viele, um sie anzuleiten, sie hätten immer nur die Sachen herumgeschmissen.

Ich war nicht vorbereitet auf diese Situation, weder auf das aggressive Verhalten noch auf die Tatsache, daß meine eigene Reaktion darauf unter Umständen »zur Verstärkung dieses Verhaltens« führen könnte, wie die Fachsprache es nennt. Ich wußte nicht, wie ich gleichzeitig auf die Kinder »eingehen« und ihre Zerstörungswut eindämmen sollte. Wußten oder spürten die Kinder, daß das In-Scherben-Gehen von Vasen und Tellern, daß zerbrochene Holzrahmen, ins Klo gestopfte Gegenstände wie meine Blockflöte mich aufregten? Je mehr ich versuchte, solche Aktionen zu verhindern, desto schneller wurden ihre Bewegungen und um so häufiger krachte es. Sprünge vom Tisch waren Donner; aber der Zusammenbruch des Kleiderschranks nur in der Minute, als ich die Post vom Briefträger entgegennahm, machte mich hilflos. Niemand hatte uns gesagt, daß diese schwer hospitalisierten Kinder nicht spielen konnten, daß sie normale Verrichtungen miteinander nicht gewöhnt waren, daß sie die Hosen voll machten und die Zeit des Tages, in der sie nicht herumrannten, auf dem Boden lagen und Schaukelbewegungen mit dem Kopf vollführten, so heftig, daß der ganze Leib mit hin und her rollte.

Erst nach langen Wochen wurde mir deutlich, wie sehr das aggressive Verhalten der Söhne ihre eigene Sprache war und daß sie kaum etwas anderes als Emotionalität erfahren hatten, zumindest selber nicht anders als emotional antworten konnten. Wir versuchten, bei allem Durcheinander, das die Knaben veranstalteten, ruhig zu bleiben. Ich zog den Älteren an, da weinte der Jüngere, weil er nicht zuerst drankam. Machte ich es umgekehrt, schlug der Ältere den Jüngeren so hart, daß ich eingreifen mußte. Schenkte ich dem einen Kakao ein, zerschlug der andere seine Tasse am Boden aus Zorn und Angst, der andere bekomme zuerst und vielleicht mehr. Freute sich der eine an den Schneeglöckchen draußen, zertrampelte der andere sie. Der Kleine schmiegte sich oft an, der Ältere boxte mit geballten Fäusten auf mich ein. Nahm ich ihn in den Arm, biß er mir in den Hals. Einmal würgte er mich so schnell und kräftig, daß mir die Luft wegblieb. Da rannte er weg, öffnete die Schranktür in der Küche und zog das Geschirr stapelweise heraus und auf den Boden.

Es hat lange gedauert, bis die beiden uns als »Eltern« annahmen. Der Vater war interessant für sie, er war der erste Mann, dem sie begegneten, außer dem Kohlenmann, der die Säcke in den Keller des Heims getragen hatte. Mir fiel auf, was die Psychologin dann als »Distanzlosigkeit« bezeichnete, daß Fritz jeder Frau, sei es eine Freundin, die zu uns ins Haus kam, sei es die Putzhilfe, sei es im Laden oder im Omnibus, freundlich begegnete. Mancher setzte er sich auf den Schoß und behauptete, sie hätte ihn lieb. Er sagte nicht »Ich hab sie lieb«, sondern »Sie hat mich lieb«. Ich reagierte zögernd darauf, es fiel mir schwer, nicht zu glauben, daß er lieber bei einer anderen Frau wäre als bei mir. Flori war ängstlicher mit fremden Menschen und verunsichert durch Fritz. Die beiden redeten viel miteinander. Wir verstanden kaum die Hälfte, das »multiple Stammeln« von Fritz mit den ineinandergeschobenen Silben blieb uns lange unentwirrbar. Nach drei Monaten aber verstand ich beide fast immer, Fritz oft noch mit Floris Hilfe. Wenn Freunde zu Besuch kamen, schüttelten sie den Kopf über unsere Art von Verständigung.

Flori dolmetschte gern, Fritz nahm es mir offensichtlich übel, daß ich ihn nicht verstand. Seine Sprache bekundete im ersten halben Jahr fast ausschließlich Protest, Wut, negative Empfindungen. Die Ratschläge der einen Psychologin waren: »Behalten Sie die Ruhe und zeigen Sie ihm nicht, daß Sie am Ende Ihrer Kräfte sind. Sorgen Sie dafür, daß er keine Schuldgefühle bekommt.« Eine andere fand im Gegenteil: »Zeigen Sie ihm ruhig, daß Sie sich ärgern. Er muß spüren, daß sein Verhalten Konsequenzen hat.« Beide meinten, das Wichtigste sei, daß ich in meinem Verhalten »konsequent« sei.

Wie sollte ich nur konsequent sein? Seit Wochen schliefen wir keine Nacht mehr durch. Von morgens früh bis abends spät fühlte ich mich in der Rolle des Dompteurs. Ich sah, daß die Kinder die ganz normalen Erfahrungen von Säuglingen und Kleinkindern nachholen mußten, das Betasten von Gegenständen, das Blinzeln mit anderen Menschen, Kontaktaufnahme und Reaktion, das Verteidigen eigener Wünsche und Bedürfnisse. Aber wenn ich ihnen Raum ließ, fingen sie an »auszuagieren«, wie der Fachausdruck heißt: Sie waren nicht gerichtet, ohne Orientierung, nicht gewöhnt, ihre Wünsche und Bedürfnisse auszudrücken. Ihre Aktionen verliefen weitgehend motorisch: rennen und um sich schlagen, schaukelnd auf dem Boden liegen. Im Kindergarten, wohin wir sie nach zwölf Wochen für zwei oder drei Stunden täglich brachten, rannten beide herum, knipsten alle erreichbaren Schalter an und aus, rissen Türen und Fenster auf und schmetterten sie wieder zu, schmissen mit den Spielsachen, zerrten an Tischen und Möbeln und schlugen die anderen Kinder. Die liebe Schwester Florigunde, die schon Generationen von Kindern betreut hatte, schüttelte nur den Kopf und betete für mich. Aber mit ihr hatte ich die schönsten und besten Gespräche darüber, wie der jeweils konkreten

Situation zu begegnen sei, ob ich damit das Verhalten verstärkte oder nicht. Schwester Florigunde, damals weit über Sechzig, war auch die einzige erwachsene Person, die die Kinder achteten. Von sich aus machten sie ihr Geschenke, und als sie schon fast der Schulentlassung zugingen, brachten sie jedes Jahr an Ostern und Weihnachten der Schwester etwas Selbstgemachtes, einen Kuchen oder eine Bienenwachskerze oder ein Bild. Kein einziger Lehrer hat auch nur einen Bruchteil solcher Sympathie erworben.

Wir wollten diese Söhne haben. Es war unendlich mühsam. Es war eine Rund-um-die-Uhr-Beschäftigung für uns beide zusammen und immer noch völlig unzureichend. Inzwischen lasen wir Bruno Bettelheims Bücher über die Arbeit mit emotional gestörten Kindern. »Sie brauchen Liebe« – das bedurfte keines weiteren Wortes. Aber wie diese Liebe geben, wenn du dich zerstückelst im tagtäglichen Kampf um anziehen, essen, spielen, Streit schlichten, Zerstörung verhindern, Steine an den Kopf schmeißen verhindern, runterreißen von Sachen im Laden verhindern?

Nach drei Monaten war ich dem Zusammenbruch nahe. An einem Tag wußte ich überhaupt nicht mehr, wie ich Fritz begegnen sollte. Ich blieb wortlos, was immer er tat. Schließlich schickte ich ihn ins Bett. Flori lag schon oben im Bett darüber. Als ich an der offenen Kinderzimmertür vorbeiging, rief Flori laut: »Mami, geh weg, der hat gesagt, er macht dir ganz tot.« Ich hab nicht überlegt, was jetzt geschah. Ich sah Floris angstvolles Gesicht, ging an sein Bett und sagte zu ihm: »Weißt du, ehe der mich tot macht, verhaue ich ihm den Po«, zog Fritz unter seinem Kissen hervor und schlug mit der Hand auf seinen bloßen Po, ich weiß nicht wie oft. Er gab keinen Laut von sich, regte sich nicht. Als ich aufhörte, schlüpfte er unter die Decke. Flori legte sich mit einem seufzenden »So!« hin, und ich wankte hinaus ins Wohnzimmer. Ich wollte die Kinder niemals schlagen. Und nun verhielt ich mich wie meine eigene Großmutter: Schläge auf den blanken Hintern, Strafe durch Gewaltanwendung. Ich glaubte, ich würde wahnsinnig.

Flori rief nach dem Papi, der mir gerade gesagt hatte, daß das wohl richtig gewesen sei. »Wir werden Fritz wahrscheinlich morgen zurückgeben müssen«, sagte ich und erschrak, als ich es ausgesprochen hatte. Ich erinnerte mich an einen Ausspruch eines mittelalterlichen Dichters, über den ich einmal geschrieben hatte, unmittelbar, ehe die Kinder zu uns kamen: »Was einmal Wort geworden ist, ist nie mehr zurückzunehmen.« Ich hatte ausgesprochen, was ich schon lange in meinem Herzen bewegte. »Das kann ich nicht tun. Ich darf dieses Kind nicht verlassen!« – damit schob ich es immer wieder weg. Jetzt wand sich das Wort um meine Seele: »zurückgeben«. Ich weinte. Am nächsten Morgen kam Fritz auf mich zu, kroch auf meinen Schoß und fragte, ob das wahr ist, daß ich ihn strafe, wenn er bös sei, und daß ich ihn nicht wegschicke.

Es war unmöglich, diese beiden Söhne nicht haben zu wollen. Ich *durfte* Fritz nicht zurückgeben. Seine Frage verpflichtete. Jetzt erst sollte ernst werden, was wir uns als Stichworte gegenseitig nannten, wenn wir über Adoption und diese Adoption sprachen, wenn wir Freunden erzählten, was uns beschäftigte.

Und doch fingen diese kleinen Söhne an, sich an mich zu gewöhnen, schneller, als ich mich an sie gewöhnen konnte. Mir kam es so vor, als wüßten sie sehr wohl, wann ich heiter und wann deprimiert, wann *unsicher* und wann zuversichtlich war. Eines Nachmittags fiel mir nichts ein, was ich mit ihnen hätte tun können. Sie lehnten alle Angebote ab; ich muß gestehen, sie gefielen mir selber nicht. Ich hatte schweres Kopfweh, und mir war schwindlig. Ich fragte Fritz, ob ich mich für ein paar Minuten auf sein Bett legen dürfe, was er erstaunt erlaubte. Als ich lag, deckte er mich bis oben hin zu. Plötzlich sagte er: »Jetzt bist du das böse Kind.« Sie spielten Eltern, Fritz war der Vater, Flori die Mutter. Ich erhielt Anweisungen, wie ich mich zu verhalten hätte: strampeln, Bettdecke runterschmeißen, Augen aufmachen, aufstehen. Alles wurde sofort verhindert. Ich spielte mit, verblüfft über die Intensität, mit der sie diesen Rollentausch spielten. Sie waren streng mit mir, verhauten mich kräftig, wenn ich nur mit der Wimper zuckte, sagten, daß ein böses Kind bestraft werden müsse, weil es sonst immer nur weiter böse sei. Wir hatten nie mit »böse« oder »lieb« argumentiert, und ich wußte nicht, woher die Strenge kam. Am Abend überlegten wir, ob unsere Milde, die an »antiautoritäre Erziehung« grenzte, auf die Kinder desorientierend wirke, ob sie

Konzeptlosigkeit sei. Mich faszinierte das Rollenspiel. Zum ersten Mal hatte ich das Gefühl, in Beziehung mit den Kindern gewesen zu sein.

Am nächsten Tag verlangten sie das Spiel neu. »Das böse Kind spielen« hieß es. Ich habe monatelang jeden Abend das böse Kind gespielt, nach den Angaben der Söhne. Stets war es ihr eigenes Verhalten, das sie mir aufdrängten, keine neuen Erfindungen, sondern genau das, was sie täglich praktizierten: Teller zerschmettern, Hindernisse in den Weg werfen, geschriebene Briefe vom Posttisch nehmen und zerreißen, Putzwasser auskippen; oder es war Floris Zerstörungswut: Tapeten herunterreißen, Bücher zerfetzen, Pudding auf den Teppich kippen, Spiegel zertrümmern. Sie brachten mir aber keine Gegenstände, mit denen ich das nachspielen sollte. Die Geste genügte. Ihre Phantasie malte sich die Szene aus, und nach einiger Zeit wurden auch die Strafen nur noch symbolisch ausgeführt. Sie sahen ein, daß dieses Spiel mir keine blauen Flecke machen sollte. Als ich an einem Abend mit schwerem Erbrechen im Bett lag und wirklich nicht spielen konnte, kam Flori und sagte: »Mami, kommst du morgen wieder?«

Freude. Zum ersten Mal seit endlosen Zeiten Freude.

Wir hatten eine relativ gute Zeit, bis die Söhne in die Schule mußten. Immer noch spielten wir das Rollenspiel. Wie phantasievoll die Kinder die Situationen ohne Worte darstellen können! Die schweren Beschimpfungen und Strafen vom Anfang verwandelten sich allmählich in strenge Belehrungen und endeten schließlich in sanften Ermahnungen oder bloßen Feststellungen. Plötzlich sagte Fritz: »Nö, ist nicht mehr lustig. Sonst wird die lieb.« Er hatte erkannt, daß das Spiel zu Ende war, wenn die Standpunkte sich näherten. Aber er selber veränderte sich auch. Ich konnte ihn erreichen, wenn ich auch immer noch Gefühle von Fremdheit behielt. Er rührte mich.

Die Kinder lachten jetzt, die Stimmung bei Tisch war oft heiter, beide erzählten, was sie mit mir angestellt hatten. Piet hörte es gerne, denn er liebte freundliche Gesichter um sich herum. Jetzt fanden die Söhne auch das Genörgel wegen der nicht gewaschenen Hände, der nicht genommenen Servietten oder der falsch gehaltenen Messer nicht mehr so schlimm. Sie konnten ja mich im Spiel für alles bestrafen, was ich an ihrer Stelle falsch machte. Nun war es manchmal sehr schön.

Wenn es nur die Schule nicht gäbe! Alle vier haben diesen Stoßseufzer mehr als hundertmal getan, zehn schreckliche Jahre lang. Fritz sprach trotz Sprachtherapie nicht richtig, als er in die Schule mußte. Er hatte Angst und verweigerte sich total. Am Ende der zweiten Klasse gab seine Lehrerin auf. Er kam auf die Sonderschule. Wir konnten ihn davor nicht retten, denn sein Test fiel miserabel aus, und er spielte, wie in den ersten beiden Schuljahren auch, debiles Kind. Das hatte er im Heim gelernt. Von einem debilen Kind, sagte er später, erwartet niemand, daß es etwas kann.

Die Lehrer hatten wenig Verständnis für die Unruhe, den Bewegungsdrang und die etwas aufwendige Kontaktaufnahme unserer Söhne. »Die sind jetzt lang genug bei Ihnen, um von Ihnen beeinflußt zu werden«, sagte einer. Ein anderer: »Was haben Sie denn die ganze Zeit mit denen gemacht?« Beide waren von Anfang an als Störer, Bettnässer, Rabauken verschrien, die die Klasse verderben, auf dem Schulhof miteinander und mit anderen raufen, die klauen und die Lehrer hinters Licht führen. Daß beide Angst hatten, daß sie noch nicht stabil genug waren, den ganzen Vormittag mit fremden Kindern in den Bänken zu sitzen, daß ihre Konzentrationsfähigkeit noch zu wünschen übrig ließ und daß sie außerdem unfähige Lehrer hatten, davon durfte man dem Rektor nicht kommen. Auch Flori sollte auf die Sonderschule – mit einem Intelligenzquotienten von 130, also weit über dem Durchschnitt.

Wir machten da nicht mit. Wir nahmen Flori ein Dreivierteljahr aus der Schule. Das tat ihm gut. Um so schwieriger verhielt sich Fritz in der Schule. Fast jeden Tag kamen Anrufe von der Lehrerin: Er hat keine Hausaufgaben gemacht. Ich versicherte, daß ich zwei Stunden mit ihm gesessen habe, bis endlich das bißchen Schreiben erledigt war; daß er noch gesagt habe: »Beim Schreiben kannst du mich zwingen, beim Rechnen auch, aber lesen tu ich, was ich will.« Die Frau glaubte mir nicht, auch nicht später, als ich das Heft mit den gemachten Hausaufgaben im Misthaufen des Nachbarn fand, dort versteckt auf dem Weg zum Schulbus.

Die Schule hat mich fast umgebracht. Die gewonnene Freundschaft mit den Knaben stand auf dem Spiel. Sie verweigerten alle Anstrengung. Wir versuchten es mit Psychotherapie – drei Therapeuten hintereinander gaben auf. Wir holten eine arbeitslose Psychologin ins Haus: Sie reiste nach drei Wochen schon ab.

Was los ist, wurde ich oft von Lehrern und Eltern der Mitschüler gefragt, und ich erfuhr die Lust von Menschen, sich an der Hilflosigkeit anderer zu weiden. »Jetzt sind Sie eine Frau Doktor und können nicht einmal mit zwei Kindern fertig werden!« Aus sozialwissenschaftlichem Munde bekam ich zu hören: »Extrem sozialstarke Eltern und extrem sozialschwache Kinder, das zieht Herrschsucht auf sich.«

Jetzt begann ich meinerseits, mich zu weigern. Ich gab den Druck nicht mehr weiter, den die Schule mir für die Kinder zuschob. Sie machten im Unterricht nicht mit, die Lehrerin war froh, daß Fritz nicht störte, Floris Lehrer schloß ein Stillhalteabkommen mit ihm, und ich sollte mit den Hausaufgaben nachholen, was die beiden vormittags nicht gelernt hatten. Ich sah mich dazu außerstande. Ich geriet auf Kriegsfuß mit der Schule, mit dem Ergebnis, daß ich die Telefonanrufe von beiden Schulen gelassener hinnahm und nach vier Jahren keine mehr erhielt. Entsprechend schlecht blieben die Zeugnisse. Ich hoffte, daß die Söhne eines Tages selber merken würden, was zu lernen wichtig ist und was nicht. Für mich wurde es Zeit, etwas für mich selber zu tun. Ich fing wieder an zu schreiben, nahm mir täglich ein paar Stunden für die Arbeit. Fritz begann, die Mahlzeiten zu meiden. Wir waren beide gekränkt. Erst allmählich begriff ich, in welche Zwänge wir diese Adoptivkinder brachten. Es waren die Zwänge der bürgerlichen Gesellschaft. Der schön gedeckte Tisch, die sorgfältig angerichteten Speisen, eine Hausordnung, die aus Zeiten stammte, als es Dienstboten gab. Der Mythos Familie mit Kerzenglanz und strahlenden Kinderaugen, Duft nach guten Speisen, eine heitere, elegante Mutter und der freudig begrüßte Vater, der aus der Welt interessante Geschichten mitbringt. Von Geld spricht man nicht, schon gar nicht bei Tisch, dort aber auch nicht von schlimmen Sachen.

Wir hofften, diesen aus der Institution Familie herausgefallenen Heimkindern ein Nest der Geborgenheit geben zu können. Wir glaubten, trotz vieler Abstriche, die wir machten, an die Familie.

Wohin hatten wir diese Söhne adoptiert? Was galt ihnen die Institution Familie? Auf einmal wunderte es mich nicht mehr, daß der ältere ins Internat wollte, dorthin, wo ihn keiner kennt und wo er »neu anfangen konnte«, wo die Patres wiederum einen Versuch machten – einen letzten –, ihn aus der Sonderschule herauszuholen. Daß es dann eine Wiederholung des Alten wurde, steht auf einem anderen Blatt. Zunächst blühte er sichtlich auf. Er kam jedes Wochenende nach Hause und gewann an Selbstbewußtsein. Dem Kleinen imponierte das, er wollte auch in dieses Internat. Von ihm trennten wir uns ungern. Beide entwichen den Zwängen der Familie in die Zwänge der Großorganisation, die für sie offenbar erträglicher waren.

Zwei Jahre blieben sie dort. Die Schulergebnisse wurden nicht besser, keiner machte einen Abschluß, aber sie wurden ausgeglichener und im Umgang mit Gleichaltrigen freier.

Hatten wir grobe Fehler gemacht? Die Frage beschäftigte uns sehr. Sie war auch eine Frage nach der Struktur von Ehe und Familie und nach meiner eigenen Rolle in diesem Drama. Irgendwann hatte ich aufgehört, die liebevoll dienende Großmutter zu spielen. Durch das Schreiben hatte ich Distanz gewonnen. Die Sicherheit in der beruflichen Tätigkeit gab mir auch Sicherheit im Umgang mit meinen Hausgenossen.

Ich hörte auf, die Verantwortung für das Funktionieren der Familie nach altem Muster zu tragen, sondern machte jeden für das Seine verantwortlich und alle für das ganze Hauswesen. Es gab etliche Reibereien, als die jungen Männer vom Internat zurück und wieder im Haus waren. Keiner wollte Hausarbeiten übernehmen, beide verweigerten Berufsschule und Lehre, gingen aber auch nicht auf Arbeitssuche. An der Taschengeldfrage entzündete sich ein Streit. Ich wollte das mit ausreichendem monatlichem Betrag regeln, damit sie lernen, mit Geld umzugehen, Piet bezahlte Stundenlohn für alle möglichen Arbeiten im Haus wie Holzhacken, Bodenreinigen. Alle Augenblicke standen sie da und wollten irgend etwas gegen Geld arbeiten, die notwendigen Dinge wurden nicht erledigt.

Wir wollten diese Söhne haben. Was ist daraus geworden?

Als der Älteste mit 18 auszog, um mit Freunden zu leben, die zu den dörflichen Abweichlern gehören, hielt ich das für konsequent. Piet war tief enttäuscht. Jetzt gingen wir Eltern gemeinsam zu einem Jugendberater. Der Psychologe hörte sich unsere Geschichte und unsere Sorgen an. »Und was ist mit Ihnen?« fragte er uns. »Die Adoption ist gescheitert!« sagte mein Mann. Das tat mir weh, denn ich sah die beiden jungen Männer auf eigenen Wegen. Sie brachen aus der Familie aus, wie junge Menschen ihres Alters zu tun pflegen, sie waren flügge. »Aber sie haben nichts angenommen, es war alles umsonst«, sagte Piet, und nochmals: »Adoption gescheitert.« Darauf antwortete der Berater langsam: »Die einzige Chance, die die beiden haben, ist, Verantwortung für sich selbst zu übernehmen«, und dann: »Die Adoption ist nicht *›gescheitert‹*, sondern – *beendet.«*

Das tat mir wohl. »Beendet.« Schon längere Zeit gab es mit den Söhnen Gespräche über Familie und über Beziehungen zwischen Menschen. Mit erstaunlicher Sensibilität hatten sie die Spannungen bemerkt, die seit Jahren über dem schön gedeckten Tisch hingen, auch meinen Rückzug aus dem Konzept der Konfliktfreiheit in der Familie. Es war uns nicht gelungen, unseren Rahmen der bürgerlichen Familie in den eines konfliktfähigen Zusammenlebens zu verwandeln. Die Familie als Institution bürgerlicher Ordnung hat keine neuen Formen entwickelt, die einen repressionsfreien Umgang miteinander erlaubt. Und ich bin nicht sicher, ob nicht gerade die liberale Handhabung der alten Erziehungsmuster bei latenter Beibehaltung der hierarchischen Struktur (Vater als die geldverdienende Hauptperson hilft im Haushalt, wenn er zu Hause ist) die Zwänge noch verstärkt. Zu den Problemen, die unsere hospitalisierten Adoptivkinder mit sich selber hatten und die sie uns mitbrachten, kamen unsere eigenen Probleme mit den Familienstrukturen, in die wir sie einfügten. Ihre Auflehnung dagegen, ihre Verweigerung stand in starkem Gegensatz zu der emotionalen Entwicklung, die sie trotzdem nahmen. Sie haben zu jedem von uns eine eigene warme Beziehung, sie sprechen über ihre Empfindungen und sind sensibel für die Empfindungen anderer, zuverlässig, wenn es darauf ankommt, emotional selbständig und empfänglich. Nur haben sie im landläufigen Sinne nichts gelernt und scheinen nicht berufsfähig zu sein. Trotzdem müssen und können sie für sich selbst Verantwortung übernehmen. Ein Freund, der uns während der ganzen Jahre immer wieder besuchte, fand die Sache am Anfang hoffnungslos. Nach zwei Jahren, als die Burschen hübsch anzusehen waren und redeten und lachten, sagte er: »Jetzt würde jeder sie adoptieren.« Nun, da sie ohne Arbeit und ohne Antrieb herumsitzen, sagt er nur: »Na ja . . .«

Ein anderer Freund hat die letzten beiden Jahre intensiv miterlebt. Er findet: »Gelungen ist die emotionale Entwicklung.«

Die Söhne selber leiden unter der Enttäuschung, die sie uns bereiten. Sie hassen alles Intellektuelle, weil ihnen dazu kein Zugang möglich ist. Und wenn sie zu wählen hätten – ein andermal –, würden sie uns wieder als Eltern haben wollen, aber mit anderen Berufen, zum Beispiel Bauer, und mit vielen Leuten im Haus. Ganz offensichtlich haben wir zwei Erwachsenen mit unseren Ansprüchen die Kinder erdrückt. Hätte ich noch einmal zu entscheiden, würde ich nicht zwei so schwer gestörte Kinder zugleich in die Familie nehmen. Allerdings hat sich gerade das für die Kinder als wichtig und vorteilhaft erwiesen, auch wenn sie sich zuweilen gegenseitig behindert haben. Sie hängen sehr aneinander und konnten wohl manchen Schmerz miteinander besser aushalten, als wenn jeder allein in eine neue Umgebung gekommen wäre. Ehe und Familie sollten zurücktreten hinter dem Prinzip von Freundschaft. Kinder sind imstande, eigene Beziehungen aufzubauen. Durch Heimerziehung seelisch verwahrloste Kinder haben es viel schwerer, sich ihre Freunde zu wählen. Unsere fühlen sich besonders zu Heimkindern, zu jungen Türken, zu solchen hingezogen, die am Rande der Gesellschaft leben. Wir haben das lange Zeit nicht ernst genug genommen.

Wir haben Zeiten erlebt, in denen wir alle vier unendlich einsam waren, in anderen Zeiten spürte ich, daß Flori mich gewählt hatte, und heute empfinden wir beide uns als Freunde. Ob Fritz je eine Beziehung eingegangen ist, weiß ich nicht. Vielleicht zu Piet. Hätten wir mehr Familienmitglieder im Haus gehabt, Kinder, Großeltern, Tanten, Freunde, es wäre gewiß für alle leichter und weniger erdrückend geworden, weil die institutionelle Gewalt von Familie und Gesellschaft relativiert worden wäre.

Adolf Guggenbühl-Craig

Kinderlose Paare gibt es nicht

Adolf Guggenbühl-Craig, geboren 1923 in Zürich. Psychotherapeut in eigener Praxis in Zürich. Gymnasium, Theologiestudium und Medizinstudium in Zürich. Drei Jahre Aufenthalt in den USA. Nach Erhalt des Spezialarzttitels Psychiatrie und Psychotherapie. Eröffnung einer Praxis in Zürich.

Seit 1952 Mitglied des Curatoriums des C. G. Jung-Instituts in Zürich; während acht Jahren Präsident des Curatoriums. Lehranalytiker und Dozent am C. G. Jung-Institut. Verheiratet, fünf Kinder und fünf Enkelkinder.

Etwas altmodisch verstehe ich unter einem Paar nicht einfach Menschen, die sich in einer länger oder kürzer dauernden Zweierbeziehung befinden, sondern eine Frau und einen Mann, die auf Jahre hinaus so miteinander seelisch verbunden leben, daß sie zusammen nicht nur zwei Menschen sind, sondern noch etwas Drittes dazu, eben ein Paar, meistens sogar ein Ehepaar im gesetzlichen und oft im religiösen Sinne. Und solche Paare sind nie kinderlos. Kinderlose Paare gibt es nicht.

Es gibt allerdings Paare, die einfach keine Kinder bekommen, sosehr sie sich auch bemühen – allen ärztlichen Bemühungen zum Trotz. Oder schreckliche Erbkrankheiten in der Familie verbieten es dem verantwortungsbewußten Paar, das Risiko auf sich zu nehmen, schwer beeinträchtigte Kinder auf die Welt zu stellen. Auch außerordentliche politisch-ökonomische Umstände können zu erzwungener Kinderlosigkeit führen. Den Zulufrauen war es zum Beispiel im letzten Jahrhundert während der jahrelangen Wanderungen nicht erlaubt, Kinder zu gebären. In unseren Breitengraden sind allerdings solche die Kinderlosigkeit erzwingenden äußeren Umstände recht selten.

Die zur Kinderlosigkeit gezwungenen Paare *leiden* an der Kinderlosigkeit. Sie ist ein dauernder Dorn im Fleische, so sehr, daß sie oft beinahe wahnhaft verarbeitet wird. Die beiden glauben, von der engeren und weiteren Familie unter Druck gesetzt zu werden, doch nun endlich einmal Kinder zu bekommen. Die Frau glaubt festzustellen, wie die Mitmenschen öfter auf sie starren, um herauszufinden, ob sich nun endlich etwas tue. Der Beginn jeder Monatsregel wird als Katastrophe erlebt und ist von Verzweiflungsanfällen begleitet. Das sexuelle Leben unterwirft sich völlig einer eventuellen Zeugung und verliert so alles spontane Persönliche. Die sexuelle Begegnung wird zur Zeugungstechnik degradiert.

Oft beschuldigt der Mann die Frau, sie sei es, die unfruchtbar sei und schuld an der Kinderlosigkeit; heute getrauen sich allerdings oft auch die Frauen, die Schuld dem Manne zuzuschieben. Persönliche Spannungen werden durch das Medium der Unfruchtbarkeit ausgetragen. Alles Störende in der Beziehung wird in der vermuteten Unfruchtbarkeit des Partners oder der Partnerin gesehen.

Wir neigen immer dazu, unser Seelenleben zu vereinfachen. Es ist schon lange her, seit wir aus dem Paradies vertrieben wurden; wir werden zeitlebens von vielem enttäuscht und leiden an allem möglichen sehr intensiv. Oft versuchen wir, alle negativen quälenden Gefühle auf einen gemeinsamen Nenner zu bringen, als welcher sich zum Beispiel die Unfruchtbarkeit anbietet. Das ganze Elend unserer Existenz wird dann an dieses eine Leben gehängt. Kinderlosigkeit ist ein gewaltiges Symbol für Sinnlosigkeit an sich, Sinnlosigkeit, die uns ja immer wieder bedroht. Sie wird oft in der Kinderlosigkeit gesehen in dem Sinne: »Hätten wir Kinder, dann wäre alles sinnvoll; da wir keine haben, ist alles sinnlos.«

Von diesen Paaren, die gerne Kinder hätten, aber keine haben können, sind die zu unterscheiden, die bewußt, absichtlich keine Kinder auf die Welt stellen wollen, aus den allerverschiedensten Gründen, offiziellen, inoffiziellen, bewußten und unbewußten.

Sehr egoistische, kleinliche Motive werden oft versteckt hinter weltanschaulichem Pessimismus oder Idealismus. »Es ist unverantwortlich, Kinder in diese hoffnungslose Welt hineinzustellen, nur damit sie früher oder später durch die Wasserstoffbombe zu einem frühzeitigen Ende kommen«, oder: »Solange die Frauen so wenig zu sagen haben, solange die Patriarchen die Welt unterdrücken, gebäre ich keine Kinder« und ähnliches mehr hört man nicht selten.

Bis vor wenigen Jahrzehnten bestand bei jedem sexuellen Verkehr zwischen zwei in voller Mannes- oder Frauenkraft stehenden Menschen das Risiko der Schwangerschaft. Nur für wenige stellte sich deshalb die Möglichkeit der bewußten Wahl: Sollen wir Kinder haben oder nicht? Heute sind die Paare in einem großen Teil der Erde mit dieser für die Menschen ungewohnten Wahl konfrontiert, eine Wahl, die vielleicht, da sie so neu ist, viele überfordert. Vordergründige Motive und nur momentan wichtige Faktoren bekommen oft ein zu großes Gewicht.

Immer häufiger trifft man Paare, die ganz einfach den Zug verpaßt haben. Sie wollten zwar, als sie zum Beispiel heirateten, gelegentlich Kinder haben – aber vorläufig nicht, erst wenn es günstig sein wird. Der Mann muß zuerst sein Geschäft aufbauen, die Frau ihre Ausbildung beenden, man möchte auch noch reisen – und so ist die Partnerin auf einmal über 40 Jahre alt, und die beiden besitzen nicht mehr die jugendliche Unbekümmertheit, um Nachkommen auf die Welt zu bringen – oder Schwangerschaft ist einfach nicht mehr möglich oder zu gefährlich. Will man Kinder haben, so muß man sich oft mutig in dieses Abenteuer stürzen und halt dann sehen, wie man seine Lebensziele trotz Belastung durch Kinder erreichen kann. Mehr Familienplanung wäre gewiß ein Segen für viele Länder der Dritten Welt, weniger sorgfältige Familienplanung wäre hingegen ein Segen für viele westliche Völker.

Der Entschluß, Kinder zu haben, hat fast immer etwas Abenteuerliches und Waghalsiges an sich. Das Gebären von Kindern kann geplant werden; ihr Schicksal jedoch, die Freude und das Leid, das sie uns bringen, widersteht jeder Planung.

Sind nun aber gezwungenermaßen Kinderlose oder absichtlich kinderlose Paare wirklich kinderlos? Ich möchte es bestreiten.

Der sogenannte *Archetyp des Kindes* ist auch bei kinderlosen Paaren dauernd lebendig und wirksam. Archetyp ist ein Fachausdruck der Jungschen Psychologie, der niemanden abschrekken muß. Das meiste, was wir äußerlich erleben, ist grundsätzlich innerseelisch angelegt. Jeder Mann hat ein ihn beeinflussendes Bild des Weiblichen in sich, jede Frau ein Bild des Mannes. Und jeder Mensch trägt ein Bild des Kindes in sich – in der Umgangssprache ist oft die Rede vom »Kind im Manne«. Genauso gibt es ein »Kind in der Frau«, und dieses »Kind im Menschen« ist der sogenannte Archetyp des Kindes.

Die Eigenschaften, das Wesen des inneren Kindes können wir anhand des äußeren konkreten leiblichen Kindes beschreiben – und umgekehrt. Im folgenden eine skizzenhafte Charakterisierung dieses inneren oder äußeren Kindes:

1. Das Kind kann nicht allein leben; es braucht Hilfe und Unterstützung; es ist völlig abhängig von der Umgebung.

2. Das Kind ist sehr auf sich selbst konzentriert, es kann nicht altruistisch sein. Nur so kann es überleben.

Für sich ist das Kind der Mittelpunkt des Lebens, der Nabel der Welt, von der es sich anfänglich kaum unterscheiden kann.

3. Das Kind wirkt auf ganz spezielle Art und Weise auf die

vorhandenen Bezugspersonen. Es weckt in diesen väterliches und mütterliches Verhalten; es regt bei den Erwachsenen das Bedürfnis an, es zu schützen, zu ernähren und ganz allgemein am Leben zu erhalten.

Die Menschheit wäre schon lange ausgestorben, wenn nicht in jedem Menschen ein tiefes Bedürfnis vorhanden wäre, Kinder zu hegen und zu pflegen.

4. Das Kind ist viel mehr als nur ein kleiner Mensch, ein noch nicht reifes, nicht völlig funktionsfähiges menschliches Wesen. Es wirkt als Symbol für vieles, was weit über das Kind als ein Lebensstadium des Menschen hinausgeht. Im Kind sehen und erleben wir viel mehr als nur ein biologisches Wesen.

Das Kind symbolisiert Neues, Zukunftsträchtiges. Es stellt Hoffnung, Glaube, Kreativität dar – es drückt Spontaneität, Unverdorbenheit und Frische aus.

Ich erinnere hier an das gewaltige Symbol des Jesuskindes, das im Christentum eine so große Rolle spielt und dessen Geburt wir an jeder Weihnacht feiern.

Dies sollen nur Andeutungen der Eigenschaften des uns hier beschäftigenden Archetyps des Kindes sein. Der Kinder-Archetyp ist für alle Menschen sehr zentral und allgegenwärtig während des ganzen Lebens. Zuerst wird dieser Archetyp durch uns selber konkret gelebt, nämlich dann, wenn wir selbst Kinder sind. Interessanterweise gibt es allerdings Ausnahmen: Es gibt Menschen, die nie Kinder sind, die alt geboren werden und in dem Sinne zeitlebens nur schwach vom Archetyp des Kindes berührt werden.

Kaum ein Archetyp wird so intensiv erlebt wie der des Kindes. Alle Archetypen sind dauernd in uns, aber nicht alle spielen dieselbe große Rolle. Der Archetyp des Kriegers, des Mars, lebt in allen von uns – viele von uns erleben ihn aber, wenn wir Glück haben, kaum je konkret äußerlich. Wir fühlen uns höchstens einmal »kämpferisch«, müssen uns aber nicht konkret als Krieger betätigen.

Den Archetyp des Priesters, um einen andern zu nennen, erleben viele Menschen kaum je einmal konkret äußerlich im Leben dadurch, daß sie selber priesterliche Funktionen innehaben. Der Archetyp des Bauern führt bei vielen Menschen der Industrienationen ein kümmerliches Dasein. Der Archetyp des

Kindes hingegen drängt sich in unserem Leben immer wieder auf, möchte erscheinen, sich manifestieren und konkretisieren.

Wie ist nun die Situation für ein Paar, das leibliche Kinder hat? Die Begegnung und Auseinandersetzung mit dem Archetyp des Kindes ist hier einfach: Der Archetyp erscheint im eigenen leiblichen Kinde, im Kinde, dessen man sich annehmen kann in seiner Hilflosigkeit und seiner Zukunftsträchtigkeit. Zuerst ist man selber ein Kind, dann kann man als Paar mit einem Kind dem Archetyp des Kindes wiederum erneut leiblich begegnen. In dem konkreten leiblichen Kinde können Eltern ihren Glauben an die Zukunft, ihre Hoffnung auf eine neue Welt, ihre eigene Kreativität voll erleben.

Das konkrete leibliche Kind kann auch durch Adoption gefunden werden, was allerdings ein sehr intensives, leidenschaftliches Verhältnis zum Archetyp des Kindes voraussetzt. Es ist oft leichter, die Ansprüche des leiblichen Kindes und die Enttäuschungen, die es den Eltern bereitet, anzunehmen als die des adoptierten Kindes. Bei diesem gibt es bei schweren Auseinandersetzungen immer noch die tückische Möglichkeit, sich mit Überzeugung zu sagen: Das Kind ist eigentlich gar nicht meines, es ist nur adoptiert – eine Ausflucht, die beim leiblichen Kinde nicht möglich ist. Adoptiveltern zu sein verlangt einen großartigen Entschluß, nämlich den Entschluß, dieses adoptierte Kind von jetzt an als das eigene zu betrachten, was auch immer geschieht. Wirklich Vater und Mutter zu sein verlangt ja, daß das Kind unter allen Umständen angenommen und bejaht wird. Diese prinzipielle totale Annahme schafft den Kindern ein Heim, eine Heimat in ihrem Leben.

Ein kinderloses Paar kann sich auch seiner Nichten und Neffen annehmen, der Kinder von Verwandten und Freunden oder sogar völlig fremder Kinder und so die Sehnsucht nach dem Archetyp des Kindes in seiner äußeren Form ausleben. Onkel und Tante können so wichtig sein wie die leiblichen Eltern; allerdings braucht es für diese Paare, die konkrete Kinder nur als Onkel und Tante erleben, viel Großzügigkeit, da die Nichten und Neffen eben doch meistens mehr auf die eigentlichen Eltern bezogen sein werden als auf Onkel oder Tante.

Immer aber bleibt beim Paar ohne leibliche Kinder eine hier

und da auftauchende Trauer, eine Trauer über das Nichterscheinen des Archetyps des Kindes im eigenen leiblichen Kind. Diese Trauer, dieses Leiden unter der Kinderlosigkeit ist ein Tribut, eine Anerkennung der Wichtigkeit des Archetyps des Kindes. Sie ist schmerzlich und quälend, aber für die seelische Entwicklung des kinderlosen Paares fruchtbar. Ich werde noch darauf zurückkommen.

Anders ist die Situation, wenn ein Paar kein Kind hat, das kein Kind haben will. Hier wird der Archetyp des Kindes in seiner äußeren leiblichen Erscheinungsform oft nicht gesucht und nicht vermißt und oft bewußt nicht betrauert. Der Archetyp des Kindes wird abgelehnt, ignoriert oder verdrängt, aus kleinlichen egoistischen Gründen, aus Mangel an Mut, aus Verehrung des Komforts und der Bequemlichkeit so im Stile: »... lieber ein zweites Auto und ein Ferienhaus als Kinder.«

Allerdings liegt hinter der gewollten und geplanten Kinderlosigkeit nicht selten mehr als kleinlicher Egoismus, nämlich eine grundsätzliche Kinderfeindlichkeit, ein Phänomen, das namentlich heute in Europa sich immer weiter ausbreitet. Freud spricht von Eros, dem Lebenstrieb, und von dessen Gegensatz, Thanatos, Todestrieb. Jung spricht von dem Mörder und Selbstmörder in uns. Die prinzipielle Kinderfeindlichkeit hängt mit diesen psychologischen Bildern oder Begriffen zusammen. Wir lieben das Leben eben nicht nur, wir hassen es auch. Wir fürchten nicht nur, die Welt, die Menschheit, könnte untergehen, wir wünschen diesen Untergang zum Teil auch.

Viele Menschen – und viele Kulturen – werden vom Eros, von der Bejahung zum Leben geleitet, einige aber von Thanatos, vom Todestrieb, vom Haß auf alles Lebendige und Neue; das drückt sich dann in einer grundsätzlichen Kinderfeindlichkeit aus. Der Archetyp des Kindes als Symbol neuen Lebens wird gehaßt und abgelehnt in jeder Form. Kinder werden gehaßt; sie müssen verschwinden, sie dürfen sich nicht bemerkbar machen. Ein Kinderspielplatz ist ein Greuel, ein Kind, das munter die Treppe des Mehrfamilienhauses hinunterrennt, ist der Grund eines Wutanfalls. Es darf keine Zukunft geben, die Zeit muß stillstehen.

In vielen Formen der Kinderfeindlichkeit sehen wir auch sehr deutlich, welche Eigenschaften, welche Züge den Kinder-

Archetyp charakterisieren. Viele Kinderfeinde ärgern sich an der Undiszipliniertheit der Kinder oder, anders gesehen, an deren Spontaneität. Im freien Spiel beachten sie vielleicht den frisch gesäten Rasen nicht, sondern jagen fröhlich darüber weg und ähnliches mehr. Schöpferische und oft auch störende Spontaneität ist eine der markanten Eigenschaften des Kinder-Archetyps.

Für die Kinderfeindlichkeit finden wir auch in der christlichen Mythologie eindrucksvolle Bilder – ich denke hier an die Geschichte des Kindermordes in Bethlehem. Unter den damals geborenen Kindern hätte sich ein neuer König, welcher Art auch immer, befinden können, so fürchtete König Herodes, und alles Neue, alles Lebendige ist bedrohlich für die Lebenshasser, für die Kinderfeinde, für die Könige Herodes.

Wird der Kinder-Archetyp verdrängt, so meldet sich das verdrängte Kind trotz aller Widerstände. Es erscheint sozusagen durch die Hintertür der Seele als Kobold, als Neurose oder als Dämon und taucht an den allerunerwartetsten Orten auf, wie das bucklige Männlein in dem bekannten Gedicht. Der verdrängte Kinder-Archetyp, das verdrängte Kind meldet sich nicht in seiner erfreulichen Form. Verdrängte seelische Inhalte verkümmern in der Verdrängung, werden zur Karikatur. Aus Kindlichem wird Kindisches.

Zum Beispiel kann das Paar als Paar kindisch werden. Beide beginnen, kindlich narzißtische Züge zu zeigen in der Art, daß sie bei jeder Einladung Fotografien ihres Ferienhauses kursieren lassen, ohne je daran zu denken, jemanden dorthin einzuladen. Oder das Kindische zeigt sich so, daß einer der Partner sich kindisch benimmt und den andern in die beschützende elterliche Rolle drängt. Die Frau zum Beispiel betreut ihren sich hilflos benehmenden Mann – sie muß ihm am Morgen sein spezielles Gesundheitsmüsli zubereiten und die Unordnung, die er wie ein kleines Kind hinterläßt, aufräumen. Oder die Frau fällt auf hilflose Art dreimal durch die Fahrprüfung und muß von ihrem Mann überall hinchauffiert werden. Sie kann keinen Scheck richtig ausfüllen; sie verlangt dauernd Betreuung.

Bei diesen absichtlich kinderlosen Paaren fehlt die bewußte Trauer oft, da ja die Inkarnation des Kindes nicht gesucht wurde und deshalb nicht vermißt wird. Der Archetyp des Kindes wird nicht geehrt. Die Trauer um das nicht erschienene leibliche Kind ist eine Anerkennung des Archetyps. Wird der Archetyp des Kindes geehrt, so muß er sich auch nicht rächen und nicht durch die Hintertür einschleichen.

Wie steht es mit dem inneren Kind? Dies ist genauso wichtig wie das äußere leibliche Kind. Kinderlose Paare können tatsächlich oft eine tiefe Beziehung zu ihrem inneren Kinde bekommen, zu dem Neuen, Schöpferischen, Zukunftsträchtigen, Unverbrauchten in sich selbst. So wie ein Mann eine tiefe Beziehung zu seinen eigenen weiblichen Seiten herstellen kann oder eine Frau zu ihrem männlichen Wesen, auch ohne Begegnung mit einem gegengeschlechtlichen Menschen. Es kann sogar vorkommen, daß ein Paar dem inneren Kinde zuliebe auf äußere Kinder verzichtet, allerdings mit Bedauern und Trauer.

Sie muß sich völlig ihrer Kunst widmen, er seiner wissenschaftlichen Tätigkeit, und für leibliche Kinder bleibt keine Energie mehr übrig. Es wäre freilich einer Untersuchung wert, herauszufinden, ob sehr kreative Paare – Paare mit vielen inneren Kindern – in der Regel mehr oder weniger leibliche Kinder als der Durchschnitt der Angehörigen ihrer sozialen Schicht auf die Welt stellen.

Paare mit Kindern, die das Kind nur in ihrem leiblichen inkarnierten Kind erleben, haben es auch nur mit *einer* Manifestation des Archetyps des Kindes zu tun. Das innere Kind kann so sehr verdrängt werden wie das äußere und sich dann auch auf seine Art rächen. Solche Eltern klammern sich an ihr leibliches Kind und entwickeln sich seelisch selber nicht, sondern erleben die neue seelische Entwicklung nur im leiblichen Kinde. Entfernt sich dann dieses, geht es weg, bleibt eine innere Leere und Öde. Das innere Kind kann wegen des Tanzes um das äußere Kind vernachlässigt werden. Die Leere wird immer wieder ausgefüllt von äußerem Kindergeschrei, bis wegen des Alters keine Kinder mehr geboren werden können und keine mehr der Pflege bedürfen – und die ganze innere Unfruchtbarkeit sichtbar wird. Auch hier bleibt allerdings wieder ein Ausweg: Einer der Partner kann zum Kind werden und sich vom andern betreuen lassen.

Jedes Paar, ja jeder Mensch kann dem Archetyp des Kindes

zweifach begegnen. Erstens als äußeres leibliches Kind und zweitens als inneres Kind.

Ich versuche hier die Möglichkeiten und Schwierigkeiten kinderloser Paare – Paare ohne leibliche Kinder – darzustellen, solcher, die zur Kinderlosigkeit gezwungen werden durch die Umstände, und solcher, die freiwillig absichtlich aus kleinlichen Gründen auf Kinder verzichten. Jeder Mensch ist eine Welt für sich, jedes Paar lebt und gestaltet seine Möglichkeiten und Begrenzungen auf seine ganz spezielle Art und Weise; Klägliches mischt sich mit Großartigem. Einer gewissen kindischen Selbstzentriertheit können die wenigsten kinderlosen Paare ausweichen, wie es andererseits für Paare mit Kindern schwierig ist, nicht dauernd von ihren Kindern zu reden und so auch eine gewiße innere Leere zu übertönen.

Ich glaube, jeder Mensch lebt mit Nachteilen, die nicht weggezaubert werden können. Wir alle haben unsere Invalidität, unsere Mängel. Vielleicht sind wir häßlich, motorisch unbegabt oder dauernd körperlich krank oder intellektuell benachteiligt und geistig undifferenziert. Oder wir leiden an Gefühllosigkeit und Beziehungsschwäche. Oder wir werden in eine unterprivilegierte Familie geboren und können uns aus sozialen Gründen zeitlebens nicht entfalten und so weiter.

Aber auch wenn wir körperlich, intellektuell, in Gefühl und sozial in jeder Hinsicht Glück haben, so begegnen wir dennoch zeit unseres Lebens nie allen Archetypen in allen Erscheinungsformen. Viele Archetypen schließen einander sogar aus. Viele müssen sozusagen einem andern geopfert werden, oder sie konstellieren sich einfach nicht. Viele Menschen begegnen der sogenannten großen Liebe zum Beispiel nie. Es gibt andere, die nie das gewaltige Erlebnis des Siegers im Wettkampf erleben – wir sind immer unvollständig, auch archetypisch unvollständig.

Leider wird heute allzusehr der vollständige, runde Mensch propagiert. Schön wäre es, wenn die Menschen rund sein könnten, fähig, alle Möglichkeiten auszuleben, alle inneren Bilder zu verwirklichen und ihnen zu begegnen. Der Mensch ist wesensmäßig nur begrenzt fähig, sich völlig zu entfalten, und so müssen wir uns dort entfalten, wo unsere Möglichkeiten liegen. Pointiert gesagt: Es sollte mehr kinderlose und mehr kinderreiche Paare geben. Wenn es einem Paar nicht gegeben ist, leibliche Kinder zu haben, so soll es zu dieser Invalidität stehen und nur seine inneren Kinder pflegen. Wenn aber ein Paar sich vor allem durch äußere, leibliche Kinder entfalten kann, so soll ihm die Möglichkeit gegeben werden, viele Kinder zu haben, sogar wenn das heißen würde, daß die inneren Kinder vorübergehend etwas vernachlässigt werden.

Unsere Invaliditäten, unsere Unfähigkeit, jedem Archetyp in seiner inneren und äußeren Form zu begegnen, verkrüppelt uns nicht, solange wir den nicht erscheinenden Formen der Archetypen nachtrauern, sie vermissen und ihnen so Anerkennung zollen, und vor allem, solange wir nicht mutwillig, aus kleinlichen Motiven sie gar nicht zum Leben kommen lassen.

Eine kinderlose Analysandin träumte: »Ein Kind mit Flügeln taucht am Himmel auf. Das Kind bin ich selber. Es klopft an mein Fenster, da es draußen kalt ist. Ich lasse es in das Zimmer und gebe ihm die Brust, um es zu nähren und zu wärmen. Im Traum selber erwache ich und bin unsagbar traurig, da ich wieder einmal realisiere, daß ich nie Kinder haben werde.«

Nicht klar war ihr, ob der Traum sich in dieser Reihenfolge zugetragen hat oder umgekehrt, in dem Sinne, daß sie zuerst traurig war darüber, kein Kind zu haben, und dann das Kind mit den Flügeln erschien. Wir sehen in diesem Traum, wie das Erscheinen des inneren Kindes und die Trauer um das fehlende äußere, leibliche Kind Hand in Hand gehen, voneinander abhängen. Die Analysandin war auch immer dann in ihrem Beruf besonders kreativ, wenn sie sehr traurig war wegen ihrer Kinderlosigkeit.

Meine These ist also folgende: In der Seele wirken Archetypen, die ihr Eigenleben haben und anerkannt werden wollen. Kein Archetyp verschwindet einfach. Der Archetyp des Kindes ist einer der mächtigsten und verlangt sein Recht und seine Anerkennung und Verehrung durch jeden Menschen.

Dem Archetyp können wir auf verschiedene Art und Weise begegnen, äußerlich in der Inkarnation, in der Fleischwerdung, oder innerlich als innerem Bild oder innerem Erlebnis. Ideal ist, wenn wir es in unserem Leben mit beiden Manifestationen, der innerlichen und äußerlichen des Archetyps, zu tun haben. Ein sogenanntes kinderloses Paar ist einfach ein Paar, bei dem sich das äußerliche, leibliche Kind nicht konstellierte. Was auch immer die Gründe sind, im Tiefsten der Seele herrscht darüber Traurigkeit. Gerade diese Traurigkeit ist aber eine Anerkennung des Archetyps des Kindes. Götter wollen, daß man ihnen Altäre errichtet und sie verehrt. Kann aber ein Paar nicht um das fehlende leibliche Kind, um die Abwesenheit einer der beiden Erscheinungsformen des Kinder-Archetyps trauern, da es die sich nicht manifestierende Form verdrängt oder aus Bequemlichkeit ablehnt, so ist der Archetyp des Kindes gekränkt und rächt sich. Er drängt das Paar in kindisches Benehmen und Verhalten. Jedes Paar wird, zum Segen oder zum Fluch, von dem Kind als Archetyp beeinflußt; kinderlose Paare gibt es nicht.

Peter Schellenbaum

Ehe ohne Kinder – gewollt, ungewollt

Peter Schellenbaum, geboren 1939. Psychotherapeut in eigener Praxis in Zürich, Dozent und Lehranalytiker im C. G. Jung-Institut in Zürich. Nach dem Studium der Theologie war er von 1971 bis 1975 Studentenpfarrer in München. Nach der Ausbildung zum Psychoanalytiker am C. G. Jung-Institut in Zürich seit 1979 eigene Praxis. Er veröffentlichte u. a. Das Nein in der Liebe, 1984.

Guggenbühls Aussage im vorangehenden Beitrag »Kinderlose Paare gibt es nicht« ist ebenso zutreffend wie die scheinbar gegenteilige Aussage: »Alle Ehen sind in gewisser Hinsicht kinderlos.« Denn Paare, die nur auf ihre gemeinsamen Kinder hin leben und für die ein gemeinsames Leben ohne ihre Kinder unvorstellbar ist, führen in Wirklichkeit gar keine Ehe. Sie bilden ein bloßes Arbeitsbündnis. Frau und Mann, deren Zusammenleben davon abhängt, ob sie zusammen Kinder aufziehen, sind nicht genügend tief miteinander verbunden, daß wir psychologisch von einer Ehe sprechen könnten. Dagegen bilden viele Paare, die ohne Trauschein zusammenleben, psychologisch gesehen eine Ehe, mit oder ohne Kinder. Ich verstehe unter Ehe als Zielvorstellung eine Beziehung zwischen zwei Menschen, die so tief voneinander ergriffen sind, daß sie ihr Leben auf der körperlichen, seelischen und geistigen Ebene durch gegenseitige Hingabe zur Entfaltung bringen wollen. Es ist klar, daß diese Zielvorstellung nie ganz erreicht ist, doch sie wirkt im Augenblick des Zusammenseins, untergründig auch mitten im scheußlichsten Streit. Sie ist die gegenwärtige Dynamik einer Ehe, solange diese lebendig ist, also einer Ehe nicht im institutionellen, sondern im psychologischen Sinne.

Alle Ehen sind folglich insofern kinderlos, als gemeinsame Kinder noch keine Ehe ausmachen. Ich bitte Leserinnen und Leser, die Kinder haben, sich lebhaft vorzustellen, sie hätten keine Kinder oder die Kinder seien erwachsen und hätten jeden Kontakt mit Ihnen, den Eltern, abgebrochen. Gehen Sie dann mit Behutsamkeit und Ausdauer jenem Gefühl nach, das Sie jetzt – ohne Kinder – für Ihren Ehepartner haben, und Sie werden wahrscheinlich auf die emotionale Eigenart Ihrer Ehe stoßen, zum Beispiel auf eine Mischung von Liebe und ängstlicher Zurückhaltung – oder von Abhängigkeit und Rivalität und so weiter. Das sorgfältige Fragen nach Ihren Gefühlen für den Partner ist von großer Wichtigkeit, weil dadurch nach und nach ohne Ihr Zutun eine Entwicklung Ihrer Beziehung stattfindet, zum Beispiel zu mehr Selbständigkeit oder spontaner Hingabe. Sie konnten dieser Frage bisher vielleicht nur deshalb ausweichen, weil Sie Erziehungsprobleme Ihrer Kinder vorschoben. Jetzt sind Sie und Ihr Partner »kinderlos«: Sie können sich also vor der notwendigen Aufmerksamkeit für den Partner nicht mehr flüchten. Und denken Sie daran: In einigen Jahren werden Sie tatsächlich »kinderlos« sein, nämlich dann, wenn Ihre Kinder die Ursprungsfamilie durch die eigene Familie ersetzen werden. Die Phantasie der Kinderlosigkeit, die ich Ihnen vorschlage, ist also keine Fiktion. Was dann, wenn Sie nicht mehr Rücken an Rücken leben, sondern Herz an Herz sich gegenüberstehen und nichts mehr, höchstens Gereiztheit, füreinander empfinden? Das Wesentliche von dem, was ich über die »Ehe ohne Kinder« sagen werde, gilt also auch für Sie. Das Sich-Hineinversetzen in eine ungewohnte Perspektive kann Ihnen vielleicht mehr Klarheit über den jetzigen Standort Ihrer Ehe und über Ihre Gefühle für den Partner geben.

Und Ihnen, die Sie tatsächlich keine Kinder haben, sei zunächst gesagt: Sie sind nicht allein. Nichts, was Ihnen als wirklich existentielles Problem zu schaffen macht, ist einem Ehepaar mit Kindern fremd. Sie haben die Tendenz, sich isoliert in der Welt der Ehepaare mit Kindern zu sehen. Das ist ein Irrtum in der Wahrnehmung. Wenn Sie meinen, mit Kindern hätten Sie und Ihr Partner es einfacher zusammen, täuschen Sie sich. Sie weichen Ihrem Problem aus, indem Sie vorgeben, daß es kein Beziehungsproblem ist. Eigentlich kranken Sie damit am gleichen wie Eheleute mit Kindern, die ihr Zusammenleben nur durch ihre Kinder definieren können. Auch Sie schauen an Ihrem Partner vorbei nicht auf reale, sondern auf die fiktiven Kinder, die Sie nicht haben. Auch Sie haben »die Ehe als psychologische Beziehung«, wie C. G. Jung einen bemerkenswerten Aufsatz betitelte, noch nicht entdeckt. Sie sind wirklich nicht allein. Jeder Mensch kann sein Lebenspotential nur in der Hingabe an ein Du wecken.

Wie für jeden verheirateten Menschen liegt es in der Dynamik Ihrer Beziehung zum Partner, daß die Phase der Projektionen, mit denen Sie den anderen in seiner eigenen Wirklichkeit teilweise verkennen und vergewaltigen, nach und nach so weit wie möglich von der Phase der *Leitbildspiegelung* abgelöst wird: Mit der Energie, die durch die Liebe freigesetzt wird, nehmen Sie »wie in einem Spiegel« im Du, wie es wirklich ist, ein Leitbild innerer, bisher unbekannter und unentwickelter Eigenschaften und Fähigkeiten wahr. Dieses Leitbild ist symbolisch, das heißt kein äußerliches, unpassendes Vorbild, das zur bloßen Nachahmung motivieren würde. Die neuen Eigenschaften und Fähigkeiten, deren Sie innewerden, gehen im Augenblick der Wahrnehmung mit Ihrem bisherigen Ich spontan eine neue Verbindung ein und bilden eine Ihrem angeborenen Lebensmuster entsprechendere Persönlichkeit. Ich bin diesem Grundproblem jeder lebendigen Beziehung in meinem Buch »Das Nein in der Liebe – Abgrenzung und Hingabe in der erotischen Beziehung« nachgegangen und werde am Schluß darauf zurückkommen.

Es ist eine Illusion, zu meinen, ein Vater oder eine Mutter könnten als Ersatz für ihre stagnierende Ehe eine intensivere Beziehung mit ihrer Tochter oder ihrem Sohn pflegen. Wie bitter und schmerzhaft sind die Erfahrungen beider Generationen, wenn ihre ungleiche Verbindung eine schwierige Beziehung innerhalb der gleichen Generation ersetzen soll! Sie, die Sie keine Kinder haben, können nicht so leicht aus einer erwachsenen Beziehung in eine pädagogische flüchten, die vom Einfluß des Erwachsenen und der Abhängigkeit des Schutzbefohlenen geprägt wird und somit keinen Austausch auf gleicher Ebene zuläßt.

Die Ehe ohne Kinder ist also eigentlich kein Sonderfall. Sie kann aber zum Sonderfall werden, wenn die Ehepartner unbewußten Vorstellungen und Ängsten ausgeliefert sind. Weil die kinderlose Ehe nicht der Norm entspricht, können keine gängigen Klischees den Partnern die persönliche Bewußtwerdung ihrer Beziehung abnehmen. In der Reklame zum Beispiel wird ausführlich dargestellt, wie ein junges Liebespaar oder eine glückliche Familie – mit Vater und Mutter, Tochter und Sohn – sich zu verhalten hat. In den kollektiven Zielbildern unserer Gesellschaft fehlt jedoch das Paar mittleren oder reiferen Alters ohne Kinder. Sogar die Großeltern werden meistens mit Enkelkindern – eben als Großeltern – dargestellt. Zwar ist – wie ausgeführt – das Paar ohne Kinder kein psychologischer Einzelfall. Doch sozial wird es als solcher empfunden, weil unsere extravertierte Gesellschaft mehr Interesse an der Generationenfolge als an der seelischen Reifung der Individuen hat. Soziale Sonderfälle jedoch bedürfen immer einer größeren Bewußtheit, um die Selbstsicherheit zu erlangen, die anderen aufgrund ihres sozialen Status leichter gemacht wird. Um diese Bewußtheit geht es im Folgenden. Im ersten Teil fragen wir nach den Motiven und Gründen der Kinderlosigkeit und im zweiten Teil nach dem Umgang mit dieser.

Zunächst müssen sich Eheleute ohne Kinder über die *Motive* ihrer Kinderlosigkeit klarwerden. Ich gehe nicht näher auf jene Ehepartner ein, die *keine sexuelle Beziehung* haben, denn die Sexualität gehört – abgesehen von eventuellen mehr oder weniger langen Unterbrechungen – unabdingbar dazu, daß zwei Menschen psychologisch eine Ehe bilden. Ehen ohne Sexualität sind entweder Scheinehen – Ehe als anpasserische Antwort auf die sozialen Erwartungen der Umwelt – oder Partnerschaften mit vorläufigem Charakter. Wenn sich Menschen mit dem Anspruch auf Endgültigkeit in einer Beziehung ohne Sexualität etablieren, tun sie dies unter anderem aus Abwehr gegen die eigenen sexuellen Bedürfnisse und gegen fremde Ansprüche auf Nähe und Intimität. Sexuelle Abstinenz ist jedoch nur selten der Grund für Kinderlosigkeit.

Wir wenden uns nun den wichtigsten Motiven für Kinderlosigkeit in Partnerschaften zu, aus denen die Sexualität nicht ausgeklammert wird. An erster Stelle sind *biologische Gründe* für ungewollte Kinderlosigkeit zu nennen, also Sterilität beim Mann oder bei der Frau. Es ist hier nicht der Ort, auf die medizinischen Aspekte einzugehen. Psychologisch bedeutsam ist, wie Paare auf mehrere Jahre dauernde Unfruchtbarkeit reagieren. Scheuen sich einer der Partner oder beide vor gründlichen medizinischen Untersuchungen, bedeutet dies oft eine unbewußte Abwehr gegen die Verantwortung, die die Elternschaft mit sich bringt. Vielleicht steuert diese unbewußte Abwehr auch das Sexualverhalten, indem an den fruchtbaren Tagen der Frau unwillkürlich der Geschlechtsverkehr gemieden wird. Die Scheu vor gründlichen medizinischen Untersuchungen bietet den Anlaß, die Abwehrhaltung eines oder beider Partner gegen die durch Kinder wachsende Verbindlichkeit der Partnerschaft oder gegen die neuen Pflichten, oder gegen beides, bewußt zu machen, am besten mit einer therapeutisch geschulten Drittperson, damit die Konsequenzen gezogen werden können, entweder durch Überwinden der Abwehrhaltung oder durch Auflösung der Ehe.

Eine andere Frage ist, welche medizinischen Eingriffe Paare akzeptieren können, um auf künstlichem Wege doch noch eigene Kinder zu haben. Die subjektive Grenze, die keinesfalls überschritten werden darf, ist das Gefühl einer trotz des künstlichen medizinischen Eingriffs in einem tieferen Sinne empfundenen Natürlichkeit. Oder anders ausgedrückt: Die emotionale Beziehung zum Partner und zum gewünschten Kind darf durch den medizinischen Eingriff nicht beeinträchtigt werden. Ob diese Beeinträchtigung eintreten wird oder nicht, ist allerdings im Moment der Entscheidung schwer vorauszusagen. Das Problem der Retortenbabys wird zu ausschließlich unter einem rein medizinischen Gesichtspunkt angegangen. Wie ist die seelische Beziehung von Mutter und Vater zum Embryo in der Retorte? Bereits die künstliche Befruchtung kann die Beziehung zwischen den Partnern und zu dem ungeborenen Kind empfindlich stören. Hier können psychotherapeutische Gespräche hilfreich sein, um die emotionale Beziehung von den mit dem Eingriff verbundenen Störungen zu befreien.

Relativ oft gibt es biologische Gründe für vorläufige oder endgültige Kinderlosigkeit, die medizinisch nicht zu diagnostizieren sind. Wie kommt es, daß Paare ohne medizinisch diagnostizierbaren Grund trotz häufigem Geschlechtsverkehr erst nach zehn oder fünfzehn Jahren ihr erstes Kind bekommen oder eben keine Kinder haben? Und wie kommt es, daß nach Scheidungen kinderloser Ehen manchmal beide Partner nach kurzer Zeit Kinder haben, obschon die Häufigkeit des Geschlechtsverkehrs nicht signifikant erhöht ist?

Im Zusammenhang mit solchen schwer zu beantwortenden Fragen beginnen Ehepartner oft daran zu zweifeln, ob sie nicht möglicherweise an einer tiefsitzenden seelischen und körperlichen Unverträglichkeit leiden. Das trifft in der Tat manchmal zu, aber keineswegs in der Mehrzahl der Fälle. Die Gefahr, daß derlei psychologische Zusammenhänge fälschlicherweise hergestellt werden, ist groß und kann schwere Folgen haben. Es gibt nicht nur selbsterfüllende Prophezeiungen, sondern auch selbsterfüllende psychologische Deutungen, vor allem wenn sie das Resultat eigener Grübeleien sind. Oberflächliche, aber suggestive Erklärungen der Wechselwirkungen von Körper und Seele, sei es in bezug auf schwere Erkrankungen oder eben auf Unfruchtbarkeit, bewirken das, was sie zu deuten vorgeben. Paare ohne Kinder werden in den ersten Jahren unter anderem von dunklen Ängsten in bezug auf eine vermeintlich auch seelische Unfruchtbarkeit ihrer Ehe geplagt. Eigene oder fremde Deutungen im Sinne dieser Ängste können diese zur fatalen Gewißheit werden lassen, bis die Schwingungen zwischen den beiden derart belasteten Partnern schließlich tatsächlich stocken und die Beziehung einfriert. Zwar sind Körper und Seele letztlich eins, doch als Außen- und Innenansicht der gleichen Wirklichkeit (Teilhard de Chardin) können wir sie nie vollständig unter einer gemeinsamen Perspektive sehen. Sonst könnten die Körpertherapien die Psychotherapien gänzlich ersetzen und umgekehrt. Die Erfahrung jedoch widerlegt dies. Die besten Erfolge haben Psychotherapien, die sensibel auch auf das »Außen« des Klienten reagieren, zum Beispiel auf seine Haltungen, Bewegungen, Verspannungen, emotionalen Blokkierungen, und Körpertherapien, die auch Einsichten in seelische Abläufe ermöglichen.

Solche Deutungen sind deshalb psychologisch grundsätzlich falsch, auch wenn sie im einen oder anderen Falle zutreffen. Denn selbst da, wo sie zutreffen, verstärken sie die Problematik, statt sie zu lösen. Etwas ganz anderes ist es, wenn die beiden Eheleute – vielleicht in Anwesenheit eines Dritten, aber ohne dessen Deutung »ex cathedra« – im Geiste verbindender Liebe und ohne gegenseitige Anschuldigungen das gemeinsame Schicksal der ungewollten Kinderlosigkeit zusammen betrachten und dabei offen für etwaige tiefere Beziehungsprobleme werden, auch wenn sie wahrscheinlich mit der ungewollten Kinderlosigkeit gar nichts zu tun haben. Mir selber sind allerdings zwei Fälle bekannt, wo nach derlei gründlichen Aussprachen die medizinisch nicht erklärbare mehrjährige Unfruchtbarkeit behoben und die Frau schwanger wurde. In allen Fällen jedoch vermögen solche Gespräche die auf das Manko der Unfruchtbarkeit verkehrterweise aufgepfropfte seelische Deutung – Konflikte, wie sie auch die meisten Paare mit Kindern haben – aufzudecken. Jetzt kann die Beziehungsproblematik als solche, ohne belastende Schuldgefühle wegen deren zwangsläufiger Verknüpfung mit der ungewollten Kinderlosigkeit, angegangen werden. In den erwähnten Fällen, in denen die Frau schließlich schwanger wurde, bestand bei beiden Partnern schon vor der Eheschließung das entmutigende Vorurteil: »Ich kann nicht Vater beziehungsweise Mutter sein.« Auch dies kam bei den gemeinsamen Gesprächen zum Vorschein, zusammen mit den familiären Hintergründen dieses spezifischen Minderwertigkeitsgefühls, auf die ich hier nicht eingehen kann. Doch finden sich solche lähmenden Vorurteile auch bei unzähligen Menschen, die Kinder haben.

Wenn die Ursache für die Sterilität feststeht, darf der fruchtbare Partner auf keinen Fall die körperliche Unfruchtbarkeit des anderen mit seelischer Unfruchtbarkeit, also mangelnder Liebe, verwechseln. Das kommt zwar selten ausdrücklich vor; aber unbewußt ist diese Verwechslung keineswegs selten. Wenn ich sie einem betroffenen Klienten gegenüber aussprach, wurde sie meist rasch bewußt, und die Atmosphäre zwischen den Partnern entgiftete sich. Bei ungeklärter Ursache kommt es glücklicherweise immer seltener vor, daß der Mann a priori der Frau die Schuld gibt.

Das biologische Motiv für Kinderlosigkeit ist ungewollt. Im Folgenden geht es um *drei Motive für gewollte Kinderlosigkeit.* Manchmal – doch, wie mir scheint, seltener als noch vor einigen Jahren – wird die *heutige unsichere Weltsituation* als Grund für die gewollte Kinderlosigkeit angegeben. Das Luther zugeschriebene Apfelbäumchen wird also nicht gepflanzt, auch wenn diese Partner, im Gegensatz zu der von Luther unterstellten Situation, nicht wissen, ob die Welt morgen wirklich untergeht, dies aber um so intensiver ahnen und ihre Ahnung durch viele, tatsächlich beunruhigende Anzeichen einer drohenden globalen Katastrophe begründen. Wenn sie um den Untergang mit Sicherheit wüßten, würden sie, wie es von Menschen in Katastrophenzeiten bekannt ist, vielleicht ihre Reserven ablegen und allem Wissen zum Trotz ein Kind zeugen. Da sie es aber nur dunkel ahnen, stellt sich die Frage, ob die negative Faszination durch den drohenden Untergang nicht in erster Linie Ausdruck ihrer mangelnden Hingabe an das eigene Leben, an die Partnerschaft und an die Welt bedeutet. Die Kinderlosigkeit wäre dann ein sekundäres Problem. Bei den wenigen Menschen aus meinem Umkreis, die aus weltanschaulichen Gründen Kinder ablehnten, war das primäre Problem immer die mangelnde innere Lebendigkeit: die Lebensangst.

Paare, die im Moment der Eheschließung bereits im mittleren Alter stehen, sehen manchmal, abgesehen von den realen Schwierigkeiten von fast »großelterlichen« Eltern, die Entwicklungsschwerpunkte ihrer zweiten Lebenshälfte in anderen Bereichen als in der Kindererziehung: Dies ist das zweite Motiv für gewollte Kinderlosigkeit. Diese Sicht kann berechtigt sein und aus einem hohen Verantwortungsbewußtsein kommen.

Letztere Bemerkung lenkt uns zum allgemeineren dritten Motiv für gewollte Kinderlosigkeit hin. Es gibt Partner, die ohne Kulturpessimismus und ohne Reserve in der gegenseitigen Hingabe keine Kinder haben wollen, weil ihnen *andere Lebensziele,* die meist *spezifischen Berufungen* entsprechen, wichtiger sind. Die sozialen oder kulturellen Aufgaben sind ihre Kinder. Das Zeugen und Austragen eines Werkes kann in der Tat emotional ähnlich erfüllend sein wie das Aufziehen von Kindern. Von den beschränkten Einsatzmöglichkeiten her ist vielleicht nur eines möglich. Tiefer gesehen ist es das subjektiv unteilbare Engagement, das in einigen Fällen eine Teilung zwischen Berufung und Kindern ausschließt. Solche Ehepaare sind oft außerordentlich interessante Menschen. Die Gespräche mit Jacques Madaule, dem berühmten Historiker, und seiner Frau, Madeleine Barthélémy-Madaule, der Professorin für Philosophie an der Sorbonne in Paris, bleiben mir unvergessen. Ihre gegenseitige Befruchtung, die sich in ihren Arbeiten niederschlug, hatte für sie vor der biologischen Fruchtbarkeit den Vorrang. Auch der Verzicht auf Kinder bei Simone de Beauvoir, der Lebensgefährtin Sartres, ist aus ihrem Engagement für die Frauenemanzipation in der damaligen Zeitsituation zu erklären. Allgemein ist zu sagen: Wenn Paare in irgendeiner Form Leben zeugen, erfüllen sie den Sinn einer ganzheitlichen Partnerschaft.

Dieser Satz gilt auch für Paare, die, ohne es zu wollen, keine Kinder haben können. Er führt uns zur allgemeinen Frage nach dem *Umgang mit der Kinderlosigkeit.* Ich habe sie zum Teil bereits beantwortet, während ich die Motive für die Kinderlosigkeit aufzuzeigen suchte. Daher kann ich mich in den verbleibenden Problemen im Umgang mit der Kinderlosigkeit kurz fassen.

Die Gefahr, einem »Beziehungsclinch« zu verfallen und der ehelichen Partnerschaft durch ständige, zermürbende Beziehungsanalysen das Wasser spontaner Lebendigkeit abzugraben, ist in kinderlosen Ehen besonders groß. Die Energie, die Eltern in die Kindererziehung lenken, investieren Partner ohne Kinder oft in widernatürlicher Weise in die Beziehung selber. Im Gegensatz dazu stehen, wie erwähnt, Eltern in Gefahr, aus der ehelichen Beziehung in die Beschäftigung mit den Kindern zu flüchten.

Partner ohne Kinder brauchen *menschlich erfüllende Aufgaben,* jeder für sich und beide zusammen, damit auch in ihrem Leben die natürliche Bezogenheit beider auf ein Drittes eine verbindende Dynamik erzeugt und neue Lebendigkeit schenkt. Kinderlose Ehen – aber nicht nur diese – sind oft *»Ping-Pong-Ehen«,* das heißt, Ehen ohne gemeinsame Dynamik: In zermürbender Eintönigkeit bei gleichzeitiger sportlicher Schlagfertigkeit wird der gleiche Ball hin und her gespielt, bis es einem oder beiden zu dumm wird und sie aus dem Ehespiel aussteigen. Durch die Anteilnahme an den Erlebnissen des Partners und durch wichtige gemeinsame Aufgaben kann das Risiko einer »Ping-Pong-Ehe« überwunden werden. Man lernt, »am gleichen Strick zu ziehen«.

Nur Kinder im übertragenen Sinne des Wortes können eine kinderlose Ehe vor der seelischen Unfruchtbarkeit retten. Solche Kinder im übertragenen Sinne sind zum Beispiel Lebenskeime einer neuen Hoffnung, die zwei Partner durch gemeinsame, warme, gute Gespräche in einem Menschen aus dem Freundes- oder Bekanntenkreis einpflanzen können, der sich in Schwierigkeiten befindet. Auch das gemeinsame Erwägen von Fragen, die den einen oder anderen Partner existentiell beschäftigen, kann kinderlosen Paaren das Gefühl gegenseitiger Hingabe und seelischer Fruchtbarkeit geben.

Partner mit sozialen Berufen schenken den ihnen anvertrauten Menschen einen Teil jener Liebe, die sie sonst den eigenen Kindern geben würden. Diese Liebe hat ihren Ursprung in der lebendigen Partnerschaft beider. Allerdings ist damit auch die Gefahr übermäßiger Bemutterung und »Bevaterung« verbunden, aber vermutlich nicht häufiger als gegenüber eigenen Kindern.

Partnern, die auf Grund ihrer gemeinsamen seelischen Fruchtbarkeit die Ausstrahlung von Eltern haben, wird es an elterlichen Aufgaben nicht fehlen. Zum Beispiel werden sie von Neffen und Nichten beansprucht. Sie dürfen diese allerdings nicht im geringsten festhalten und in Konkurrenz mit den Eltern treten. Sie müssen permanent üben, die »Kinder« loszulassen, nicht nur Neffen und Nichten, sondern auch andere ihnen anvertraute Menschen. Leibliche Eltern lernen dies manchmal erst in der Pubertät ihrer Kinder, wenn sie es überhaupt lernen.

Kinderlose Ehepartner haben die Chance, einen wirklich partnerschaftlichen Lebensstil wählen zu können. Es ist nicht einzusehen, warum Männer weniger Verantwortung in Haus und Garten und Frauen weniger Verantwortung im Beruf und Geldverdienen übernehmen sollen, wenn keine Kinder da sind. Kinderlose Paare können eine flexiblere Rollenverteilung einüben, die in Ehen mit Kindern manchmal noch nicht möglich ist. So können sie zu Pionieren einer dynamischen Gleichberechtigung werden.

Ehen ohne Kinder sollten natürlicherweise offener sein als Ehen mit Kindern. Herzliche und regelmäßige Kontakte zu gemeinsamen Freunden können eine kinderlose Ehe befruchten und durch neue Einflüsse, Interessen, Anschauungen bereichern. Sie fördern die geistige und seelische Lebendigkeit. Kürzere oder längere Reisen, die ebenfalls zum Austausch anregen, sind leichter möglich, als wenn für eine ganze Familie geplant werden muß. Kinderlose Paare können eine größere Unbekümmertheit und Spontaneität entwickeln, weil sie nicht die Verantwortung für eine Familie tragen. Eben diese Unbekümmertheit und Spontaneität sind im freundschaftlichen Kontakt mit anderen Menschen, die stärker in sozialen Zwängen eingebunden sind, ein Geschenk und wirken befreiend. Ein eigener Freundeskreis ist für jeden Partner in einer kinderlosen Ehe besonders wichtig, um den erwähnten »Beziehungsclinch« zu vermeiden.

Die Ehe als Institution ist hauptsächlich von der Erziehung der gemeinsamen Kinder her zu begründen. Ehepartner ohne

Kinder müssen durch die stets erneuerte Lebendigkeit ihrer Liebesbeziehung sich und anderen begreiflich machen, warum sie in der Institution der Ehe verbunden sind. Sie können sich nicht auf gemeinsame Kinder berufen, um sich und anderen zu erklären, warum sie zusammenbleiben. Kinder als Hauptmotiv für das Zusammenbleiben zweier Menschen zu betrachten ist natürlich verkehrt, trotzdem kommt es häufig vor. Dahinter verbirgt sich meist das unbewußte Bedürfnis, selber Kind des Ehepartners zu sein. Man bleibt nicht wegen des Kindes zusammen, sondern wegen der eigenen Kindlichkeit. Paare ohne Kinder können nicht zu solchen Tricks Zuflucht nehmen, wenn es darum geht, zu begründen, warum sie zusammenbleiben. Entweder ist die Partnerschaft in sich lebendig und sinnvoll, oder es drängt sich eine Trennung auf. Das bequeme und geisttötende Sich-in-der-Ehe-Etablieren wird Partnern ohne Kinder schwieriger gemacht.

In einer kinderlosen Ehe können wir der Verpflichtung nicht so leicht ausweichen, »das innere Kind zu zeugen«, wie C. G. Jung die Entfaltung einer neuen und umfassenderen, unserem Kern entsprechenderen Persönlichkeit nennt – das Gegenteil der erwähnten kindlichen Unreife. Jeder der beiden Partner hat sein »inneres Kind« zu zeugen; aber jeder braucht dazu die Liebesbeziehung zum anderen. Es ist ja nicht zufällig, warum ich gerade *diesen* Partner gewählt habe. Wenn er nicht nur Projektionsfigur des gegengeschlechtlichen Elternteils ist (er ist dies immer *auch*), verkörpert er in seinem realen Wesen vieles, was ich selber zu wenig entwickelt habe, zum Beispiel Durchsetzungsvermögen oder Gefühlsstärke. Diese Züge können mir manchmal im Partner sehr auf die Nerven gehen, weil sie mir bedrohlich fremd sind. Ich neige dann dazu, das Durchsetzungsvermögen des Partners als Halsstarrigkeit zu entwerten oder seine Gefühlsstärke als blinde Sentimentalität. Doch wenn ich ihm mit einer offenen, durch Liebe motivierten, nicht wertenden Aufmerksamkeit begegne, weckt sein Bild spontan diese gleichzeitig geliebte und gehaßte Eigenschaft auch in mir zum Leben. Deren Entfaltung durch mich kann nie so vollständig wie im Partner selber sein, weil dessen Wesen ja seit jeher davon geprägt ist. Dies verstehe ich unter Leitbildspiegelung. Sie ist das Gegenteil einer statisch starren, entwicklungsfeindlichen Rollenverteilung, zum Beispiel: »Ich habe das Durchsetzungsvermögen und du das Gefühl. Bleiben wir dabei.« Die Leitbildspiegelung muß von allen Paaren zur Entfaltung geweckt werden, mit oder ohne Kinder. Doch wenn bei kinderlosen Paaren auch die »inneren Kinder« fehlen, können sie den Mangel an eigener Lebendigkeit nicht durch leibliche Kinder überdecken. Kein Kind lacht an meiner Stelle. Kein Kind weint an meiner Stelle. Kein Kind wächst und entwickelt sich an meiner Stelle. Ich selber muß lachen und weinen lernen, ich selber muß wachsen und mich entwickeln. Mit dieser schwierigen Aufgabe im Herzen stehen sich Partner ohne Kinder gegenüber und forschen gemeinsam nach befruchtenden Lebenskeimen.

Hans Dieckmann

Was Träume von unserer Kindheit aufbewahren

Hans Dieckmann, geboren 1921. Seit 1957 in Berlin als Psychoanalytiker tätig. Dozent am Institut für Psychotherapie in Berlin. Ehrenpräsident der Deutschen und Österreichischen Gesellschaft für Analytische Psychologie und Präsident der Internationalen Gesellschaft für Analytische Psychologie. Vorlesungen am C. G. Jung-Institut Zürich; Gründungsvorsitzender des C. G. Jung-Instituts Berlin und Herausgeber der Zeitschrift für Analytische Psychologie. Zahlreiche Veröffentlichungen, u. a. Umgang mit Träumen, 1978; Der blaue Vogel in der Reihe Weisheit im Märchen, 1986.

Fragen wir uns nach der Beziehung der Träume zu unserer Kindheit, nach den Inhalten, der Atmosphäre und den Erlebnissen, die in unseren Träumen aus der Kindheit wieder hochkommen und als etwas längst Vergessenes oder Verdrängtes unserem Bewußtsein wieder angegliedert werden, so müssen wir hier zunächst zwei Aussagen der Gründer der Psychoanalyse und der Analytischen Psychologie erwägen. Nach der Konzeption von Sigmund Freud ist das Träumen ein regressiver Vorgang. Unter dem Einfluß einer Zensur, die den manifesten Traum bis ins Undeutliche oder schwer Verständliche verändert, werden hier Inhalte aus der Verdrängung dem Bewußtsein vorgestellt. Die Veränderung des manifesten Trauminhaltes durch die Zensur tritt verstärkt auf, wenn es sich um traumatische Ereignisse der frühen Kindheit handelt, insbesondere, wenn diese ihre Energiebesetzung nicht verloren haben, oder aber auch bei frühkindlichen (infantilen) Triebwünschen, die dem Bewußtsein unangenehm sind.

Die Psychoanalyse verspricht sich von der bewußten Auseinandersetzung mit diesen infantilen Wünschen und Triebansprüchen sowie von der Verarbeitung ehemals traumatischer Ereignisse aus der Eltern-Kind- oder Geschwister-Beziehung eine Besserung und Heilung von Neurosen, die teils durch bewußte Verzichte des stabileren Erwachsenen-Ich, teils durch Sublimationen dieser frühen Triebwünsche ermöglicht wird. Natürlich ist dies sehr vereinfacht ausgedrückt, trifft aber doch den Kern der Theorie. Nach Freud führt also jeder Traum in die Kindheit zurück, während C. G. Jung über die Träume eine grundsätzlich andere Auffassung hatte. Er setzte das Unbewußte und die Innenwelt des Menschen als eine Art Mikrokosmos in Parallele zu dem Makrokosmos unserer Welt und war dementsprechend – und das möchte ich hier an dieser Stelle sofort sagen: meines Erachtens zu Recht – der Auffassung, daß die Träume in der Lage sind, alles zu enthalten, Kindheitserlebnisse, Erinnerungen, frühere und spätere Konflikte, Vorschläge zu Lösungsmöglichkeiten von grundsätzlich wichtigen Lebensproblemen, neue, bisher nicht gekannte Erlebnisformen, insbesondere an den Schwellensituationen des Lebens, Gefühle und Affekte, die in einer bestimmten Situation gefehlt haben, zusätzliche Wahrnehmungen, die das einseitig konzentrierte Bewußtsein nicht aufgenommen hat, und sogar parapsychologische Phänomene – um hier nur einiges zu nennen, was keine vollständige Auflistung darstellen soll.

Uns interessiert im Zusammenhang mit diesem Thema aber nur, wie der Traum wieder eine Verbindung zu unserer Kindheit herstellt, diese in uns verlebendigt und uns damit in einem breiten und umfassenderen Rahmen in unsere persönliche Lebensgeschichte bewußt hineinstellt. So möchte ich hier drei verschiedene Kategorien von Träumen unterscheiden, die uns in unsere Kindheit zurückführen und in der Lage sind, die verdrängten und vergessenen Empfindungen, Gefühle und Erlebnisse unserer frühen Kinderzeit wieder bewußt zu machen, wobei ich noch einmal ausdrücklich betonen möchte, daß nicht alle Träume in diesen drei Kategorien unterzubringen sind, es sei denn, man verbiegt sie gewaltsam im Sinne einer Theorie und interpretiert etwas in sie hinein, mit oder ohne Hilfe des Patienten, das sie de facto nicht enthalten. Man sollte den Vorwurf, daß die Psychoanalyse in vieler Beziehung eine »self fulfilling prophecy« ist, durchaus ernst nehmen; denn bei einer derartig nahen und intimen seelischen Beziehung, wie sie zwischen dem Analytiker und dem Patienten im Rahmen der Übertragung und Gegenübertragung besteht, spielen vorgefaßte Konzeptionen und Meinungen des Analytikers eine relativ große Rolle, und wir müssen versuchen, diese im direkten Umgang mit unseren Patienten vorübergehend, soweit möglich, weitgehend zur Seite zu legen, um den auftauchenden Inhalten des Unbewußten den Freiraum anzubieten, sich so zu entwickeln, wie es ihnen entspricht.

Die erste Kategorie von Träumen, die sich mit der Kindheit beschäftigt, ist diejenige, in denen der Träumer sich direkt, sei es als Erwachsener, sei es als Kind, in bestimmte Situationen seiner Kindheit zurückträumt und diese wieder erlebt. Relativ verständlich und komplikationslos sind hierbei diejenigen Träume, die etwa von der Pubertät bis ins dritte Lebensjahr zurückgehen und wo sich der Patient direkt erinnern kann: »Ach ja, diese Situation hatte ich ganz vergessen. Sie ist tatsächlich so gewesen, wie sie der Traum darstellt«; oder aber, daß er uns mitteilt: »Dieses und jenes war im Traum etwas anders, als ich es aus der Wirklichkeit erinnere«, wobei es dann

Aufgabe der Analyse ist, vorsichtig und allmählich herauszufinden, ob es sich bei dem Patienten hier um eine Erinnerungstäuschung handeln mag und der Traum gegenüber der bewußten Erinnerung die frühe kindliche Situation besser und richtiger erfaßt hat. Auf der anderen Seite kann es natürlich auch so sein – da die Träume symbolischen Charakter haben –, daß die reale Kindheitssituation etwas anders gewesen ist, als der Traum sie schildert, und der Traum in seiner Symbolik ein bestimmtes Problem, das hinter diesem Kindheitserlebnis liegt, stärker verdeutlichen will oder es mit anderen Erlebnissen verknüpft, die auf dieselbe Problematik hinweisen.

Problematischer sind diejenigen Träume, in denen der Träumer in eine ganz frühe Zeit zurückversetzt wird, bei der man annehmen kann, daß sie entweder nur ganz schwer erinnerbar ist oder nach den Kategorien des sogenannten gesunden Menschenverstandes und auch nach dem, was wir heute über die Entwicklung des Gedächtnisses wissen, eigentlich gar nicht erinnerbar sein dürfte. Hierfür möchte ich ein Beispiel geben und es zur Diskussion stellen:

Ein 23jähriger Patient, der sich seit längerer Zeit bei mir in einer analytischen Therapie befand und dessen bewußte Einstellung durch ein sehr negatives Erleben der Mutter, mit Folgen gegenüber der ganzen Welt, charakterisiert war, hatte in den vorausgegangenen Stunden ausführlich darüber gesprochen, wie wenig er sich in der Welt zu Hause fühle, wie feindselig ihm nicht nur der andere Mensch, sondern auch die Natur vorkomme und wie unmöglich es für ihn sei, wirklich entspannt und ruhig eine Situation zu genießen. Kurz danach hatte er folgenden Traum, der ihn sehr beeindruckte und den er gleich mit entsprechenden Emotionen in die Stunde brachte. Der Traum lautete:

»Ich war ganz klein, fast ein Baby, aber vielleicht konnte ich schon laufen oder wenigstens stehen. Jedenfalls hatte ich im Traum dieses Gefühl. Ich lag in einem Kinderwagen unter einer leichten Decke. Es muß spätes Frühjahr oder Sommer gewesen sein, und ich wurde von meiner Mutter auf einem Parkweg entlanggeschoben. Entweder war es ein Sportwagen, oder ich hatte mich in dem Kinderwagen etwas aufgerichtet und sah so die Büsche, den vorübergleitenden Rasen sowie einige Menschen, die dort entlanggingen. Das Beeindruckendste aber an diesem Traum war das wundervolle Gefühl von Ruhe, Gelassenheit, aufmerksamer Neugier und Interesse und ein richtiges Glücksgefühl, so daß ich mich erinnere, mit den Beinen vor Glück gestrampelt zu haben.«

Bewußt erinnerte sich der Patient überhaupt nicht an eine derartige Situation und konnte nur durch Nachfragen bei seiner Mutter feststellen, daß diese ihn tatsächlich öfter in einem Park ausgefahren hatte, was wenig besagte, da dies mit den meisten Kindern geschieht. Es erhebt sich nun die Frage: Bringt der Traum hier wirklich eine reale, positive Erinnerung an seine Kindheit hoch, eine Kindheit, die der Patient bislang immer nur als einen einzigen Alptraum erlebt hatte, oder bringt der Traum symbolisch auf der Basis der Archetypen des kollektiven Unbewußten eine Mobilisierung einer positiven Mutter-Imago und eines gesunden, glücklichen Kindes hervor, die ihm helfen kann, seine so schrecklich und negativ erlebte Kindheit und Mutterbeziehung zu korrigieren? Auch wenn sich in der folgenden analytischen Behandlung des Patienten allmählich herausstellte, daß die von ihm als so negativ erlebte Mutter keineswegs *nur* so war, sondern eine Reihe von kleinen Erlebnissen mit ihr bewußt wurden, in denen sie dem Kind positiv zugewandt war und er ein ähnliches Glücks- und Zufriedenheitsgefühl wie in diesem Traum wenigstens im Ansatz in der Beziehung zur Mutter erfahren hatte, so müssen wir hier die Frage nach der Realität doch offenlassen, da wir keine wirklich verifizierbaren Aussagen aus der Umgebung des Patienten oder aus eigenen Erinnerungen erhalten können.

Daß derartige frühe Erlebnisse, die aus den allerersten Lebensjahren stammen, tatsächlich Erinnerungen oder Erinnerungsspuren erhalten können, möchte ich an einem Beispiel darstellen, das mich selbst seinerzeit sehr beeindruckt hat:

Eine etwa 40jährige Patientin, die unter ganz heftigen Trennungsängsten litt, die bereits dann auftraten, wenn die nächste und intimste Beziehungsperson, die sie hatte, auch nur für kürzere Zeit von ihr entfernt war, ohne daß sie darüber Bescheid wußte, wo sich diese befand und was sie vorhatte, geriet in derartigen Situationen in direkt panische Zustände, die sie nur mit Mühe beherrschen konnte. Auch hier kreiste die

Analyse sehr lange um die in der Kindheit ausgesprochen enge und symbiotische Beziehung zu ihrer Mutter, ohne daß uns beiden wirklich deutlich wurde, welchen tieferen Kern diese Panik hatte. Erst nach mehrjähriger Behandlung teilte mir die Patientin eine Phantasie mit, die regelmäßig in diesen Panikzuständen auftauchte und die ihr furchtbare Angst einjagte. Sie hatte diese nie erzählt, weil sie so völlig irrational war, und sie fürchtete, ich würde sie für verrückt halten, wenn sie vor einem derartigen Bild Angst hätte. Bei dem Bild, das in dieser Phantasie auftauchte, handelte es sich um einen leicht im Wind wehenden Vorhang bei strahlendem Sonnenschein und tiefer Ruhe draußen. Sobald dieses Bild vor ihrem inneren Auge auftauchte, geriet sie in panische Angst. Wir überlegten lange gemeinsam, was hinter diesem Bild stecken konnte; aber es gelang uns nicht, das beängstigende Motiv der an sich völlig harmlosen Phantasie herauszubekommen oder auch nur das Bild zu erweitern. Schließlich äußerte ich eine Vermutung: Die Patientin war während des Krieges sehr häufig zusammen mit ihrer Mutter in ein Haus an der Ostsee evakuiert worden, das dicht am Meer lag. Ich vermutete, daß während dieser Zeit, und zwar im Sommer, irgendein sie sehr erschreckendes Erlebnis stattgefunden haben müßte, das etwas mit Wind zu tun haben könnte. In der darauffolgenden Stunde kam die Patientin völlig aufgeregt zur Sitzung und teilte mir gleich zu Beginn mit, daß sie völlig verblüfft und erschlagen sei über das, was wir in der vorigen Stunde besprochen hätten. Sie sei nämlich anschließend zu ihrer Mutter gegangen und habe diese gefragt, ob sie sich vielleicht erinnere, ob in dieser Zeit an der Ostsee irgend etwas Wichtiges, für sie Erschreckendes passiert sei. Die Mutter habe sie darauf merkwürdig angesehen und nachdenklich gesagt: »Ich bin eigentlich sehr erstaunt, daß du mit dieser Frage kommst. Da ist tatsächlich etwas passiert, was ich mir bis heute innerlich eigentlich nicht recht verzeihen kann. Als du ein halbes Jahr alt warst, habe ich dich immer auf die Veranda dieses Hauses in einer Wiege hinausgestellt, und zwar unter den Schatten der Krone eines Lindenbaums, die teilweise diese Veranda überdeckte. An einem strahlend schönen Sommertag, als du da ganz ruhig und zufrieden lagst, bin ich ins Dorf gegangen, um eine Tasse Kaffee zu trinken und ein Stück

Kuchen zu essen. Während ich dort in der Konditorei saß, kam plötzlich ein schweres Gewitter hoch, so daß ich keine Zeit mehr hatte, rechtzeitig nach Hause zu kommen. So sehr ich auch gerannt bin, ich fand dich unter Sturm, Donner und zuckenden Blitzen vollständig durchnäßt in deiner Wiege liegen, so daß das Wasser aus der Matratze nur so herausquoll. Du warst völlig still und wie erstarrt.«

Damit erklärte sich das Bild von dem Vorhang für uns beide überzeugend. Der im Wind wehende Vorhang entsprach den im Sturm sich bewegenden Blättern des Lindenbaumes, und die existenzvernichtende Angst, die bei diesem Bild auftrat, war für das kleine, halbjährige Baby zur damaligen Zeit ein durchaus reales Erlebnis gewesen. Hier muß eine Erinnerungsspur dieses Erlebnisses übriggeblieben sein, auch wenn das vollständige Geschehen bei der Patientin nicht mehr bewußt zu machen war.

In diese Reihe von ganz frühen, emotional und affektiv tiefgehenden Erlebnissen, die erstaunlicherweise in längeren Analysen immer wieder einmal auftreten, passen auch durchaus die Untersuchungen von Stanislav Grof, der in Prag in sorgfältigen, unter ärztlicher Kontrolle gesteuerten LSD-Versuchen eine ganze Reihe von äußerst verblüffenden, ganz frühen Kindheitserinnerungen aus dem Unbewußten ins Bewußtsein bringen konnte, die zum Teil durch die Aussagen von Beziehungspersonen mehr oder weniger vollständig verifizierbar waren und nicht nur wilden Phantasiebildungen entsprachen. Auch ich verfüge über die Erfahrung von einigen Patienten, die unter Einfluß dieser Droge, die sie allerdings unkontrolliert genommen hatten, solche frühen Kindheitserlebnisse in vollem Umfang wiedererlebten. Allerdings möchte ich an dieser Stelle eine ausdrückliche Warnung vor dem Gebrauch derartiger Drogen aussprechen, da es sich hierbei um Einbrüche in das Bewußtsein handelt, die gewaltsam hervorgerufen und die mit Grund im Unbewußten gehalten werden, da sie dem bewußten Ich nicht in sinnvoller Weise angegliedert werden können, sondern meist als sehr störende Fremdkörper, die unverarbeitet bleiben, im Bewußtsein flottieren.

Kommen wir nun aber zu der zweiten Kategorie von Träumen aus der Kindheit. Hier versetzt uns der Traum nicht direkt in die Kindheit zurück, sondern es tauchen Personen, Gegenstände oder Symbole auf, die bestimmte Erinnerungen aus der Kindheit in uns wachrufen, die nicht mehr in unserem Bewußtsein enthalten waren. Ich möchte hier gleich mit einem Beispiel beginnen:

Eine 38jährige Patientin träumte, daß sie mit ihrem Partner an einem Fluß spazierenging und hierbei an einer am Ufer stehenden Bank vorbeikam. Schon im Traum erinnerte sie sich daran, daß sie in der frühen Kindheit mehrmals mit ihrem Vater auf dieser Bank gesessen hatte, und sie wies ihren Begleiter auf die Bank hin. In der darauffolgenden Stunde teilte sie mit, daß nach diesem Traum auf einmal Erinnerungen an den Vater hochgekommen wären, in denen dieser sich verständnis- und liebevoll ihr zugewendet, ihr Geschichten erzählt oder sich mit ihr über ihre Probleme unterhalten hatte. Mehrere Male sei dies erfolgt anläßlich von Spaziergängen eben gerade zu dieser Bank. Diese Erinnerungen stammten aus ihrem sechsten bis achten Lebensjahr. Für die Patientin waren diese Erinnerungen etwas völlig Neues, Unerwartetes und zunächst eigentlich sehr Unpassendes. Sie hatte nämlich ein festes Erinnerungsbild an ihren Vater, nach dem dieser als ein barscher, harter Patriarch über die Familie geherrscht, seine Frau und seine Kinder nur herumkommandiert habe und außerdem ein Choleriker gewesen sei. Seine schrecklichen Wutausbrüche hätten die Familie in so furchtbare Angst versetzt, daß sie aus dem Hause flüchten und sich verstecken mußten. Daß der Vater auch andere, weiche, liebevolle und zugewandte Seiten hatte, wollte die Patientin zunächst nicht wahrhaben, bis schließlich durch diesen Traum und die damit verbundenen Erinnerungen diese andere Seite des Vaters wieder ins Bewußtsein kam. Die Wiedererinnerung war für sie insofern sehr wichtig, als sie ihr dunkles und negatives Vaterbild eigentlich auf alle Männer projizierte, vor denen sie im Hintergrund die gleiche tiefe Angst hatte wie vor dem jähzornigen, diktatorischen Vater. Erst durch das Bewußtwerden dieser Erinnerungen begann ihr klarzuwerden, daß Männer auch andere Seiten haben können und man mit ihnen andersartige Beziehungen aufnehmen könne, als sich ihnen bedingungslos zu unterwerfen, vor ihnen zu flüchten oder erbittert gegen sie zu kämpfen. Ihr Traum ermöglichte ihr so, allmählich eine andere und bessere Beziehungsebene zu eben diesem Partner zu finden, mit dem sie in dem Traum den Spaziergang unternommen hatte und auf den sie, genau wie auf alle anderen Männer ihrer Bekanntschaft, natürlich auch den Vater projiziert hatte. In diesem Traum ist es also eine Bank, die sozusagen in den Traum des Erwachsenenlebens hereinragt und durch die etwas bewußt gemacht wird, was das Unbewußte und der Traum aus der Kindheit aufbewahrt haben.

Dieser Traum und das vorige Beispiel von dem Kinderwagen zeigen, wie durch frühe Erinnerungen, die mit den Träumen in das Bewußtsein kommen, ein bisher negatives Elternbild relativiert und ihm positive Aspekte hinzugefügt werden. Dies entspricht der kompensatorischen Funktion der Träume und des Unbewußten, die sich bemühen, einseitige Vorstellungen des Bewußtseins nach der anderen Seite hin auszugleichen. Natürlich geschieht dies auch umgekehrt. Erlebt das Bewußtsein Eltern, Geschwister oder andere frühe Beziehungspersonen idealisiert und nur gut oder hell, so tendieren die Träume und das Unbewußte dazu, Erinnerungen und Erlebnisse aus der Kindheit ins Bewußtsein zu bringen, die diesen hellen Bildern nicht entsprechen, sondern ihnen die dunkle Seite hinzufügen. Unsere Kindheit ist ja niemals nur ein Paradies gewesen, in dem wir von liebevollen Eltern umsorgt und umhegt wurden, auch wenn unsere Paradiessehnsucht uns eine derartige besonnte Kindheit gern vorspiegeln möchte. Auf der anderen Seite aber waren unsere Eltern meist auch nicht so dämonisch, schwarz und negativ, wie sie viele Menschen in ihrer Enttäuschungswut über die Fehlerhaftigkeit der einen oder anderen Beziehungsperson aus der Kindheit darstellen. Das will nicht ausschließen, daß es im Extremfall auch tatsächlich bösartig-sadistische Eltern, die ihre Kinder quälen, und wirklich sehr schlimme und dunkle Kindheiten gibt. In der Regel aber sind Eltern Menschen mit ihren Fehlern, Schwächen und Unvollkommenheiten, an denen wir in der Kindheit genauso leiden wie an den menschlichen Schwächen, Unvollkommenheiten und Fehlern unserer Partner, Freunde oder Kollegen. Sie haben aber auch ihre guten, wertvollen und liebenswerten Seiten, die uns das Leben in dieser Welt, egal ob es die Kindheit ist oder das Erwachsenenleben, erträglich machen. Unsere Träume und unser Unbewußtes haben mit Hilfe der aufbewahrten Erinnerungen aus unserer Kindheit die Tendenz, uns diese gleichzeitig schwarze und weiße Welt bewußt zu machen und uns zu helfen, ein sinnerfülltes Leben in ihr zu führen. So bringen sie uns nicht nur traumatische Erlebnisse aus der Kindheit in Erinnerung, die wir seinerzeit nicht verarbeiten konnten, wie ich es am Beispiel des Gewitters gezeigt habe, sondern sie helfen auch mit uns oft ganz überraschenden Erinnerungen, einseitig bewußte Standpunkte auszugleichen und uns dadurch die volle Erlebniswelt unserer Kinderzeit mit ihren guten und schlechten Seiten wieder zugänglich zu machen. Sie füllen damit ein Stück unserer persönlichen Lebensgeschichte auf und geben uns diese zurück, sofern sie uns, wie das häufig geschieht, vollständig in Vergessenheit geraten ist. Es gibt viele Menschen, deren Erinnerungen über ein bestimmtes Lebensalter nicht hinausreichen, ein Lebensalter, in dem oft ein einschneidendes Erlebnis gelegen hat wie etwa der Tod der Mutter. Mir schwebt hierbei das Beispiel eines Patienten vor, der im zwölften Lebensjahr seine Mutter durch eine plötzliche Erkrankung verloren und der weder an sie noch an irgendwelche Erlebnisse vor dieser Zeit irgendeine Erinnerung hatte. Natürlich gab es Erzählungen seines Vaters und Fotografien; aber diese blieben völlig leer für ihn, so als ob es sich um fremde, andere Personen handelte. Erst allmählich innerhalb einer längeren Analyse kamen aus seinen Träumen heraus die Erinnerungen an die Zeit vor dem Verlust wieder hoch und mit ihnen auch die lebendig erlebte Gestalt seiner Mutter.

Was nun die letzte Gruppe der Träume betrifft, in denen die Einfälle der Patienten zum Wiedererleben einer Kindheitserinnerung führen, so ist sie bei weitem die größte, und potentiell gehören eigentlich alle Träume dazu. Jede Figur, jeder Gegenstand und jedes Symbol, die im Traum auftauchen, können innerhalb des Assoziationsvorganges einer Analysenstunde zur Wiederbelebung einer Kindheitserinnerung führen. So kann ein im Traum auftretender alter Mann zum Beispiel an den Großvater und an bestimmte Erlebnisse mit ihm erinnern, eine Wohnung, in der sich der Träumer aufhält, an die elterliche

Wohnung und an frühe Erlebnisse in ihr, auch wenn die Wohnung im Traum ganz anders aussieht, oder ein Symbol wie zum Beispiel ein wildes Tier an Angstträume oder schwere Angstvorstellungen, die in der frühen Kindheit bestanden haben. Man wird hierbei allerdings sehr vorsichtig in der Beantwortung der Frage sein müssen, ob es nun wirklich der Traum selbst ist, der in seiner Symbolik bestimmte Erlebnisse der Kindheit aufbewahrt hat und sie wieder ins Bewußtsein zu bringen versucht, oder ob es der analytische Prozeß in Verbindung mit dem Traum ist, der diese bewußt macht. Jede Analyse ist darauf zentriert, die frühe Kindheit wieder bewußt zu machen und die Einflüsse der Sozialisation in Beziehung zu setzen mit den Erlebnis- und Verhaltensmustern des Erwachsenen, um sie zu verarbeiten und um Ängste und Einengungen, die aus dem kindlich-infantilen Bereich stammen, aufzulösen. Hierzu benutzt sie das willkommene Medium der Träume, die ja de facto eine Fülle dieser frühen Erinnerungen enthalten, die auf der anderen Seite aber auch immer in einer engen Beziehung zu der aktuellen Situation, zu den notwendigen Wandlungs- und Reifungsschritten der menschlichen Individuation innerhalb des ganzen Lebens stehen. Es muß bei jedem einzelnen Traum sorgfältig geklärt und unterschieden werden, ob er als solcher wirklich etwas aus der Kindheit Aufbewahrtes, Verdrängtes oder Vergessenes ins Bewußtsein bringen will, oder ob er nicht zu ganz anderen Themen und Problemen menschlicher Entwicklung und Reifung in Beziehung steht.

Ich möchte dieses Problem abschließend an einem Beispiel verdeutlichen: In meinem Buch über »Träume als Sprache der Seele« habe ich folgenden Traum einer stark rational orientierten Akademikerin publiziert: »Ich saß mit meiner Mutter auf dem Balkon unserer alten Wohnung. Der Balkon lag aber nach Südosten, und wir konnten bis weit ins Land hinein sehen. Mein Freund saß auch bei uns. Es war nachts, und am Himmel stand ein sehr helles Licht. Es war so hell, daß man lesen konnte. Ich konnte beobachten, wie das Licht am Himmel wanderte, genau nach Südosten. Es wurde dabei immer heller. Ich war wie erstarrt. Schließlich schien das Licht im Horizont zu versinken; aber plötzlich war es an dieser Stelle heller als taghell. Der ganze Horizont war so hell, daß es in den Augen schmerzte. Zweimal leuchtete es so für kurze Zeit auf, und beide Male sah ich einen alten Mann dort, wie auf einer Wolke stehen. Ich war erstarrt und konnte mich nicht bewegen. Meine Mutter schien auch beeindruckt zu sein. Nach sehr kurzer Zeit aber hatte sie sich gefaßt und sagte zu mir: ›Hast du den alten Mann gesehen? Er sah genauso aus, wie man sich als Kind den lieben Gott vorstellt. Nun hole zwei Kristallgläser und eine Flasche Wein! Wir wollen auf diesen einmaligen Augenblick in unserem Leben trinken.‹ Als meine Mutter anfing zu sprechen, wachte ich aus meiner Erstarrung auf und bekam jetzt so etwas Ähnliches wie Schüttelfrost. Ich hatte das Gefühl, eine zentimeterdicke Gänsehaut zu haben, meine Zähne schlugen aufeinander, ich mußte fortwährend stöhnen, mein Körper bebte so, daß ich mich nur mit aller Gewalt aufrecht halten konnte. Ich war auch nach diesem Traum noch so aufgeregt, daß ich nicht wieder einschlafen konnte. So hat mich noch nie ein Traum mitgenommen.«

Der Traum hatte offenbar ein kindliches Gottesbild aufbewahrt und brachte dieses jetzt mit starken Emotionen begleitet wieder ins Bewußtsein. Auch berichtete die Patientin, die im Rahmen der heute üblichen konventionellen Religiosität aufgewachsen war und sich nach der Konfirmation überhaupt nicht mehr mit Religion oder Kirche beschäftigt hatte, daß sie sich als Kind eben genau so den lieben Gott vorgestellt hätte. Das war aber etwas, was bei ihr weder verdrängt noch vergessen war, sondern sie konnte sich recht gut und genau an diese Kindervorstellung vom »lieben Gott« erinnern. So kann es nicht der Sinn des Traumes gewesen sein, der Patientin dieses Bild wieder bewußt zu machen. Wie sich in der Folgezeit ihrer Analyse herausstellte, lag der Sinn dieses Traumes in dem echten mystischen Erlebnis, das sie durch ihn gehabt hatte. Der Traum enthält die charakteristischen Lichtphänomene, die wir sowohl aus der abendländischen als auch aus der orientalischen Mystik bei der Begegnung mit dem Göttlichen kennen, und erinnert in der Kraft der Erschütterung, der Erstarrung, dem Schüttelfrost, der Gänsehaut und dem Nicht-mehr-schlafen-Können auch an die Bedrohung, die von der direkten Ansicht des Gottesbildes ausgeht. In dem alten griechischen Mythos von Semele, der Mutter des Dionysos und der Geliebten des

Zeus, verbrennt diese in den Blitzen des Gottes, als sie ihn durch ein Versprechen gezwungen hatte, sich ihr in seiner wahren Gestalt zu zeigen.

Meine Patientin gewann durch diesen Traum die Einsicht, daß ihr rein rationales Weltbild und ihre Wissenschaftsgläubigkeit nicht ausreichten, um ihr einen Lebenssinn und eine Beziehung zu einer übergeordneten Transzendenz zu geben. Sie fand diesen sinngebenden Mittelpunkt allmählich in sich selbst. Auch wenn sie nicht zu einem kirchlichen Glauben zurückkehrte, möchte ich sagen, daß sie ein religiöser Mensch geworden ist. Im Grunde genommen hatte der Traum ihr gezeigt, daß die Entwicklung ihrer Beziehung zu den höchsten Werten unseres Lebens, die wir als Gott oder das Göttliche bezeichnen können, auf einer kindlichen Stufe stehengeblieben war und daß der Prozeß dieser Entwicklung erst durch diesen so hochemotional aufgeladenen Traum wieder in Bewegung geriet.

Träume sind ein Teil unserer lebendigen Innenwelt, eine vom Bewußtsein nicht gesteuerte und zensierte Phantasie. Als solche verfügen sie auch über all die wesentlichen Erinnerungen und Erlebnisse, die uns innerlich in unserer Kindheit beschäftigt, belastet, erfreut und beglückt haben. Sie bringen sie wieder in unser Bewußtsein, wenn wir ihrer in bestimmten Situationen bedürfen.

Tobias Brocher

Unser ganzes Leben wurzelt in der Kindheit

Tobias Brocher, geboren 1917 in Danzig. Psychotherapeut in eigener Praxis in Düsseldorf, Mitglied und Dozent am Institut für Psychoanalyse und Psychotherapie in Düsseldorf. Studium der Medizin und Philosophie in Berlin. Nach dem Krieg Fachausbildung in Psychiatrie und Psychotherapie. 1953 eigene Praxis in Ulm. 1956–63 Vorsitzender und Leiter des Instituts für Psychotherapie in Stuttgart, 1958–68 Vorsitzender der Deutschen Gesellschaft für Psychotherapie und Tiefenpsychologie. 1968–70 Maurice-Falk-Professor der Universität Pittsburgh. 1970–81 Professor für Sozialpsychologie und Psychoanalyse bei der Menninger Foundation in Topeka/USA. 1982 Rückkehr nach Deutschland. Von seinen zahlreichen Veröffentlichungen seien genannt: Von der Schwierigkeit zu lieben, 1975; Stufen des Lebens, 1977; Wenn Kinder trauern, 1980.

Wer könnte sich wohl an den Augenblick seiner Geburt selbst erinnern? Wer wüßte etwas über die Ereignisse der ersten Lebensmonate außer von Erzählungen der Eltern oder aus dem Tagebuch der Mutter? Und welcher Erwachsene kann wirklich voll begreifen, daß dieses winzige Baby auf dem ersten Foto der gleiche Mensch ist, der dieses Bild heute als Erwachsener anschaut? Und doch ist die gesamte Kindheit nicht erst vom Augenblick der Geburt an die Wurzel unseres Lebens. Es sind die tief verankerten Sinneserfahrungen, die uns ein Leben lang begleiten, obwohl wir sie selbst kaum erinnern können. Die Spuren dieser ersten Erlebnisse prägen uns deshalb, weil wir bestimmte Reaktionen entwickeln, die im Unbewußten erhalten bleiben.

Kinder haben oder nicht haben zu wollen bedeutet heute wie zu allen Zeiten die eigene Zukunft zu bestimmen, zugleich aber auch Verantwortung für ein neues Leben auf sich zu nehmen, das in einer ferneren Zukunft noch dasein wird, wenn wir selbst nicht mehr leben. Der Entschluß, Kinder zu haben, wird heute von anderen Überlegungen mitbestimmt als in früheren Generationen. Die Vorstellungen, welche Veränderungen, welche notwendigen Verzichte, aber auch welche Freuden Kinder in eine Partnerschaft bringen, werden heute mehr am Maßstab des eigenen Wohlbefindens gemessen als früher. Die Unsicherheit der Zukunft mag manchen Menschen dabei als hemmende Begründung dienen; aber wann war die Zukunft eigentlich nicht ungewiß?

Schon hier beginnt das mögliche Schicksal eines Menschenlebens: Ist es ein gewolltes, gar ein programmiertes Kind, oder ist es unerwünscht, eigentlich durch unerwartete Schwangerschaft schon vorbelastet? Und welches Schicksal hat die Mutter? Wendet sich ihr der männliche Partner zu und erlebt er die Schwangerschaft auch als einen Entwicklungsprozeß seiner Vaterschaft, oder schließt er sich selbst aus und betrachtet die Schwangerschaft und den Umgang mit dem Neugeborenen als eine »Frauensache«? Elternschaft hat genauso viele Entwicklungsstufen wie das Heranreifen eines Kindes. Je eher sich beide Partner darüber klar sind, daß Kinder kein Besitz sein können, sondern nur Gäste in unserem Leben, die ihren eigenen Sehnsüchten und Zielen in der Zukunft nachgehen werden, desto leichter werden sie vermeiden können, ihre Kinder für die Befriedigung eigener Wünsche zu mißbrauchen: seien es Stolz, Eitelkeit, Ehrgeiz, Leistungsforderung oder Anklammerung und nicht rechtzeitiges Loslassenkönnen.

Aber was geschieht eigentlich am Beginn unseres Lebens? Warum begleiten und prägen uns die ersten Erfahrungen so sehr, daß sie in unserem Unbewußten in vielfacher Weise erhalten bleiben? Um es vorab zu sagen: Jeder von uns trägt im Inneren das Kind seiner Vergangenheit, das immer wieder sein Leben mitbestimmt. Wer kennt nicht die plötzlichen, fast unverständlichen Momente jäher Traurigkeit oder unerklärlicher Wut und Ohnmachtsgefühle, ebenso wie die kaum zu begründende Angst vor Benachteiligung, den Unmut über Abhängigkeit oder Begrenzung der persönlichen Freiheit? Und wer wäre nicht immer wieder befangen in der Befürchtung, von anderen nicht gemocht zu werden, sich allein und verlassen zu fühlen? Umgekehrt genauso, denn wer hätte nicht manchmal als Erwachsener den Übermut verspürt, jemandem einen Streich zu spielen oder plötzlich ausgelassen zu sein? Bei genauem Hinsehen bewegen wir uns manchmal auch als Erwachsene noch zwischen den Gefühlen hilflos wütender Angst und angriffslustigem Übermut, die beide aber nicht immer unserer Wirklichkeit entsprechen.

Wir verstehen besser, in welchem Ausmaß Kindheitserlebnisse unser Verhalten als Erwachsene immer noch bestimmen, wenn wir zunächst zwei häufige Mißverständnisse klären:

Erstens: Was wir aus den ersten fünf Lebensjahren wirklich erinnern können, ist bereits durch die Gefühle und Phantasien verändert, durch die jedes Kind sich innerlich zu schützen versucht.

Zweitens: Niemand kann sich also später darauf berufen, daß Mutter, Vater oder Geschwister besonders scheußlich oder besonders verwöhnend gewesen seien und daß er deshalb so leben und sein müsse, wie er nun einmal ist. Vielmehr ist es genau umgekehrt. Wir selbst wählen als Kinder bestimmte Wahrnehmungs- und Erlebnisformen aus, die wir dann unbewußt beizubehalten versuchen. Warum? Weil diese Art der Reaktion uns ursprünglich geholfen hat, relativ stabil zu bleiben, indem wir die Hinderungsgründe und Ursachen auf unsere Umgebung verlegt haben, um uns damit in unserer Hilflosigkeit rechtfertigen zu können. Ein typisches Beispiel, das fast jeder kennt, ist das Gefühl, bestimmte Phantasien deshalb nicht äußern zu können, weil man Angst hat, als kindisch oder unmöglich angesehen zu werden: »So was tut oder denkt man als Erwachsener doch nicht!« Also muß die Phantasie oder der aus der Kindheit fortbestehende Wunsch aus sozialer Scham unterdrückt werden. Freilich liegt dieser Scham die Erfahrung zugrunde, daß Eltern, Lehrer, andere Erzieher oder ältere Kinder und Geschwister irgendwann einmal wirklich gesagt haben: »Du solltest dich schämen, in deinem Alter noch so etwas zu tun oder zu denken!«

Da haben wir aber die Grundtheorie: Weil der Zeitablauf unser Leben bestimmt, nehmen wir an, daß körperliches Wachstum und die Anzahl von Lebensjahren automatisch auch die Entwicklung zur Reife und zu sozial-annehmbarem Erwachsenenverhalten mit sich bringen. Deutlich widersinnig erscheint es dabei, daß die meisten von uns gerade vom Verstand her zu wissen glauben, was »richtig« oder »falsch« sei. Dieses Verstandeswissen verhindert jedoch nicht immer, daß wir auch genau entgegengesetzte Phantasien und Gefühle haben, wie etwa: »Den Kerl könnte ich umbringen!« – was kaum jemand dann wirklich etwa tun würde; aber es sind immerhin ganz schön böse Mordphantasien, die wir plötzlich unterdrücken müssen. Oder denken wir einmal an die Phantasien vieler Männer im Anblick verlockend erscheinender Frauen, die keineswegs ausgesprochen werden, obwohl sie auch bei Frauen gegenüber Männern vorkommen.

Das eine sieht dann aus wie eine mörderische Aggression, das andere wie eine sexuelle Bemächtigungsphantasie. Beides entstammt durchaus unbewußt gewordenen Kindheitswünschen und -befürchtungen, nämlich dem Wunsch, sich anlehnen zu können und in Wärme und Liebe umfangen zu werden, oder der Angst, abgewiesen zu werden, allein zu bleiben oder die Bevorzugung anderer ertragen zu müssen, die damals als ungerecht empfunden wurde. Warum wären sonst so viele Erwachsene so leicht und schnell kränkbar oder verletzlich, wenn es um ihr eigenes Selbstwertgefühl geht?

Gehen wir aber noch einmal zurück. Die Hilflosigkeit jedes

Säuglings ist jedem Erwachsenen verstandesmäßig klar. Dennoch stört manche Väter und auch Mütter gelegentlich das unerwartete, wiederkehrende nächtliche Geschrei eines kleinen Kindes durchaus. Manchmal sogar so weit, daß Väter wütend werden, weil sie fürchten, zu viel Schlaf opfern zu müssen. Daß sie selbst vielleicht auch einst solche Schreier waren – und sogar als Schnarcher noch sind –, fällt ihnen dabei nicht ein. Der Schrei bedeutet aber nicht weniger als: »Ich brauche euch, meine Eltern! Kümmert euch um mich!« Auch wenn dies dem Säugling in dieser Form nicht bewußt ist, bleibt der Grundinhalt ein Bedürfnis nach Zuwendung und Aufmerksamkeit, das beim Erwachsenen ja nicht etwa verschwindet, so daß er auch Unlustgefühle hat, wenn er diese Zuwendung nicht bekommt. Er hat dann nur ganz andere Motive. Das Ziel ist das gleiche: Ich will Beachtung, Aufmerksamkeit und Zuwendung. Nur, es wird nicht mehr geschrien. Aber der Hunger nach Bestätigung, Anerkennung und Sättigung des Selbstwertgefühls soll auf andere Weise doch gestillt werden: notfalls mit Kuchen und Schlagsahne.

Im Unbewußten besteht ein unbestimmtes, unbefriedigtes Gefühl, auf vielen Gebieten nicht die Aufmerksamkeit bekommen zu haben, die in der unterdrückten Phantasie vielleicht seit der Kindheit gewünscht wird. Der ursprüngliche Kindheitskonflikt besteht dann ganz einfach aus Haben-Wollen, Haben-Können oder Nicht-Haben und Leer-Ausgehen. Wenn ich jedoch das eine, was ich wünsche, nicht bekomme, dann muß ich mir einen Ersatz suchen, aber eben nur dann, wenn ich die unbewußte Phantasie des Wunsches nicht durch die ruhige Anerkennung der bestehenden Wirklichkeit aufgeben kann. Wir behalten eben bestimmte Wünsche auch als Erwachsene bei, weil sie uns nach der subjektiven Erinnerung entweder zuwenig oder zuviel erfüllt wurden. Es nützt dabei zunächst wenig, vom Verstand her über den Unterschied zwischen Versagung und Verwöhnung zu wissen. Das Gefühl bleibt so lange bestehen, bis wir seine Wurzeln in der Kindheit wiederentdecken. Und gerade dann erleben wir diese Entdeckung vielleicht als besonders peinlich nach der vorerwähnten Formel: »Das ist doch kindisch.« Davon allein geht es aber eben nicht weg.

Wenn wir nun jene Phantasien und Wünsche vieler durchaus völlig »normaler« Erwachsener genauer ansehen, so entdecken wir eine ganze Sammlung von geheimen Kindheitsbildern: Da ist der Wunsch nach Harmonie und Geborgenheit, vor allem nach körperlicher Nähe, Wärme und Zärtlichkeit, zugleich aber auch die Befürchtung in manchem Menschen, solche Nähe dann wiederum nicht aushalten zu können. Streit- und Rachephantasien, Vergeltungswünsche für vermeintlich erlittene Unbill, Eifersucht, Neid und Haß sind mitunter zunächst unerklärlich. Manche Paare entdecken mitten in einem heftigen Streit mit massiven Argumenten nach etwa fünfzehn Minuten plötzlich, daß beide tatsächlich nicht mehr wissen, wie und warum der Streit anfing und um was es eigentlich ursprünglich ging. Solche Verschiebungen, um Nähe und Abstand regulieren zu können, sind gar nicht so ungewöhnlich; denn viele Erwachsene haben als Kinder Streit und Spannungen zwischen den Eltern erlebt, ohne etwas daran ändern zu können und ohne es voll zu verstehen. Aber mit ihren Gefühlen haben sie damals Partei für oder gegen den einen oder anderen Elternteil genommen und fühlten sich dann allein gelassen. Es ist also nicht nur Nachahmung des Verhaltens der eigenen Eltern in einer Partnerschaft, wenn ein Streit entsteht, sondern auch oft genug eine unbewußte Wiederholung eigener Erlebnisse in der Kindheit und die Hoffnung, durch den Streit näher an den anderen heranzukommen und verstanden zu werden. Dann werden aber auch Kinder von den eigenen Eltern so behandelt, wie diese glauben, einst behandelt worden zu sein, und das, obwohl sie sich damals heimlich geschworen haben, die eigenen Kinder in der Zukunft ganz anders zu behandeln.

Viele Mütter und Väter haben mir eingestanden, wie wütend und ärgerlich sie über sich selbst waren, wenn sie sich bei solchen Wiederholungen entdeckt haben. Zugleich aber fingen sie erst zu diesem Zeitpunkt an, über die eigenen Kindheitsreaktionen nachzudenken und sich mit ihrer unbewußt fortbestehenden Gefühlsbindung an die Eltern so weit auseinanderzusetzen, daß sie sich innerlich klar abgrenzen konnten. Was heißt das? Diese Eltern begannen, die Wirkungen ihres inneren Kindes der Vergangenheit in ihrem jetzigen Leben zu entdecken. Mit der Entdeckung der übriggebliebenen Wünsche und Ängste ihrer Kindheit in ihren eigenen Phantasien und Erwartungen verstanden sie nicht nur sich selbst besser, sondern vor allem jene Ängste und Wünsche ihrer Kinder, die den ihren gleich waren.

Kinder haben bedeutet also viel mehr als Zeugung, Schwangerschaft und Geburt. Und manchmal wirkt es fast komisch, wie naiv Erwachsene, Familienpolitiker, aber auch kinder- und ehelose hochgestellte Zölibatäre in theoretischer Form zur Durchsetzung bestimmter Ideologien mit der Wirklichkeit menschlichen Erlebens umgehen. So als handele es sich um abstrakte »Sachzwänge«, die nichts mit ihren eigenen Gefühlen und ihren verbliebenen Kindheitsphantasien zu tun hätten.

Daran wird auch erkennbar, in welchem Ausmaß viele Menschen als Erwachsene scheinbar höher gestellte Autoritäten gleichsam an die Stelle von Elternfiguren setzen und sich von dieser unbewußt fortbestehenden Eltern-Kind-Abhängigkeit in ihren Meinungen, Urteilen und Verhaltensweisen beeinflussen lassen, weil sie tatsächlich glauben, jede eigene Meinung, jedes Aufbegehren und jede Auseinandersetzung sei nicht nur unangebracht, kindisch oder unerzogen, sondern würde sie auch von der Liebe, Fürsorge und dem Wohlwollen dieser Autoritäten so weit ausschließen, daß sie schließlich als schwarzes Schaf einsam der Gemeinschaft der übrigen braven Gefolgsmenge gegenüberstehen würden. Die auf diese Weise verbliebenen Kindheitswurzeln sind jedoch klar erkennbar. Die Formel der ursprünglichen Familienautorität lautet für viele Kinder weiterhin bis heute: »Du bist meiner Liebe, Zuneigung, Aufmerksamkeit und Anerkennung nur dann wert, wenn du ... brav, lieb, fleißig, gehorsam, ordentlich, angepaßt, unauffällig, höflich, bescheiden, pünktlich, sauber, zuverlässig (und so weiter) bist.« Wir brauchen nur jeweils einzusetzen, was bei jedem einzelnen bis heute als Grundsatz sozialen Verhaltens gilt, nach dem er oder sie sich richten, um dann zu entdecken, in welchem Ausmaß in der Phantasie die genau gegenteiligen bestehenden Wünsche sich entwickelt haben, die mühsam und mit viel Energie unterdrückt werden müssen, weil sie wie ein schwelender Vulkan erlebt werden, der um keinen Preis ausbrechen darf, weil sonst eine Katastrophe eintreten würde. Also gibt es durch diese Verleugnung das

Böse in uns selbst überhaupt nicht; denn es muß dauernd unterdrückt werden.

Was aber wäre das Gegenteil von den frühen Muster-Anpassungsforderungen des Liebseins, um geliebt zu werden? Ungezogen, frech, aufmüpfig, nur begrenzt gehorsam, eigenwillig, ganz gerne mal dreckig in Bemerkungen und Witzen, auch mal unrasiert oder unfrisiert in loser Kleidung, grob, direkt und unhöflich, wo es angebracht ist, unerschrocken, selbständig und unabhängig vom Urteil der »Leute«, durchsetzungsfähig ohne zu große Geltungswünsche und so weiter – also genau das, was abstrakt unter Autonomie des einzelnen, nämlich Selbstbewußtsein und Selbstsicherheit, verstanden wird. Dabei geht es nicht etwa um ein Ideal, sondern um ein Sowohl-Als-auch anstelle des Schwarz-Weiß eines Entweder-Oder. Beim Entweder-Oder spalten sich Kind und Erwachsener in ein liebes, gutes, sanftes Wesen und ein im Hintergrund verborgenes, furchterregendes Ungeheuer. Im Sowohl-Als-auch kann die Wirklichkeit zwiespältiger Gefühle und Beziehungen ausgehalten werden in der bewußten Selbstwahrnehmung, daß jeder Mensch zu beidem fähig sein kann und daß viele gegensätzliche Gefühle zu jedem Menschen gehören. Die Gegensätze sind jederzeit erkennbar: Liebe und Haß, deren Gegenteil in Wirklichkeit Gleichgültigkeit wäre, Neid, Mißgunst, Eifersucht gegenüber Großzügigkeit, Güte und Anteilnahme. So müßten wir die ganze Stufenleiter der vielen menschlichen Gefühle genauer daraufhin ansehen, wo und wie sie in unserer Kindheit erstmals entstanden sind und wie wir lernen mußten, damit umzugehen, um anderen und uns selbst sowohl vertrauen als auch mißtrauen zu können. Grenzenloses Vertrauen führt unweigerlich zu enttäuschten Erwartungen, weil es genauso wie zu Einsamkeit führendes ständiges Mißtrauen nicht der Wirklichkeit des menschlichen Miteinanderlebens entspricht. Wir lernen aber ursprünglich das Miteinanderleben nur in der Kindheit, wobei zunächst der deutliche Unterschied in der Größe besteht.

»Ich bin klein, ihr seid groß« enthält sowohl die Hoffnung auf Verständnis, Hilfsbereitschaft, Erklärung des Unbekannten in der Welt, also Vertrauen, als auch die Gefühle der Hilflosigkeit, Abhängigkeit und mitunter Zorn oder Wut über so viele

Gegenstände und Möglichkeiten, die angesichts der so allmächtig Großen für immer unerreichbar erscheinen. Wie sollte es uns also wundern, wenn jedes Kind logischerweise Größenphantasien entwickelt und Allmachtswünsche hat, die sogar noch den angesichts der Erlebnisse mit den riesengroßen Eltern durchaus nicht immer nur als lieb erkennbaren jenseitigen Gott übertreffen möchten. Ist es dann nur böse und unangebracht, hinter den Erwachsenenwünschen, eine Bombe zu erfinden, die, »heller als tausend Sonnen«, die bestehende Welt zerstören kann, den übriggebliebenen Rest einer unbewußt fortbestehenden kindlichen Allmachtsphantasie zu enthüllen?

Freilich entstehen auch viele positive, hilfreiche Veränderungen aus schmerzlichen kindlichen Erlebnissen. Menschen, die über Generationen in jedem Winter fast erfroren sind oder kaum zu essen hatten, haben dann Heizungssysteme erfunden oder ökonomische Lebensmittelerzeugung und breitere Marktmöglichkeiten entwickelt, die uns heute zugute kommen. Beschwerliches Reisen zu Fuß und mit Pferd und Wagen und die damit verbundene Begrenzung der Welterfahrung haben zur Entwicklung von schnelleren Schiffen, Autos und Flugzeugen geführt. Welcher Erwachsene kennt nicht aus der Kindheit etwa die Wunschphantasie, selbst mit ausgebreiteten Armen fliegen zu können oder schwerelos im Raum zu schweben? Dies sind Bilder, die in vielen Träumen wiederkehren. Die Drachenflieger erfüllen sich diesen Traum, und die Astronauten erleben die Schwerelosigkeit ganz real. Die Frage ist also, was aus den Versagungen und Wünschen unserer Kinderphantasien im erwachsenen Leben dann konstruktiv zu neuen Erfindungen führt, die sich positiv auf unser gemeinschaftliches Leben auswirken können.

Wir könnten fortfahren, an vielen Einzelheiten sichtbar zu machen, wo und wie unsere erwachsene Erlebnisweise der Welt, der Umgang mit anderen und mit uns selbst in ganz bestimmten, jeweils sehr persönlichen Reaktionsweisen der Kindheit wurzeln. Diese hängen aber wiederum davon ab, von welchen Eltern und Vorfahren wir sowohl dem sich mischenden Rohstoff der Erbanlagen wie auch dem jeweiligen tatsächlichen, unsere Abhängigkeit oder Freiheit mitbestimmenden

Verhalten dieser Eltern nach abstammen. Zugleich aber, und das ist entscheidend für jeden Gedanken, Kinder haben zu wollen, haben wir selbst, wie jedes Kind, das etwas völlig Neues und Einmaliges in der Mischung beider Elternteile darstellt, schon früh unbewußt immer wieder auf neue Weise ausgewählt, was uns bedeutsam, wichtig oder unwichtig und gleichgültig erschien. Es ist diese Verschiedenheit der Auswahl in unserer eigenen Wahrnehmung, die in der Kindheit beginnt und sich fortsetzt, von der die persönliche Einmaligkeit des Erlebens bestimmt wird. Deshalb ist jeder Versuch, irgendein Schema der Kindererziehung zu erfinden, eigentlich schon eine Vergewaltigung der Wirklichkeit. Denn wir erfinden diese Wirklichkeit immer wieder von neuem selber in jeder Familie, so wie jedes Kind die scheinbar objektiv gegebene Wirklichkeit von vornherein immer mit seinen eigenen Phantasien über diese Wirklichkeit verbindet. Eben deshalb sind viele Menschen so überrascht und erfreut, wenn sie irgendwann einem anderen Menschen begegnen, der trotz ganz anderer Abstammung sich selbst und andere auf ähnliche Weise wahrnimmt und erlebt, wie sie es in ihrem eigenen Leben erfahren haben.

Diese Ähnlichkeiten entstehen wiederum dadurch, daß wir kulturell und sozial bestimmte Regeln haben, die sich für jeden mit Gefühlen verbinden. Diese Gefühle beruhen aber ursprünglich auf Körpererlebnissen und Sinnesreizen, deren Bedeutung wir erst viel später auf Seelen- und Verstandestätigkeiten übertragen, von denen dann unsere weitere Wahrnehmung lange subjektiv bestimmt werden kann. So beruht der Wunsch nach Zärtlichkeit, Wärme und Nähe ursprünglich auf der Sinnesqualität unserer Haut, die neben der Lungenoberfläche die größte Ausdehnung hat und als äußere Grenze gegenüber der Umwelt erlebt wird. Wenn uns also etwas be- oder anrührt, so liegt diesem Gefühl die ursprüngliche Berührung der Haut, das unschuldige Glück zugrunde, an einer warmen, nackten Brust zu liegen, gebadet, gestreichelt und gepudert zu werden. Es wird dann nur auf eine spätere höhere seelische Ebene übertragen. Wie normal und verständlich also, daß wir als Erwachsene all dies in der Intimität der Anlehnung und Zärtlichkeit wiederholen möchten. Dabei hat dieser Wunsch noch keineswegs etwas mit direkter Geschlechtsberührung zu tun. Fehlt aber diese Art von Zärtlichkeit und Wärme, dann wird oft genug die sexuelle Beziehung lustlos.

Kennzeichnend für die aus den Resten der Kindheit in uns verbleibenden Grundgefühle, von denen unsere Phantasien und Wünsche als Erwachsene geleitet werden, sind Lust und Unlust. »Null-Bock haben« ist unbewußt eine widersprüchliche Beschreibung; denn Bock wäre Unlust und Null wäre Gleichgültigkeit, also weder Lust noch Unlust. Gleichgültigkeit und Langeweile sind die Zeichen von Verwöhnung und Mangel an realen Forderungen, die als ein Ergebnis des »Sich-zu-Tode-amüsiert-Habens« in vielerlei Suchterscheinungen heute auftreten. Sie sind auch ein Ergebnis der relativen Unfähigkeit, die zur Einhaltung eines Friedens notwendigen Eigenschaften neu zu entwickeln. Gerade daran wird die Wirkung der Generationenfolge auf die Kindheitserfahrungen des einzelnen erkennbar, zumal es sich um die Erlebniswelt von drei bis vier miteinander lebenden Generationen handelt, die keine wirklichen Gefühlsbindungen mehr zueinander haben, während gleichzeitig die jüngsten Generationen nach glaubwürdigen Vorbildern, also Vater- oder Mutterfiguren suchen, denen die wirklichen Zusammenhänge und Schwierigkeiten zwischen Kindheit und Erwachsenwerden genügend vertraut sind.

Welche leitenden gegensätzlichen Gefühle bestimmen nun das Grunderleben von Lust und Unlust von der Kindheit bis zum Erwachsenen-Dasein? Eines ist deutlich: Das sorgenlose Paradies der Selbstverständlichkeit aller Lebensvorgänge geht in *drei Verluststufen* verloren. Der Augenblick der Geburt beendet einen Zustand, schwebend in gleichbleibender Temperatur im Fruchtwasser aufgehoben zu sein, gesichert durch den ununterbrochenen Rhythmus des mütterlichen Herzschlags, ohne Not, etwa kauen, schlucken, sehen oder atmen zu müssen.

Das *zweite* Paradies der Erweckung unserer fünf Sinne, die wahrnehmen, ohne die Bedeutung der Wirklichkeit erfassen zu können, geht dann verloren, wenn Hunger, Temperaturunterschiede und Mangel an Hautberührung, Sprachzuwendung und Angesehenwerden das sinnliche Erleben unnötig verkürzen. Haben und Nicht-Haben, Greifen und Begreifen oder Festgehalten- und Behindert-Werden sind Grunderfahrungen der frühen Mund- und Handwelt. Sie bleiben auf der körperlichen und seelischen Ebene bedeutsam. Die durchaus notwendige Reinlichkeitsgewöhnung, auch wenn sie nicht zu früh erfolgt, was Schäden verursachen kann, beraubt uns dennoch der Freiheit, einfach fahren zu lassen, was an Ausscheidungen aus uns heraus will. Alles bei sich behalten zu müssen und pünktlich hergeben zu sollen, wenn es verlangt wird, macht manchem Erwachsenen auch später noch erhebliche Probleme. Beherrschung, Kontrolle, Hergeben und Behalten-Können, -Müssen oder -Wollen bleiben für Erwachsene Grundelemente der Erfahrung von Lust und Unlust, ebenso wie drängende Not, etwas loswerden zu wollen oder Machtbedürfnisse durch Verweigerung und trotziges Nein stillen zu können.

Das *dritte* Paradies der Unschuld geht verloren, wenn ein erstes Dämmern des Unterschiedes zwischen männlich und weiblich einsetzt. Die Identität als Mann oder Frau zu verwirklichen bleibt eine Lebensaufgabe, und es ist nicht der zuerst in der Kindheit unschuldig wahrgenommene Unterschied der Geschlechtsorgane, sondern es sind die kindlichen Phantasien und Reaktionen, die auf diese Wahrnehmung hin erfolgen, die über den weiteren Verlauf mitbestimmen. Und wieviel Lust oder Unlust bestimmt gerade in diesem Bereich das Leben vieler Erwachsener durch Angst, Hemmung, Schüchternheit, Unsicherheit oder umgekehrt die Freiheit des Unbekümmertseins, der Heiterkeit und der Liebesfähigkeit, auch im Sexuellen.

Womit wir freilich unter Auslassung vieler Entwicklungsbereiche am Ende wieder am Beginn angelangt wären; denn Kinder werden bis heute und wohl noch lange von Mann und Frau in Liebe zueinander gezeugt. Diese Kinder die ersten Stufen ihres Lebens hinaufzugeleiten bleibt für lange Zeit die Aufgabe beider Eltern. Sie mag etwas leichter für die Eltern werden, wenn Geschwister ihnen einen Teil dieser Aufgabe allmählich abnehmen, soweit es das soziale Lernen des Miteinander betrifft. Kinder haben bedeutet aber stets, daß diese Kinder, gleichgültig ob Knabe oder Mädchen, sich mit dem *wirklichen Verhalten* beider Eltern auf verschiedene Weise identifizieren, nicht dagegen unbedingt mit deren Worten oder

Predigten. Da den Eltern niemand beibringen kann, auf welche Weise sie Eltern sein könnten, bleibt beiden nichts anderes übrig, als sich ihrer Kindheit und deren Restgefühle zu erinnern und sich damit auseinanderzusetzen, ohne sie an den eigenen Kindern zu wiederholen. Je mehr jedes Kind die Möglichkeit hat, selbst zu wählen, bewußt oder unbewußt, mit welchen Anteilen von Mutter oder Vater es sich positiv oder negativ identifizieren will, desto eher werden Kinder die Eigenständigkeit und Andersartigkeit erreichen können, die sie klar von ihren Eltern unterscheidet und zu einmaligen Wesen machen kann, die weder mit den Erbtanten und -onkels noch mit Großmüttern, Großvätern oder Urgroßeltern vergleichbar sind. Das hat den Vorteil, daß auch Eltern durch die selbständige Entwicklung ihrer Kinder nicht nur die Begrenztheit des eigenen Lebens besser annehmen können, sondern auch eher bereit sind, jene uns allen unbekannt bleibende Zukunft zu wagen, die ihre Kinder und Kindeskinder eines Tages verwirklichen werden.

Hans Jürgen Schultz · *Es gibt was Bessres in der Welt*

Ein Matthias Claudius-Buch

326 Seiten mit zahlreichen Abbildungen und einem vierfarbigen Frontispiz, Leinen mit Schutzumschlag

»Je häufiger ich diese Texte lese, um so mehr wird mir klar, welche Reichweite sie bis heute besitzen, und es liegt sicher an der präzisen Einführung des Herausgebers, die er eine ›Huldigung‹ nennt, daß sich mir der Dichter endlich ganz aufschließt. Claudius erscheint, durch dieses Vorwort verstärkt, als der Dichter, der nichts beschönigt, keine Illusion signalisiert, in seiner Beschreibung der menschlichen Natur erstaunlich modern ist und immer einen kräftigen Humor zeigt. Die Auswahl von Schultz läßt erkennen, daß die geistliche Frömmigkeit, die in früheren Zeiten so eindringlich an Claudius gerühmt wurde, doch eher eine handfeste Weltfrömmigkeit gewesen ist.«

Ludwig Harig in der Frankfurter Allgemeinen Zeitung

Hans Jürgen Schultz · *Partisanen der Humanität*

Albert Schweitzer, Erich Fromm, Reinhold Schneider, Dietrich Bonhoeffer, Martin Luther King

176 Seiten mit acht Porträtfotos, Leinen mit Schutzumschlag

Schweitzer, Fromm, Schneider, Bonhoeffer und King waren und sind bis heute Unruhestifter. Die Porträts der fünf Männer sind Skizzen, die deutliche Akzente setzen: Es geht um Ehrfurcht vor dem Leben, um den Glauben an die Wandlungsfähigkeit des Menschen, um ein Denken und Tun des in der Geschichte bisher Undenkbaren, das aber um den Preis des Überlebens möglich werden muß. Es geht darum, in der Politik Humanität zu verwirklichen, indem Gewaltlosigkeit zum Mittel der Politik wird und Gewalt als das anerkannt wird, was sie ist: als Ende der Politik. »Es ist die Weltferne der Realisten, die diesen Sachverhalt verkennt und die in Denk- und Lebensformen verharrt, aus denen jede Hoffnung ausgewandert ist.« Ein Buch für engagierte Zeitgenossen, das Hoffnung weckt.

Kreuz Verlag